PAULO DE VILHENA

ALAVANCAGEM

A chave do crescimento empresarial!

PAULO DE VILHENA

ALAVANCAGEM

A chave do crescimento empresarial!

DVS EDITORA
www.dvseditora.com.br
São Paulo, 2024

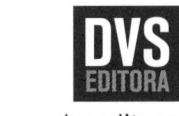

ALAVANCAGEM
A chave do crescimento empresarial!

DVS Editora 2024 – Todos os direitos para a língua portuguesa em território brasileiro reservados pela Editora.

Nenhuma parte deste livro poderá ser reproduzida, armazenada em sistema de recuperação, ou transmitida por qualquer meio, seja na forma eletrônica, mecânica, fotocopiada, gravada ou qualquer outra, sem a autorização por escrito dos autores e da Editora.

Revisão de texto: Hellen Suzuki
Design de capa, projeto gráfico e diagramação: Bruno Ortega

```
           Dados Internacionais de Catalogação na Publicação (CIP)
                  (Câmara Brasileira do Livro, SP, Brasil)

      Vilhena, Paulo de
              Alavancagem : a chave do crescimento
      empresarial! /Paulo de Vilhena. -- São Paulo : DVS
                                           Editora, 2024.
              ISBN 978-65-5695-115-7

              1. Empreendedores 2. Estratégia empresarial
      3. Sucesso em negócios 4. Vendas - Técnicas
      I. Título.

      23-186070                                  CDD-650.1
                  Índices para catálogo sistemático:

              1. Sucesso nos negócios : Empreendedores :
                    Administração    650.1

          Tábata Alves da Silva - Bibliotecária - CRB-8/9253
```

Nota: Muito cuidado e técnica foram empregados na edição deste livro. No entanto, não estamos livres de pequenos erros de digitação, problemas na impressão ou de uma dúvida conceitual. Para qualquer uma dessas hipóteses solicitamos a comunicação ao nosso serviço de atendimento através do e-mail: atendimento@dvseditora.com.br. Só assim poderemos ajudar a esclarecer suas dúvidas.

Sumário

Dedicatória 9
Introdução 10

PARTE 1
OS MITOS DO EMPREENDEDOR 14

CAPÍTULO 1
Ninguém nasce empresário 17

CAPÍTULO 2
O esforço alienado 23

CAPÍTULO 3
Melhor ser disciplinado que motivado 29

CAPÍTULO 4
Não faça nada que possa ser feito por outra pessoa 35

CAPÍTULO 5
Bom técnico, mas mau empresário 41

CAPÍTULO 6
Os quatro chapéus do empresário 46

CAPÍTULO 7
Os riscos aumentam à medida que os ignora 53

PARTE 2
A VIRADA ESTÁ NA ALAVANCAGEM 61

CAPÍTULO 8
Fazer crescer uma empresa é procurar formas de alavancagem 63

CAPÍTULO 9
O destino a ser alcançado determina o caminho a ser seguido 70

CAPÍTULO 10
O círculo virtuoso do crescimento de uma empresa 76

CAPÍTULO 11
Tática sem estratégia não funciona 82

PARTE 3
PLANEJAMENTO EFETIVO … 88

CAPÍTULO 12
Os planos são inúteis, mas planejar é fundamental … 90

CAPÍTULO 13
Maximize o crescimento, mas também o ritmo … 96

CAPÍTULO 14
Desejos não são decisões … 102

CAPÍTULO 15
Planeje a execução e execute o plano … 109

CAPÍTULO 16
O que é medido é feito e controlado … 116

CAPÍTULO 17
Se não sabe ler o resultado, como pode jogar o jogo? … 124

CAPÍTULO 18
O chassi de um negócio sustentável … 134

BÔNUS
Faça seu planejamento agora … 142

PARTE 4
AS PESSOAS SÃO A FONTE DO VALOR EMPRESARIAL … 147

CAPÍTULO 19
As 7 tarefas indelegáveis do líder … 149

CAPÍTULO 20
"A cultura come a estratégia no café da manhã" … 155

CAPÍTULO 21
Tenha um time classe A na sua empresa … 162

CAPÍTULO 22
Como encontrar os talentos classe A … 168

CAPÍTULO 23
A arquitetura social da empresa … 175

CAPÍTULO 24
Produtividade e gestão do tempo … 181

PARTE 5
VANTAGEM COMPETITIVA 188

CAPÍTULO 25
O modelo de negócio certo para você 190

CAPÍTULO 26
Construa um fosso em torno do seu castelo 197

CAPÍTULO 27
A cauda longa 203

CAPÍTULO 28
Preço é o que o seu cliente paga, valor é o que ele compra 208

PARTE 6
CRESCIMENTO DAS VENDAS 217

CAPÍTULO 29
Abandone a caça e dedique-se à pesca 219

CAPÍTULO 30
Despeça a sua equipe de vendas...
e recontrate-os como gestores de cliente 225

CAPÍTULO 31
Marketing de guerrilha 232

CAPÍTULO 32
Só há quatro formas de fazer as vendas crescerem 240

CAPÍTULO 33
O efeito bola de neve 247

PARTE 7
A NOVA HISTÓRIA DOS NEGÓCIOS 254

CAPÍTULO 34
Disciplina na execução 256

CAPÍTULO 35
Encontre uma forma de servir 264

MENSAGEM FINAL 269

DEDICATÓRIA

À minha mãe, que nos deixou demasiado cedo...

INTRODUÇÃO

Nos últimos 20 anos, tenho me dedicado a pensar sobre os desafios que todos os executivos e empresários, incluindo a mim mesmo, enfrentam diariamente na condução das equipes e dos negócios. E todos os dias eu recebo a mesma pergunta de líderes e empreendedores que atuam nos mais diversos mercados: *o que eu preciso fazer para mudar os resultados da minha empresa e fazê-la crescer de maneira consistente?*

Para essa pergunta, existe a resposta que as pessoas *querem ouvir*, e existe a resposta que elas *precisam ouvir*.

A resposta que eu, você e todas as pessoas gostaríamos de ouvir é que existe uma metodologia única capaz de fazer qualquer empresa crescer. Que existe o plano perfeito para termos sucesso e felicidade para sempre. Mas isso não é verdade.

Se existisse um segredo que fosse eliminar todos os percalços da vida de uma empresa, com certeza teríamos essa disciplina nos cursos de Administração, todos os profissionais decorariam os livros e aplicariam essa metodologia onde quer que fossem trabalhar. Em todas as grandes empresas, teríamos murais e *dashboards* automatizados para que cada etapa dessa metodologia fosse seguida à risca.

Porém, antes que você desanime, tenho a resposta que todos nós precisamos ouvir e que é muito mais poderosa do que a anterior. Antes de contá-la, quero compartilhar com você o que me levou a escrever este livro.

De tempos em tempos, é comum identificarmos pontos de inflexão em nossas vidas. Momentos em que um acontecimento ou uma decisão faz com que nosso rumo mude completamente e, a partir disso, um novo ciclo se inicia.

Curiosamente, percebo que minhas grandes mudanças pessoais e profissionais aconteceram em ciclos exatos de sete anos. E o ciclo mais recente começou em 2020.

Março de 2020, pandemia. Vi meu principal negócio perder 70% do faturamento sem qualquer perspectiva de retomada, pois dependia do modelo presencial. A pandemia obrigou a mim e ao meu time a parar e refletir sobre tudo o que tínhamos feito e construído até aquele momento e como nos reinventaríamos na nova realidade que se impunha.

Como acredito que você, leitor, também sentiu, foi um momento de perigo e incerteza. Nós só tínhamos perguntas e nenhuma resposta.

Pois bem, fiz uma revisão completa de todo o trabalho que realizei como consultor e coach empresarial. Revisitei tudo o que havia aprendido nos meus próprios negócios e junto a todos os outros em que, de alguma maneira, eu pude participar.

O resultado dessa reflexão fez com que, oito meses depois daquele momento em que nossa receita chegou a um dos níveis mais baixos de toda a nossa história, tivéssemos não apenas recuperado o fluxo de caixa, mas encontrado a direção para crescer 120% no ano seguinte.

Eu experimentei um nível de clareza tão grande que, ali, tive certeza de que precisava transformar a minha descoberta em um livro que serviria como um mapa para que outros líderes e empreendedores também fizessem a virada decisiva em suas organizações.

Redesenhei a nossa metodologia de intervenção nas empresas porque, embora não exista uma solução pronta para todos os casos, existe uma metodologia que permite identificar os pontos de alavancagem em qualquer negócio. E esta é a resposta poderosa de que você precisa para o futuro do seu negócio.

Qualquer que seja o seu critério para definir sucesso e resultado satisfatórios, o que torna o crescimento viável é agir sobre esses pontos de alavancagem. Para entender o que quero dizer, preciso explicar por que a alavancagem é oculta para a maioria dos profissionais e líderes.

A maioria de nós nasceu num contexto cuja lógica para a conquista dos resultados e, consequentemente, da remuneração sempre foi baseada na relação esforço e hora trabalho. Essa lógica diz que quanto mais esforço, ou quanto mais horas trabalhadas, maior o retorno financeiro. E, ao ver esse modelo em que trocamos *tempo* por *dinheiro* tantas vezes em nossas experiências profissionais e nas de pessoas ao nosso redor, é normal acreditarmos que é assim que nosso valor deve ser quantificado.

A proposta sempre foi trabalhar 8h por dia, 40h por semana, para uma determinada organização e, em troca, receber um determinado salário. Se precisarmos ganhar mais dinheiro, o que fazemos? Vamos fazer trabalho extra, vamos trabalhar mais horas. Nossa mente, então, passa a associar mais dinheiro a mais esforço.

O problema é que, além dessa relação não ser uma verdade (sabemos que pessoas podem trabalhar mais de 16 horas por dia e ainda assim receber abaixo do que é necessário para viver dignamente), é uma mentalidade que leva à exaustão sem resultados.

Quantos não são os empresários que trabalham 12, 14 horas por dia, não têm fim de semana e não podem tirar férias? Isso acontece porque os seus negócios só crescem até ao limite da disponibilidade que eles possuem. Ou pior, podem estar em esforço profundo e o negócio não ter nenhum crescimento.

Vemos esse cenário desafiador no mundo todo. Um estudo publicado pela Meta, holding que controla o Facebook, em outubro de 2022, analisou pequenas e médias empresas de 30 países e mostrou que 59% delas não sabiam se conseguiriam continuar a operar nos próximos 6 meses devido ao cenário de crise, inflação e aumento nos custos de matéria-prima.[1] O relatório das Nações Unidas sobre a situação econômica mundial mostrou que, em 2022, 3 em cada 4 bancos centrais aumentaram as taxas de juros[2], o que, para empresários, torna a busca por financiamento mais difícil. Se somarmos esse cenário ao fato de que 1 em cada 2 empreendedores no Brasil começam um negócio por necessidade[3], temos a receita para

---

1 Facebook. Global State of Small Business. Disponível em: *https://dataforgood.facebook.com/dfg/resources/March-2022-Global-State-of-Small-Business-Report*. Acesso em: nov. 2022.

2 World Economic Situation and Prospects: September 2022 Briefing, No. 164. **United Nations**, 2022. Disponível em: *https://www.un.org/development/desa/dpad/publication/world-economic-situation-and-prospects-september-2022-briefing-no-164/*. Acesso em: nov. 2022.

3 1 a cada 2 empreendedores ainda abre negócio por necessidade. **G1**, 2022. Disponível em: *https://g1.globo.com/empreendedorismo/noticia/2022/03/24/1-a-cada-2-empreendedores-ainda-abre-negocio-por-necessidade.ghtml*. Acesso em: nov. 2022.

muita frustração — negócios sem resultado, mesmo que os fundadores se esforcem muito. É exatamente isso o que mais encontro quando sou procurado por empresários que estão exaustos e pedem meu suporte para descobrir o que podem fazer para mudar a situação de suas empresas.

O principal diagnóstico que apresento é que o primeiro passo é sair desse ciclo que prende o retorno ao esforço. Pois, enquanto seus resultados dependerem unicamente do seu esforço, o empresário sempre terá uma barreira intransponível. Por mais que tente se superar, vai chegar ao limite, seja físico, mental ou mesmo temporal, porque os dias só têm e continuarão tendo 24 horas. O fato é que todos precisamos encontrar a alavancagem se quiserem viver melhor e ter negócios melhores.

A lição da alavancagem nos ensina um caminho exatamente contrário à lógica à qual nos acostumamos: as empresas podem crescer na inversa proporção do esforço realizado. Ou seja, para que o seu negócio seja capaz de crescer exponencialmente, é preciso ser capaz de identificar os pontos estratégicos para que se aplique o que a Física chama de *força potente*, a ação que acelera a capacidade de movimento; assim, é possível multiplicar seu resultado fazendo muito menos esforço. Essa força potente, sobre a qual falaremos adiante, faz com que você diminua a *força de resistência*, que é tudo aquilo que dificulta a execução de uma ação.

Mas, para colocar essas forças em ação favorável aos seus objetivos, a primeira coisa que o líder precisa fazer é dedicar mais tempo para a estratégia e o planejamento do que para a operação. Ao fazer isso, à medida que você tornar o seu trabalho mais intelectual e menos operacional, conseguirá aumentar a sua capacidade de alavancagem e, consequentemente, de crescimento. E é isso o que você vai aprender a fazer nas próximas páginas.

Este livro, portanto, não vai entregar uma fórmula mágica para você transformar o seu negócio hoje. Ele traz um plano de ação para você encontrar os pontos de alavancagem que vão transformar o seu negócio hoje e amanhã, pois os princípios que verá aqui vão ajudá-lo a encontrar as novas soluções para os problemas antigos e futuros.

Boa leitura,
Paulo de Vilhena

PARTE 1
OS MITOS DO EMPREENDEDOR

Você certamente conhece a velha história da cigarra e da formiga: a formiga trabalha e a cigarra canta. É verão, o tempo está bom, e elas passam o dia todo nisso, uma trabalhando e a outra cantando. Eis que o dia passa e vem outro em seu lugar, depois outro, depois outro e depois mais um... até que o verão dá lugar ao outono, o outono passa e, por fim, o inverno chega. A cigarra, que até então estava feliz da vida cantando, de repente sente um vento mais gelado e para de cantar. Faz frio, agora as noites são mais longas, e a cigarra, além disso, está sentindo fome. Eis que ela — opa! — se lembra da formiga, velha amiga, que trabalhou tanto e deve ter alguma coisinha para partilhar.

Tremendo de frio, a cigarra bate à porta da formiga e pede ajuda. Diz que, quando chegar o verão de novo, irá pagar a formiga de volta por tudo e ainda um pouco mais. Sem se abalar, a formiga pergunta o que a amiga andou fazendo aquele tempo todo para não ter nada guardado no inverno, e a cigarra responde que estava cantando.

Por fim, a formiga diz: "Ouvi você cantando, mas não te vi fazendo preparativos, como eu fiz. Agora, olha o inverno aí, e como nós estamos? Eu, colhendo os frutos de todo esse esforço, e você, sem nada."

✖ ✖ ✖

Gosto muito das fábulas que a gente conta para as crianças porque nelas encontramos toda a sabedoria que precisamos adquirir ao longo da vida. O problema é que essas histórias estão enraizadas em nossa memória de maneira tão autômata que a compartilhamos sem entendê-las verdadeiramente.

É muito comum resumirmos a mensagem por trás da fábula da cigarra e da formiga como: a primeira é preguiçosa; a segunda, trabalhadora. No entanto, essa fábula guarda lições muito mais profundas do que "é preciso nos esforçar".

A primeira coisa que acontece na história é que a formiga tem visão de longo prazo. E tem uma consciência que muitas vezes falta ao próprio ser humano. A formiga sabe que o inverno vai chegar, não importa quão lindo esteja o dia. Eu inclusive o desafio, caro leitor e cara leitora: por acaso, você já viu alguma formiga andando devagar ao observá-la nos cantos da sua casa ou mesmo na rua?

Não, a formiga não passeia. Ela segue seu caminho sempre em grande velocidade, no máximo do seu esforço. Se você botar um obstáculo para uma formiga, ela vai contornar o obstáculo até ultrapassá-lo. E a única maneira de fazermos com que ela pare é tirando-lhe a vida. Porque, enquanto estiver viva, a formiga vai continuar a se movimentar em busca da superação do desafio que está à sua frente.

Uma das lições mais importantes que a formiga nos mostra é que ela trabalha no verão porque sabe que, com a chegada do inverno, não poderá fazer outra coisa a não ser esperar.

A cigarra, por sua vez, não é que seja preguiçosa. Afinal, a música é seu trabalho. Portanto, também trabalha o dia inteiro, mesmo quando o calor excessivo é desagradável.

O problema da cigarra é outro: ela simplesmente não entende que o inverno virá. Então, ela não se prepara para o momento em que não conseguirá sobreviver.

Essa fábula, portanto, é uma história de consciência. Consciência de longo prazo, de que a vida vem em ciclos e precisamos nos preparar para eles.

Escolhi, portanto, a cigarra e a formiga para esta primeira parte do livro na qual discutiremos todos os mitos que fogem à consciência dos empreendedores e executivos. São os vieses distorcidos que atrapalham a visão de longo prazo e a aplicação adequada de seu esforço e conhecimento na condução dos negócios.

CAPÍTULO 1

NINGUÉM NASCE EMPRESÁRIO

Em 1787, durante um ensaio da obra *Don Giovanni*, Mozart, um dos maiores compositores de música clássica da história, disse ao condutor da orquestra: "é um erro achar que a prática da minha arte se tornou fácil para mim. Garanto-lhe, caro amigo, ninguém estudou a composição com tanto cuidado quanto eu. Dificilmente há um grande mestre na música cuja obra eu não tenha estudado frequentemente e diligentemente."[4]

Mozart é referenciado como um gênio. E não apenas ele. Os grandes ícones em todas as áreas — inclusive a empresarial — costumam receber esse título. Nos negócios, há listas de destaque para os empreendedores brilhantes antes dos 30, dos 40 anos, matérias com chamadas do tipo "o empresário multimilionário que saiu do zero e agora tem um império". Por trás dessas biografias, a imagem de que essas pessoas *nasceram* para criar, *nasceram* para empreender, elas só precisavam de um pequeno canal para expressar sua genialidade.

É essa falsa visão sobre o que gerou os resultados de alguém ou de uma empresa que se enraíza no nosso imaginário o mito do empresário nato: ou uma pessoa tem os talentos naturais para empreender ou não.

---

[4] KERST, Friedrich. **Mozart: the man and the artist**. New York: Dover Publications, 2016. Disponível em: https://hugoribeiro.com.br/area-restrita/Kerst-Mozart_the_Man_and_the_Artist.pdf. Acesso em: out. 2022.

Malcolm Gladwell, na obra *Fora de Série — Outliers*[5], apresenta uma série de análises sobre o que torna algumas pessoas extremamente bem-sucedidas e outras não. Ele destaca alguns estudos que comprovaram que aqueles que alcançaram o ápice da performance e da excelência dedicaram, ao longo da vida, 10.000 horas de prática. E o mais importante: o que fez a diferença para que os grandes expoentes como Bill Gates, Mozart e atletas de elite alcançassem o status atual não foram as habilidades inatas, mas, sim, o treinamento especializado e constante e as condições adequadas para que aprimorassem seu modelo de execução. O preparo desses profissionais é o que os tornou aptos a aproveitar as oportunidades quando elas surgiram.

A partir disso, o que posso dizer a você é que, sim, talvez alguns de nós nasçam com certo talento econômico, com algum talento empresarial, mas ainda assim são necessárias milhares de horas de treino até que possamos nos tornar empresários excelentes.

Durante minhas palestras e treinamentos, muitas vezes recebo elogios como "Paulo, você é um orador nato". A essas falas, muitas vezes respondo: "você diz isso porque não me viu antes de treinar 10.000 horas."

A primeira vez que falei em público, meu desempenho foi tão ruim que, se eu não estivesse dando a palestra, eu próprio teria ido embora.

Acredite quando digo: nossos resultados não são obra do acaso. É preciso uma grande dedicação intencional para que eles aconteçam.

Por mais que eu e você tenhamos habilidades, ou melhor, facilidades naturais para algumas atividades, não é possível alcançar o máximo potencial sem muito treino. E quando falamos sobre as habilidades necessárias para gerenciar um negócio e liderar um time, temos aí uma série de competências a serem desenvolvidas e aprimoradas. Acredito que, em rigor, um empresário não precisa ser especialista em quase nada; deve ser um generalista e saber o essencial de todas as atividades da sua empresa.

Nenhum empresário pode não saber de vendas e marketing. Sem isso, não existe frente comercial e fluxo de receita para manter o negócio de pé. Todo

---

5   GLADWELL, Michel. **Fora de série — Outliers**. Rio de Janeiro :Sextante, 2013.

líder precisa se interessar por recursos humanos e finanças. Tudo o que é estratégico para o negócio, o empresário não pode terceirizar no sentido de simplesmente deixar que o outro resolva, acreditando que o contador, por exemplo, deve resolver todas as questões financeiras. O contador faz, sim, as declarações e ações de responsabilidade fiscal da empresa, mas não vai assegurar que o negócio está gerando margem adequada para o fluxo de caixa, não acompanha se as vendas estão crescendo, não planeja as inovações para que a empresa não perca participação do mercado.

O empresário tem que saber o mínimo de cada uma das áreas subjacentes à sua atividade principal para poder contratar pessoas que sejam competentes para realizar o que precisa ser feito, e ele próprio precisa ter competência para coordená-las, orientá-las, ajudá-las a tomar decisões e avaliar a qualidade do seu trabalho.

Costumo comparar a gestão dos negócios a dirigir um carro. Nem todos se tornam um Ayrton Senna, mas a maioria das pessoas é capaz de tirar a carteira de motorista, dirigir de maneira bastante razoável, com bom desempenho e em segurança. Ser empresário é um pouco isso: há aqueles que alcançarão o nível de domínio essencial e os outros, que se dedicarão a nível de elite. Se você estiver disposto a treinar o suficiente, se dedicar um número absurdo de horas a pensar sobre os temas sensíveis do negócio e se desenvolver, pode ser absolutamente fora de série.

Para mim, qualquer coisa que valha a pena fazer bem, vale a pena começar fazendo mal. Eu às vezes exagero nos exemplos e digo que até mesmo os melhores do mundo em alguma área começaram sendo os piores do mundo. Quando imagino Cristiano Ronaldo, ainda criança, tentando chutar uma bola pela primeira vez, quase posso garantir que ele trocou os pés e caiu com a bunda no chão. Por quê? Porque nunca tinha feito isso, e as crianças têm dificuldade em coordenar os movimentos da passada com o chute. Ou seja, ele não era nada melhor do que qualquer outra criança da sua idade, mas persistiu, treinou, treinou, treinou e estava pronto quando as grandes oportunidades lhe foram apresentadas. Havia um talento natural, mas que só se tornou excepcional depois que se tornou proficiente nessa mesma tarefa.

LEMBRE-SE: SÃO 10.000 HORAS

Estou sendo enfático sobre a importância do preparo e da consistência para se tornar um empresário de excelência porque, infelizmente, vivemos uma onda de promessas irreais impulsionadas por abordagens estritamente comerciais — e que aumentam a carga de frustração sobre os ombros de muitos empreendedores que aplicam as ditas "fórmulas infalíveis" e veem seus negócios ruírem.

Não há cinco coisas fáceis que, se eu fizer, vão aumentar exponencialmente os resultados da minha empresa. Não há empresas que trabalhem sem seus líderes ou que demandem apenas quatro horas de trabalho por semana. Veja, muitos dos conteúdos — livros, cursos, artigos — que fazem essas promessas trazem, obviamente, boas reflexões e ferramentas. No entanto, para captar a atenção do público, simplificam temas de extrema seriedade e que geram expectativas que não serão alcançadas.

A grande verdade é que cada empresa é uma empresa diferente. Cada ambiente econômico é um ambiente econômico diferente. O próprio cenário dos negócios muda todos os dias, a concorrência muda, reage, inova. Ou seja, há uma série de variáveis sobre as quais nós, empresários e empreendedores, não temos nenhum controle, e que, com frequência, nos agridem.

Cada negócio precisa ter uma estratégia singular, própria.

Ao tentar simplesmente repetir o que outros fizeram, a nossa experiência em vinte anos acompanhando empresas em todo o mundo mostra que o resultado é sempre insatisfatório: se encontramos a forma de uma coisa funcionar numa empresa, ao implementá-la na empresa do lado, a mesma forma já não funciona. Encontramos a fórmula para algo funcionar numa empresa de determinado setor; estamos noutra do mesmo setor, e a fórmula não funciona.

Quando se vende a ideia das empresas que trabalham de maneira autônoma, sem precisar dos líderes, a verdade é que o caminho possível e necessário é o que leva o empresário a diminuir o seu envolvimento operacional e alocar a maior parte do seu tempo ao processo de tomar as decisões necessárias. Justamente por todo o seu percurso estudando profundamente o negócio e desenvolvendo suas habilidades, é a sua visão estratégica que mais pode gerar valor para a empresa.

Gosto de citar o Warren Buffett, o maior investidor do mundo, para deixar claro o que quero dizer. Enquanto escrevo este livro, Buffett já tem mais de 90 anos, e ainda é ele quem gere a sua empresa, Berkshire Hathaway. Óbvio que ele poderia já ter deixado o posto, mas todos os melhores gestores do mundo dirigiram as suas empresas até o momento em que decidiram se aposentar. Numa entrevista recente com o jornalista norte-americano Charlie Rose, ao ser questionado porque continua trabalhando, o investidor, que acorda às 7h da manhã, assiste às notícias e chega ao escritório antes das 8h30, respondeu que tem "o trabalho mais interessante do mundo". Buffett não só estudou toda a literatura sobre o mercado de investimentos desde a juventude, como mantém pelo menos 80% do seu patrimônio investido em negócios americanos[6].

Na minha visão, Buffett entende que toda a experiência acumulada e a sua capacidade apurada de ler os movimentos do mercado são o maior valor que ele pode entregar para o seu time e seus acionistas. Ele entende seu papel de mostrar aos futuros sucessores que sua assertividade e domínio não são consequências de um talento genético natural, mas de muita consistência, mesmo quando o mundo todo o reconhece como o maior especialista de sua área. Mesmo aos 90 anos, Buffett continua firme num princípio básico: há uma série de variáveis que nós não controlamos, mas controlamos nossa atitude e dedicação para seguir fazendo o trabalho a ser feito, fazendo-nos presentes e comprometidos em nosso próprio preparo para desempenhar o papel de quem deve estar na linha de comando de uma empresa.

Por isso, nesta primeira parte do livro vamos analisar em detalhes as travas e os pontos de resistência que trazem expectativas distorcidas ou problemas recorrentes na condução da grande maioria das empresas, independentemente do produto que oferecem ou do setor em que atuam. É só quando olhamos para esses vilões da gestão com a objetividade necessária que poderemos desenvolver um plano de ação e execução adequados para colocar as estratégias de alavancagem em prática.

No próximo capítulo, falaremos de um dos maiores problemas que vejo nas empresas: times que trabalham intensamente com foco nas tarefas e perdem de vista o grande objetivo, ou seja, o resultado.

---

6   BARRY, A. Warren Buffett Says He Has No Plans to Step Down as Berkshire CEO. **Barron's**. 14 abr. 2022. Disponível em: *https://www.barrons.com/articles/warren-buffett-health-no-plans-step-down-berkshire-ceo-51649972734*. Acesso em: out. 2022.

Se eu fosse você, não ignoraria essas ideias. Quem sabe eu tenho razão?

CAPÍTULO 2

O ESFORÇO ALIENADO

É fundamental que o líder de um negócio seja capaz de dominar todos os temas sensíveis da companhia porque, dentre suas responsabilidades, está a tomada de decisão e, mais do que isso, o correto direcionamento da equipe para o que precisa ser feito — e quando deve ser feito.

Uma pesquisa internacional feita pela plataforma Reclaim, divulgada em março de 2022, com mais de dois mil profissionais analisou o nível de produtividade de equipes e líderes e chegou a algumas conclusões bastante preocupantes[7]:

- Apenas 12,4% dos profissionais conseguem dedicar mais do que 6 horas por dia às atividades que precisam de fato desempenhar.
- Na média, apenas 53,3% do tempo dos profissionais é dedicado a atividades produtivas.
- Apenas 16,8% dos times concluem mais do que 70% do trabalho planejado para a semana.
- Em média, apenas 50,2% do tempo dos gestores é dedicado ao trabalho focado e produtivo.

No entanto, não é preciso fazer grandes pesquisas para comprovar esses dados. Basta dar uma olhada na sua agenda desta semana, em todas as atividades que você e seu time planejavam concluir e não aconteceram.

---

[7] Task Management Trends Report: +200 Stats on Managers vs. Individual Contributors. **Reclaim.ai Blog**, 29 mar. 2022. Disponível em: *https://reclaim.ai/blog/task-management-trends-report*. Acesso em: out. 2022.

Isso, porém, não quer dizer que os líderes e as equipes estejam trabalhando pouco. Ao contrário, é provável que estejam sobrecarregados, estressados e cansados. E é neste ponto que os resultados parecem não fazer sentido. Afinal, como os times podem estar trabalhando tanto e ainda assim serem tão improdutivos?

Para mim, são dois fatores interdependentes: a **alienação em relação às atividades realizadas** e o **esforço sem alavanca**.

A TAREFA PELA TAREFA *VERSUS* A TAREFA PELO RESULTADO

A alienação em relação às atividades significa não ter consciência do real objetivo daquilo que estamos fazendo. É o ato mecanizado de seguir os processos sem uma visão crítica, questionadora e principalmente sem orientação para o resultado pretendido.

Nesse sentido, mesmo querendo fazer a coisa certa, o profissional se apega ao status quo, ao "jeito que ele foi ensinado" a executar tal atividade. Então, quando é cobrado pelo resultado, ele diz: "Fiz do jeito que me ensinaram, se o resultado não apareceu, a culpa não é minha." Atitude que, além de revelar a alienação do que seu esforço deveria gerar, também mostra uma leitura ruim do que significa buscar o resultado, algo que vai muito além do que apenas executar tarefas.

Na outra via, a companhia representada pela liderança quando se depara com resultados aquém do esperado não deve buscar culpados, e sim buscar uma análise dos motivos que travaram o desempenho do time, para que possam ser realizadas as ações de melhoria para os próximos desafios.

O contrário desse cenário é o trabalho engajado. Ou seja, cumprir o processo em função do resultado buscado. Realizar suas atividades de maneira envolvida até o resultado desejado aparecer. Um jeito simples de entender a diferença entre esses dois comportamentos é imaginarmos um cozinheiro que vai à cozinha, seleciona um prato e segue a receita de maneira estrita, mas, no fim, serve gororoba para seus convidados. Por estar tão preocupado em seguir a receita, este cozinheiro não provou o prato antes de servir, não questionou o modo de preparo e, mesmo quando as coisas desandaram, não parou e buscou um plano alternativo, pois o resultado que ele deveria buscar não é o cumprimento total da receita, e sim preparar a melhor refeição possível. Quando um cozinheiro sabe que a missão é preparar a melhor refeição possível com os ingredientes à sua disposição e uma receita específica como linha-mestre, ele acompanha cuidadosamente o processo e tem maior autonomia para fazer adaptações na receita sem perder de vista o objetivo final.

O PROBLEMA DO ESFORÇO SEM ALAVANCA

Antes de prosseguirmos, é importante destacar que **sem esforço não há resultados.** Isso é óbvio. Contudo, o esforço sem alavanca traz um resultado muito limitado. E, pior, esforço no caminho errado ou nas atividades erradas não traz resultado, assim como esforço nas atividades certas, mas feitas da maneira errada, também não traz resultado. É justamente aqui que mora o problema de executivos e times sobrecarregados, sem resultados satisfatórios.

O esforço está muito relacionado com a disciplina de transformar as ideias em resultado. Algo que só é possível por meio de ação que, quanto mais bem direcionada, maior seu potencial de gerar o impacto desejado para o negócio. Portanto, quando buscamos o esforço do nosso time e de nós mesmos, buscamos um esforço inteligente, de preferência naquilo que potencializa o que conseguimos produzir sem que nos demande mais dedicação, colocando nossa energia naquilo que nos tira da lógica linear e nos permite obter resultados escaláveis. É aquela conta básica que fizemos na introdução: se nossas atividades são pautadas na nossa hora-trabalho, chegaremos a um limite. É a história mais comum entre os empresários que começam a sua atividade e, de repente, percebem que para dar conta do número de clientes precisam se esforçar mais — e a jornada de 8 horas de trabalho se transforma em 10 horas diárias. Novos contratos são fechados, mais fornecedores envolvidos na operação, o negócio ganha complexidade — e, num piscar de olhos, 14 horas de trabalho, incluindo finais de semana. Perdem o controle do fluxo de despesas e, mesmo trabalhando exaustivamente, têm um modelo de negócio em franco risco.

E o risco não é apenas porque há um limite de quanto podemos nos esforçar, mas porque todos nós estamos sujeitos a uma lei de desempenho decrescente conforme o nível de cansaço aumenta. O pico de produtividade que experimentamos nas primeiras horas de trabalho do dia não vai se manter igual depois de mais de dez horas de esforço mental. Tendemos a cometer mais erros, a nos distrair e ficarmos mais lentos.

Mas, como disse, é óbvio que não existe resultado sem esforço. Então, aos empresários e empreendedores que sonham com rendimentos passivos nos negócios, sinto por já ter de alertá-los de que isso também não existe.

Pensar em rendimento passivo na empresa é a mesma coisa que pensarmos em relações passivas, num casamento passivo, por exemplo, num campeão passivo. **Vencer uma competição, construir uma relação duradoura e ter um negócio próspero exigem esforço e disciplina, mas é preciso saber direcioná-los.** E aqui entra uma questão muito importante, que é o domínio dos papéis e responsabilidades de cada pessoa envolvida no resultado que se quer alcançar, sobre os quais falaremos especialmente na Parte 4.

COMO TER UMA PRODUTIVIDADE DE ALTA PERFORMANCE?

Embora não possamos ter resultados passivos, podemos ter resultados altamente alavancados. Podíamos usar, aqui, o exemplo do gira-gira, aquele brinquedo típico dos parques de diversão infantil.

No gira-gira, várias crianças se sentam, e o objetivo é encontrarem, juntas, o ritmo mais veloz do brinquedo. A parte mais difícil, claro, é começar, tirar a roda da inércia. O início exige um olhar atento entre todas as crianças, a definição da direção em que querem girar o brinquedo que, com o esforço e impulso delas, aos poucos ganha velocidade. No início da brincadeira, é preciso colocar muito esforço para que o brinquedo se movimente lentamente. Contudo, conforme ganha velocidade, a necessidade de esforço diminui, embora não possa ser ignorada. Se as crianças pararem de colocar o esforço, por quanto tempo a roda gira? Pouquíssimo tempo. Ela dá meia dúzia de voltas e vai perdendo velocidade até voltar à inércia. Se parar, o esforço de voltar a colocar o gira-gira em movimento é grande outra vez.

Numa empresa é igual. Desde o dia em que o microempresário monta a empresa sozinho e tem que fazer tudo até o momento em que poderá ser apenas acionista e analisar as demonstrações financeiras e ocupar lugar no conselho administrativo, ele precisa encontrar os fatores estratégicos para alocar o seu esforço e o do time.

PRIORIZAÇÃO E PROCESSO DE DECISÃO

Assim, na minha visão, potencializar o resultado do esforço e da produtividade demanda alguns requisitos:

- Clareza do que de fato se quer alcançar, qual o objetivo principal daquilo que está sendo realizado.
- Análise constante do resultado do esforço durante o processo e não apenas no final.
- Definição objetiva dos papéis e responsabilidades de cada membro da equipe.
- Revisão dos processos com foco em melhoria contínua.

Só que esses fatores só podem ser bem desenvolvidos se os empresários e líderes tiverem autocontrole no processo de decisão e priorização. O que vemos em nossos processos de coaching executivo é que a maioria dos gestores tende a tomar decisões quase que intuitivamente.

Se eu olhar para a minha vida, quase todas as decisões que tomei e nas quais perdi dinheiro — e foram inúmeras — pareciam boas ideias quando optei por colocá-las em prática. Hoje, contudo, sei que poderia ter evitado alguns erros se tivesse um processo de decisão mais rigoroso, se parasse mais tempo para pensar, amadurecesse melhor as decisões, e, acima de tudo, tivesse um olhar apurado para o equilíbrio entre o custo de esforço e oportunidade antes de avançar com elas.

Um processo de decisão mais rigoroso não significa engessar a operação da empresa, mas, sim, ter fundamentos antes de mudar a rota da equipe. Significa ter planejamento e capacidade de escolha para que os talentos e a energia do time não sejam desperdiçados, o que não só diminuirá o desgaste na rotina como poupará recursos e melhorará o potencial de retorno das ações de todos. Para chegar a essas premissas, a liderança deve entender profundamente o escopo de sua atuação, e é exatamente sobre isso que falaremos no próximo capítulo.

**Se eu fosse você,
não ignoraria essas ideias.
Quem sabe eu tenho razão?**

CAPÍTULO 3

MELHOR SER DISCIPLINADO QUE MOTIVADO

No capítulo anterior, falamos sobre a falta de produtividade e como esse problema tão comum entre as equipes e os líderes está ligado ao **esforço sem alavanca**. Contudo, é importante analisarmos aqui outra questão que aflige as lideranças ao redor de todo o mundo: a motivação e o engajamento das equipes no trabalho.

Na edição de 2022 do estudo global realizado pelo Gallup, *State of the Global Workplace*[8], vemos que apenas 21% dos profissionais do mundo se sentem realmente engajados com o trabalho. Na minha visão, especialmente quando analiso as diversas trocas que tenho com empresários e em meus treinamentos junto às mais diversas equipes, este é um resultado que reflete um grande desalinhamento entre os objetivos da organização e a sua relação com os profissionais responsáveis por operacionalizar o dia a dia.

Quando alguns empresários me procuram em busca de respostas sobre *como motivar a equipe*, costumo responder com uma pergunta: o que faz você perceber que há falta de motivação? Na maioria das vezes, suas falas estão em linha com a falta de velocidade na execução das atividades.

Para mim, isso não é problema de motivação, e sim de direcionamento e estrutura de trabalho. A primeira coisa que precisamos ter claro é que **não adianta ter motivação se estivermos no caminho errado**. Eu sempre digo

---

[8] **State of the Global Workplace: 2022 Report**. Washington: Gallup, 2022. Disponível em: https://www.gallup.com/workplace/349484/state-of-the-global-workplace-2022-report.aspx. Acesso em: nov. 2022.

que prefiro alguém que vai no caminho certo e devagar, do que alguém que vai no caminho errado altamente motivado a fazer as coisas muito depressa. Obviamente que, se for capaz de colocar a pessoa no caminho certo e depois a incentivar a ir um pouquinho mais depressa, é melhor ainda, mas este é outro passo.

A segunda coisa que gosto de trazer é que motivação, para mim, é aquilo que nos faz sair da inércia e começar projetos. A motivação faz com que a gente se inscreva na academia, procure um nutricionista para ter um plano alimentar melhor, inicie um novo projeto na empresa, defina um objetivo para a carreira etc. Contudo, não é a motivação que nos faz atingir o resultado. Para isso, precisamos de disciplina, ou seja, precisamos ser capazes de aparecer para fazer o que tem que ser feito de modo consistente, mesmo quando não nos sentimos motivados para tal.

Ninguém está motivado todos os dias o tempo todo. Por isso, o desafio das organizações é construir um ambiente que estimule o comprometimento e o engajamento de todos com determinadas práticas diárias que, justamente por serem implementadas de maneira consistente, farão o resultado desejado aparecer.

Estudiosos do tema dizem que a motivação é promovida por três fatores: o impulso, a direção e a persistência do comportamento. No estudo *A relação da motivação para o trabalho com as metas do trabalhador*, os autores afirmam que[9]:

> Quando o ser humano entra numa organização para trabalhar, o seu interesse básico não é aumentar o lucro dessa organização ou empresa, mas satisfazer necessidades pessoais de ordens diversas. Se ele não encontrar no trabalho meios de satisfazer as suas expectativas e de atingir as metas principais da sua existência, ele não se sentirá numa relação de troca, mas de exploração.

Como líderes, nosso papel é equilibrar essa dinâmica para que não apenas as atividades sejam realizadas com qualidade e no nível necessário, mas

---

9 TAMAYO, Alvaro; PASCHOAL, Tatiane. **A relação da motivação para o trabalho com as metas do trabalhador.** Revista de Administração Contemporânea. v.7(4), dez. 2003. Disponível em: *https://www.scielo.br/j/rac/a/8PGD7qcRB9JL8CjQZNDFbrp/?lang=pt#*. Acesso em: nov. 2022.

também que gerem realização pessoal para todas as pessoas que fazem parte da empresa.

Por isso mesmo, é importante conhecer o perfil de cada pessoa da equipe para perceber o que cada colaborador busca e como esse objetivo pessoal pode ser transposto na sua rotina profissional. Ao analisar as motivações pessoais, o estudo citado apresenta quatro eixos de valores principais na busca pessoal: altruísmo, prestígio, mudança e estabilidade, que são colocados de maneira antagônica, conforme a figura a seguir.

Correspondência entre Motivações de Ordem Superior e Algumas Estratégias de Motivação Laboral

Assim, o profissional que valoriza a estabilidade tenderá a ter mais dificuldade de se engajar em projetos voláteis, em atuar em frentes que ainda não estejam bem estruturadas. No entanto, poderá trazer complementaridade numa equipe que esteja testando soluções que precisarão, depois, ser bem analisadas para se transformarem em novos processos da companhia.

Do mesmo jeito, colocar alguém que tem um perfil mais dinâmico para realizar processos burocráticos é a receita para o desengajamento. Pessoas que têm como forte valor o altruísmo estão muito conectadas ao sentido, o propósito e potencial de impacto das suas atividades. E aquelas em busca de prestígio se motivam por meio do reconhecimento. É claro que cada pessoa pode se identificar com mais de um eixo, no entanto o importante é perceber qual aspecto é mais forte e determinante para mantê-la motivada e inspirada no dia a dia.

Quero deixar claro neste ponto que, assim como nem todas as pessoas se motivam da mesma maneira, a motivação é apenas parte do que é necessário para obtermos resultados. A motivação dá o impulso, é o ponto de partida, mas é preciso orientação e disciplina na execução.

EXPERIMENTAÇÃO COM DIRECIONAMENTO CLARO

Já está mais do que claro que o sucesso passado não garante o sucesso futuro. E o que tornará os negócios competitivos neste cenário altamente competitivo é a capacidade de inovação para responder aos desafios que surgem diariamente.

Agora, como ter uma cultura favorável à inovação? A resposta está no fortalecimento de um ambiente propício para a experimentação e à aprendizagem.

Um dos principais ensinamentos que levamos às empresas nos processos de mentoria é a importância de testar novas ideias e medir o resultado. Exatamente porque numa empresa nunca se sabe o que vai gerar resultado ou não. É como na vida: nós podemos usar o nosso bom senso, a nossa intuição e principalmente a nossa experiência para diminuir o número de erros, mas nunca deixaremos de errar. Podemos, contudo, evitar erros desnecessários. E podemos fazer isso ao **aprender, primeiro, com os erros dos outros.** Então, antes de começar algo novo, qualquer equipe deve analisar o que outros negócios já fizeram e testaram em linha ao que se quer desenvolver.

Feito esse mapeamento e a verificação dos aprendizados por meio das experiências em relação a como os outros agiram, o que ignoraram e o que pode ser identificado como pontos de melhoria, aí sim o time está pronto para desenvolver o próprio modelo de testagem.

Os negócios que querem crescer e encontrar alavanca precisam ter tolerância ao erro, mas ao erro que gera aprendizado, que depende também de saber o que se está tentando descobrir com cada nova ideia.

Um exemplo interessante nesse sentido é o empenho da SpaceX, empresa de Elon Musk, na construção de um foguete totalmente reutilizável, algo essencial para possibilitar a exploração de outros planetas.

No início de 2015, quando o protótipo do foguete Falcon 9 explodiu na aterrissagem, poderia ter sido o fim do projeto. Mas, ao contrário, Musk celebrou e, um ano depois, a equipe apresentou outro foguete que aterrissou sem problema nenhum[10]. Em 2020, a SpaceX foi a primeira empresa privada a transportar astronautas ao espaço[11]. Musk é reconhecido como um empreendedor ousado, e, às conquistas que suas empresas vêm obtendo, podemos associar a tolerância com a experimentação e o erro, justamente porque estão construindo inovações antes inimagináveis. O objetivo é claro: tornar as viagens interplanetárias viáveis e mais baratas. O processo para chegar lá ainda está sendo descoberto.

Embora não precisemos ter metas tão aparentemente utópicas como as de Elon Musk, como líderes e empresários precisamos, sim, estimular as novas ideias em nossas empresas. Para isso, um aspecto essencial é a segurança psicológica dos colaboradores.

Colin Powell, ex-secretário de Estado dos Estados Unidos, disse que "Não há segredos para o sucesso. É o resultado de preparação, trabalho duro e aprendizado com o fracasso". Permitir o fracasso é permitir que nosso

---

10   Como o erro pode conduzir sua empresa ao sucesso. **Administradores**. 25 maio 2017. Disponível em: *https://administradores.com.br/noticias/como-o-erro-pode-conduzir-sua-empresa-ao-sucesso*. Acesso em: nov. 2022.

11   RIGUES, R. Do Falcon à Starship: conheça a evolução dos foguetes da SpaceX. **Olhar Digital**, 19 abr. 2021. Disponível em: *https://olhardigital.com.br/2021/04/19/ciencia-e-espaco/do-falcon-a-starship-conheca-a-evolucao-dos-foguetes-da-spacex/*. Acesso em: nov. 2022.

time assuma riscos e tenha autonomia para agir sem medo de sofrer consequências negativas[12].

É claro que não queremos desperdiçar recursos nem de energia nem financeiros. E o melhor jeito de assegurar isso é, de novo, mensurar o resultado dos testes constantemente para que se transformem em aprendizados rapidamente e, assim, orientem os ajustes de rota necessários para se chegar aos objetivos definidos.

Essa abordagem — somada a uma prática que promova o alinhamento constante da equipe e à análise de como cada colaborador pode trazer suas melhores contribuições para a organização e, assim, também alcançar os próprios objetivos — alavanca a motivação, direcionando-a corretamente para que todos estejam colocando energia no caminho certo.

Se eu fosse você, não ignoraria essas ideias. Quem sabe eu tenho razão?

---

12 SOULDERS, B. The Science of Improving Motivation at Work. **Psychology.co,** 14 jan. 2020. Disponivel em: https://positivepsychology.com/improving-motivation-at-work/. Acesso em: nov. 2022.

CAPÍTULO 4

NÃO FAÇA NADA QUE POSSA SER FEITO POR OUTRA PESSOA

Todo líder e executivo sabe que a gestão é feita um dia de cada vez. Tem dias difíceis, tem dias mais fáceis, tem dias em que você vai festejar, outros em que você vai chorar. Tem dias, independentemente de tudo que você tiver aprendido, que terá vontade de fechar a empresa e ir embora. Tudo isso faz parte da vida do empresário.

Nesse sentido, gosto de fazer a analogia das estações do ano. Não podemos ser ingênuos de acreditar que viveremos no verão para sempre, não é mesmo? No entanto, embora saibamos que o inverno vai chegar, é comum nos esquecermos dele. Acreditamos que o que já aprendemos e os resultados que já tivemos serão suficientes, mas não são. É como eu digo aos empresários: atenção, o inverno chegará. Não sei quando, mas sempre vai chegar.

Essa constatação pragmática não tem qualquer objetivo de desestimulá-lo, ao contrário, é uma reflexão importante, parte da noção básica da nossa existência no planeta nos últimos 70 mil anos desde que o *Homo sapiens* surgiu. Nunca houve, até hoje, um verão que durasse mais do que uma estação e, depois de todos esses milhares de verões, os invernos sempre chegaram. Então, depois do verão sempre virá o outono; depois do outono, o inverno, depois a primavera. Por isso, assim como não podemos acreditar que estaremos sempre em momentos de bonança, também não devemos acreditar que ficaremos presos eternamente quando as dificuldades surgirem.

Do ponto de vista macro, há o conceito de *ciclo de mercado*[13], que, ao longo do tempo, pode ser percebido por meio de quatro fases: **expansão**, que refere-se ao crescimento; **topo**, ápice dos resultados econômicos; **recessão ou contração**, período de queda; e **vale ou fundo**, que é o limite em que há uma sustentação mínima dos indicadores. Esses ciclos vão se movimentar de acordo com as mudanças no comportamento dos consumidores, surgimento de crises como a de 2008 e a Covid-19, mudanças nos indicadores de oferta e demanda de insumos, entre outros fatores. A figura a seguir mostra bem como são essas fases numa linha do tempo:

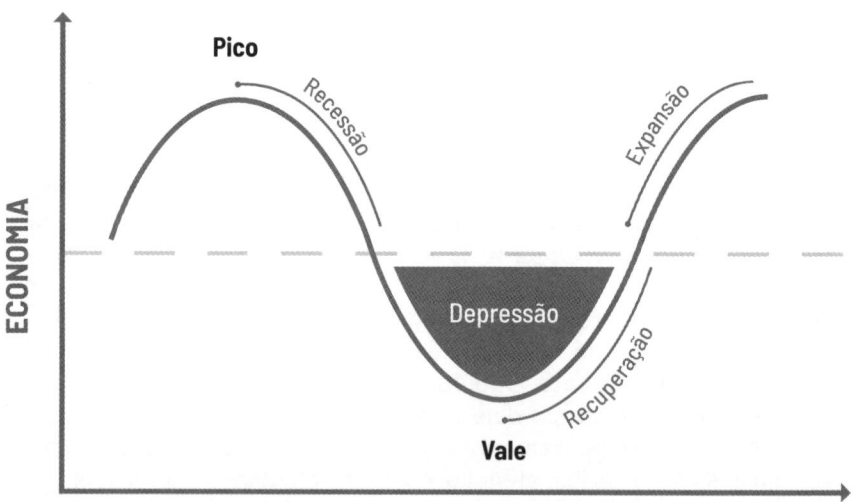

Assim como temos esse movimento cíclico no mercado, também somos capazes de identificar o mesmo padrão nas empresas, tanto quando os resultados estão diretamente relacionados com os ciclos econômicos (como a queda de praticamente todos os negócios quando tivemos que estabelecer o *lockdown* para impedir uma propagação ainda maior da

---

13   Introduction To U.S. Economy: The Business Cycle and Growth. **Library of Congress**. Washington, 3 jan. 2023. Disponível em: *https://crsreports.congress.gov/product/pdf/IF/IF10411*. Acesso em: jan. 2023.

Covid-19) ou quando são crises internas (sucessão, perda de mercado para a concorrência, por exemplo). Essas crises são os invernos os quais os líderes precisam ser capazes de enfrentar. E o melhor jeito para fazer isso é assumindo seu papel nas definições estratégicas não apenas nos períodos de dificuldade, mas também nas fases de expansão.

SUA ATENÇÃO DETERMINA O DESEMPENHO DAS EQUIPES

Há um ditado muito popular no Brasil e em Portugal que diz que *o olho do dono engorda a boiada*. Esse ditado traz reflexões importantes. A principal é que o valor do dono está no seu olhar, e não em ir, presencialmente, alimentar os bois. Isso significa ser a pessoa de visão, que coordena o trabalho daqueles que terão que cuidar dos animais, garantir a qualidade do pasto, os cuidados veterinários etc.

A maioria das vezes em que o líder não assume o seu papel como gerenciador das áreas e dos indicadores é porque ele entra demais no operacional — especialmente na operação da área pela qual sentir mais afinidade.

E é muito provável que, assim como a maioria dos líderes que atendo, a sua maior reclamação seja justamente esta: a dificuldade em ter tempo para o estratégico, porque é engolido pela operação. Ora, aqui há uma decisão simples — o que não significa que seja fácil de implementar: **não faça nada, absolutamente nada, que possa ser feito por outra pessoa**.

NÃO SER DO SEU JEITO NÃO SIGNIFICA QUE ESTEJA ERRADO

Esta é uma lição importante especialmente para os líderes e executivos que começaram seus negócios a partir das suas habilidades técnicas. É muito comum que empresários que dominam um determinado ofício, mesmo tendo contratado outras pessoas com habilidades técnicas semelhantes, tenham muito apego ao modo de execução. Por isso, não deixam as pessoas trabalharem, ficam o tempo inteiro dizendo que os outros estão fazendo errado e, por fim, assumem a operação para si mesmos porque ninguém faz aquilo como eles.

Ao fazer isso, esses líderes se sobrecarregam, desperdiçam recursos da organização e não conseguem construir metodologia de trabalho para ter resultados escaláveis, justamente porque acabam concentrando as principais entregas da empresa na própria disponibilidade de tempo e energia.

Então, criam uma cultura de dependência entre as áreas da operação em vez de prepará-las para que consigam implementar aquilo que só ele pode fazer: definir a direção da organização, ter a visão mais apurada do negócio como um todo.

O VALOR DO SEU PAPEL PARA O NEGÓCIO

Imagine um organograma de uma grande empresa, uma multinacional. O profissional mais caro da companhia é o CEO. É a pessoa que terá a maior remuneração e, portanto, é o recurso cuja hora é a mais valiosa para o negócio.

Em condições normais, o que leva alguém à cadeira mais alta da hierarquia não é o tempo de empresa nem quantas horas esse profissional trabalha por dia, e sim quanto resultado ele gera, sua capacidade de tomar decisões.

A avaliação de uma boa liderança não é baseada em hora, é sempre uma avaliação intelectual, da sua **habilidade de executar através dos outros**.

Imagine que a multinacional, por exemplo, seja uma rede de restaurantes e o CEO adora cozinhar. Um dia, ele separa três horas do seu tempo para ajudar na cozinha de uma das unidades. O que ele fez? Uma má gestão do tempo e dos recursos do negócio.

Afinal, neste exemplo hipotético, pode ser que o salário dele seja de 50 mil dólares por mês, enquanto o da pessoa responsável por estar na cozinha seja de 5 mil dólares por mês. Este CEO não deveria interferir na rotina das pessoas que são plenamente capazes de executar o que precisa ser feito. Ele deve se dedicar às atividades para as quais a equipe *ainda* não está preparada e planejar como será o processo de desenvolvimento ao ponto de que, ao longo do tempo, ele se torne o mais irrelevante que puder ser. Aqui, temos claramente a batalha contra o ego e a responsabilidade do líder de se colocar no lugar ao qual pertence na hierarquia da organização.

Uso muito a expressão "subir no organograma". Isso significa se dedicar ao trabalho intelectual, analisar os indicativos para tomar decisões melhores, pensar o futuro da organização e liberar os bloqueios para que a equipe possa desempenhar o seu papel de maneira cada vez mais eficiente enquanto a empresa cresce.

O líder que se pergunta "será que estou fazendo a coisa certa?" e "o que eu tenho que fazer para acelerar o meu negócio" deve, na verdade, se perguntar: "estou colocando meu tempo e energia em atividades que outras pessoas poderiam fazer?", "onde está a prioridade do meu tempo: na estruturação do futuro da empresa ou nas atividades que eram mais importantes no passado?".

SEJA UM LÍDER DE EXCELÊNCIA

Em *Empresas Feitas para Vencer*[14], um dos melhores livros de negócios que já li, Jim Collins analisa as empresas que saíram do status de boas empresas para empresas excelentes, com retornos pelo menos três vezes acima da média do mercado por quinze anos consecutivos. No processo de transformação dessas empresas, Collins identificou o perfil de liderança nível 5, líderes disciplinados, reservados, humildes que pensavam primeiro em *quem*, ou seja, as pessoas certas no centro das decisões; e, depois, *o quê*, pois com as pessoas certas é que é possível definir os direcionamentos.

Veja que, nesta visão de liderança extraordinária, Collins nos mostra que o líder não é aquele que *faz*, mas quem encontra as melhores pessoas, quem se dedica a capacitá-las de modo que as atividades que devem ser realizadas aconteçam de modo a levar a organização para níveis cada vez maiores de vantagem competitiva.

Seguindo essa provocação, líderes excelentes colocam a equipe na frente quando os resultados positivos aparecem, e a performance acontece pela fluidez do time. Em contrapartida, nos momentos de dificuldade, nos invernos do negócio, os líderes excelentes assumem a responsabilidade de modo a defender o time.

---

14 COLLINS, J. **Empresas feitas para vencer.** Alta Books: 2018, Rio de Janeiro.

Quando falo sobre não fazer nada que outra pessoa da minha equipe possa fazer é porque, como líderes, temos que encontrar as pessoas certas e valorizar suas contribuições, dar espaço para que elas realizem o seu melhor porque acreditam no que está sendo construído e se sentem parte de um projeto maior. Jim Collins diz que: "mais do que qualquer outra coisa, pessoas reais em empresas reais querem fazer parte de uma equipe vencedora. Elas querem contribuir para produzir resultados reais. Eles querem sentir a emoção e a satisfação de fazer parte de algo que simplesmente funciona."[15]

Para isso, o líder deve ser um especialista no domínio do próprio ego, para que entenda que a realização do seu papel depende de se dedicar a criar as estruturas para que o time trabalhe a partir das melhores orientações, mas sem cair na armadilha de fazer o trabalho dos outros.

Deve ser a pessoa cujo olhar atento enxerga as oportunidades de melhoria, acompanha os resultados e está preparada para agir nas várias fases que, inevitavelmente, farão parte da vida do negócio: dos momentos mais difíceis àqueles de maior crescimento.

Se eu fosse você, não ignoraria essas ideias. Quem sabe eu tenho razão?

---

15 COLLINS, J. Good to Great. **Jimcollins.com**, out. 2001. Disponível em: https://www.jimcollins.com/article_topics/articles/good-to-great.html. Acesso em: jan. 2023.

CAPÍTULO 5

BOM TÉCNICO, MAS MAU EMPRESÁRIO

Nós já falamos sobre o mito do empresário nato e de que o líder de um negócio deve ser capaz de sair da execução para se dedicar às ações sensíveis e estratégicas da empresa. Mas sei também que fazer isso no dia a dia não é uma tarefa fácil, especialmente porque pelo menos 50% de quem empreende não o faz porque sonhava em empreender, mas porque se viu diante de uma necessidade urgente — e começar um negócio foi a solução que encontrou[16].

E comprovo isso na minha experiência como mentor de inúmeros empresários. Quando vejo o percurso dos meus clientes, muitos deles foram motivados a empreender ou porque estavam muito insatisfeitos em seus trabalhos anteriores, acreditavam que poderiam fazer melhor do que seus antigos empregadores e escolheram perseguir esse projeto motivados pela construção de um legado, ou porque sofreram o baque de uma demissão inesperada ou dificuldade financeira.

E o caminho mais certeiro quando se empreende por necessidade ou urgência (financeira ou emocional) é começar uma empresa ligada à área técnica que domina. Afinal, depois de já ter construído uma trajetória em determinada área, ela lhe gera mais segurança para dar os primeiros passos, usando a seu favor, inclusive, a rede de relacionamentos que se moldou em seus anos de experiência e poderão fazer grande diferença no início do negócio.

---

16 Segundo levantamento do Sebrae divulgado em 2022, um em cada dois empreendedores no Brasil começam seus negócios por necessidade e falta de oportunidade. **G1**, 2022. Disponível em: *https://g1.globo.com/empreendedorismo/noticia/2022/03/24/1-a-cada-2-empreendedores-ainda-abre-negocio-por-necessidade.ghtml*. Acesso em: nov. 2022.

Tudo certo até aqui. Mas se um empreendedor que abre um negócio a partir de seu conhecimento técnico quer realmente fazê-lo crescer, quer ter alavancagem, o divisor de águas é a virada da mentalidade. E digo isso porque, nos muitos casos que acompanhei e ainda acompanho, vejo empreendedores que, embora saibam que não são mais funcionários de uma empresa, ainda *pensam* como funcionários.

Todos os dias vejo empreendedores tecnicamente muito competentes que travam o crescimento de suas empresas porque se comportam como funcionários. Não enxergam que a empresa tem um organograma que precisa ser gerido, focam sua estratégia financeira na busca por um salário no fim do mês e estão totalmente submersos na operação do negócio.

O ORGANOGRAMA INVISÍVEL

Comecemos por um fato incontestável: todos os negócios têm um organograma. Mesmo que ele não tenha sido colocado no papel, mesmo que não tenha sido pensado ou desenhado previamente. Isso quer dizer que todos os negócios — independentemente do tamanho — têm uma série de áreas a serem operacionalizadas, mesmo que não exista consciência delas ou um processo estruturado para cumpri-las.

Basta pensarmos que todos os negócios têm uma área financeira, por exemplo, devem emitir e organizar notas fiscais, analisar as questões tributárias do modelo de negócio, melhorar as margens de negociação e venda para gerar mais lucro e transformar o resultado em fluxo de caixa. Todo negócio tem um fluxo de produção a ser gerenciado, seja um estoque físico ou a agenda de prestação de serviços.

Todos os negócios têm uma área de marketing e de recursos humanos, mesmo que ninguém as esteja acompanhando ou que elas não existam de maneira formal. Portanto, não ter essas áreas estruturadas não significa que elas não estejam acontecendo, afinal, há divulgação dos seus serviços e produtos para novos clientes, assim como contratação de funcionários e prestadores de serviço quando há a necessidade.

Quando o organograma é invisível, ou seja, quando as coisas são feitas de acordo com as demandas e tudo está "sob controle" do empreendedor e daqueles que fazem parte do dia a dia, a empresa pode até estar operando bem, mas ela não está sendo gerida. Ser um bom operador não capacita o empreendedor como gestor. E a prova disso é vermos o empreendedor se sentindo muito ocupado, trabalhando horas demais e com um resultado aquém.

Reconhecer que esse organograma é necessário para o bom funcionamento da empresa e dedicar-se a ele para torná-lo mais efetivo é uma das responsabilidades que o empreendedor e gestor deve assumir. É uma das etapas para sair do padrão comportamental como um funcionário de si mesmo e passar o para o papel de empresário e liderança.

DO SALÁRIO AO LUCRO

Da operação, passamos então à remuneração dos empreendedores. Afinal, com muito trabalho e tantas horas dedicadas, como funciona a compensação financeira?

Uma das coisas que me acontece com alguma frequência é ver empresários que, num determinado dia, todos os meses, levam o caixa da empresa a zero. Principalmente quando o negócio está em fase de aumento das vendas. Então, como está tudo correndo bem, a economia está favorável, parece que as vendas continuarão a crescer e está tudo sob controle, esses empresários fazem retiradas mirando apenas o agora, sem se preocupar com a saúde do negócio para os próximos ciclos.

Como falamos no capítulo anterior, o mercado é regido por ciclos que ora estão em expansão, ora em recessão. Então, é como a visão da maré: em períodos ela estará em alta, mas, em outros, ela estará em baixa, e como diz Warren Buffett, "só quando a maré baixa é que você descobre quem estava nadando nu". E, assim como o inverno sempre chega, a maré sempre baixa.

É por isso que bato nessa tecla da mudança de mentalidade, porque é fundamental que os empresários entendam que o seu negócio não tem por objetivo oferecer determinado estilo de vida a eles próprios. Ao contrário, *o objetivo do negócio é gerar lucro que depois deve ser reinvestido para o crescimento futuro da empresa.*

E isso não é uma escolha. Se você, como empresário, não mirar o crescimento futuro, a empresa não sobreviverá aos momentos de baixa do mercado e às graves dificuldades surgirão. E não estou tentando ser pessimista; ao contrário, quero alertá-lo para que tenha um negócio próspero e longevo. Quando nosso objetivo está conectado ao crescimento a longo prazo, construímos algo que nos será útil para o resto da vida, e não apenas no mês que vem.

Gosto de comparar uma empresa a uma planta doméstica e a um carvalho. Quando temos uma pequena planta, ela é frágil e qualquer coisa pode matá-la. Se não regá-la, não colocá-la num ambiente com a luz certa, ela pode morrer em menos de um mês. Agora, se a planta for uma muda de carvalho e for bem cuidada por muitos anos, ao ponto que se transforme numa árvore forte e robusta de, por exemplo, cinquenta anos, ela se tornará muito resistente. Se você deixar de regar este carvalho, ele não vai morrer. Ele já terá encontrado a forma de sobreviver sozinho ao longo desses cinquenta anos, e só uma desgraça vai matá-lo. Em condições normais, o carvalho vai sobreviver por mais de 500 anos.

É por isso que eu digo: não é preciso tornar-se multimilionário, é preciso apenas criar uma estrutura sólida que lhe dê a certeza de que vai prover você e sua família até pelo menos os fins dos seus dias. Deve ser uma estrutura sólida e o mais sustentável possível, para resistir a qualquer crise, a qualquer recessão. E para isso a mentalidade voltada para o lucro é fundamental.

E o que é o lucro? É aquilo que sobra depois de ter tirado o meu salário e realizado o pagamento de todas as despesas da empresa. O lucro é a nossa reserva de segurança e reinvestimento no negócio. É como o camponês que, ao ter uma boa colheita, sabe que deve guardar uma parte do que gerou para usar como semente no ciclo seguinte. No caso dos empresários, o lucro é a semente que usamos para termos condições de continuar a produzir no próximo ciclo.

A NOVA MENTALIDADE

O segredo da mudança é concentrar toda a sua energia não em lutar contra o velho, mas em construir o novo. **– Dan Millman**

Estou lhe propondo uma nova maneira para analisar seu negócio. Ela é baseada em alguns fundamentos que, quando aplicados, asseguram que:

- O crescimento futuro da empresa seja priorizado, e não mais limitado à disponibilidade do empresário.

- Paremos de trocar tempo por dinheiro e busquemos o lucro de maneira consistente.
- A estrutura da empresa privilegie as competências de todos os membros da organização e, assim, os resultados aconteçam.

Quando estamos orientados a gerar lucro, isso quer dizer que estamos construindo um negócio sustentável e resiliente para o futuro, para que a empresa continue existindo. E quanto mais voltamos nossa mentalidade a entregar crescimento, à baixa dependência do empresário para a realização do dia a dia e a uma equipe forte, mais nos voltamos à importância de ocuparmos nosso lugar correto do organograma: uma posição estratégica, que lidera a equipe como um maestro.

Quando digo que o empresário é o ativo mais valioso do negócio, me refiro aqui não apenas à sua remuneração ser a mais alta, mas ao fato de ele ser a pessoa de maior responsabilidade, pois é quem gerencia todos os outros recursos do negócio, quem direciona e deve preparar os liderados para que possam cumprir suas funções com excelência.

Empreender nos coloca fora de nossa zona de conforto constantemente. Pois só assim conseguimos sair do imediatismo para a postura de quem sabe que está construindo algo para se tornar forte como um grande carvalho.

Sua maior dedicação daqui para a frente será a construir um modelo de gestão que busca a alavancagem constantemente. Se hoje você está muito preso à operação, sabe que deve começar um processo de transição. É hora de parar de reproduzir a rotina antiga, quando trabalhava na empresa de outra pessoa, e dedicar o máximo da sua energia a construir o novo, o seu negócio. Dê um passo para trás para ser capaz de enxergar o seu negócio de maneira generalizada. O organograma invisível precisa se tornar uma ferramenta para todos, assim será possível colocar gestão àquilo que seu negócio já realiza bem, mas pode fazer muito melhor.

Se eu fosse você, não ignoraria essas ideias. Quem sabe eu tenho razão?

CAPÍTULO 6

OS QUATRO CHAPÉUS DO EMPRESÁRIO

É impossível falar sobre perfis de liderança e tudo que é primordial ao estar à frente de uma empresa sem entender que existe uma característica fundamental que faz parte da estratégia de crescimento do negócio: olhar para o presente, passado, futuro e para tudo aquilo que precisa ser construído para gerar os resultados desejados. O equilíbrio entre esses olhares é a condição decisiva para conseguir avançar.

Falamos anteriormente sobre o mito do empresário nato, ou seja, a ideia de só quem *nasceu* para empreender é que consegue alcançar êxito, e entendemos que, na verdade, empreender exige tremendo esforço intencional e visão para acompanhar e direcionar todas as áreas sensíveis do negócio. As múltiplas responsabilidades da liderança demandam o desenvolvimento de múltiplas personalidades. É como se o líder tivesse vários chapéus diante de si. É preciso saber *como* e *quando* usá-los.

Em *O Mito do Empreendedor*,[17] escrito por Michael E. Gerber, autor e empresário considerado um dos maiores gurus do mundo para os pequenos negócios, temos as primeiras camadas dos perfis empresariais que veremos neste capítulo, acrescidas de minha percepção pessoal e minha experiência em relação aos fatores que fazem um negócio dar certo.

Caso você ainda não conheça a obra, ela conta a história fictícia de uma empresária que é acompanhada por um mentor de negócios. Durante o processo, ela entende quais são os problemas da empresa e qual é o

---

17   GERBER, Michael. **O mito do empreendedor**. Paraná: Fundamento, 2014.

caminho para resolvê-los. A visão de diagnóstico que o livro oferece me ajudou a transformar a minha percepção sobre a realidade das pequenas e médias empresas, adequando alguns perfis específicos para cada momento e necessidade que encontramos.

A obra defende então a ideia, já mencionada por mim anteriormente, de que o grande desafio das pequenas empresas é que, ao contrário do que se pensa, a maior parte das pessoas que se estabelece por sua conta não é verdadeiramente empreendedora. São quase sempre indivíduos de características essencialmente técnicas que, por alguma circunstância das suas vidas, decidiram abrir atividade empresarial. E decidem fazê-lo em que área de atividade? Exatamente naquela cujos fundamentos técnicos dominam. Dessa forma, a maior parte dos empresários tem uma predominância natural no seu perfil técnico, e eles assumem que, sendo muito bons tecnicamente, também serão bons empresários. Esse é um enviesamento de percepção muito perigoso, pois, para se ter resultados de relevo na atividade empresarial, é altamente desejável que tenhamos valências também numa série de outras vertentes. O que quero dizer é que um bom empresário praticamente sofre de um desdobramento de personalidade, pois precisa ir trocando constantemente de chapéu.

Temos então quatro perfis: **gestor**, **técnico**, **empreendedor** e **investidor**. Em minha opinião, os três primeiros são equilibrados pela base, isto é, pelo perfil investidor, pois sem ele não existe orientação ao lucro, ao crescimento sustentável da empresa e ao retorno para os riscos.

GESTOR	TÉCNICO	EMPREENDEDOR
passado	presente	futuro

INVESTIDOR

Navegamos constantemente entre esses perfis no dia a dia, mesmo que ainda não tenhamos total consciência de cada um. E essa clareza está diretamente ligada ao processo de amadurecimento da empresa.

O mais comum é que, no início, não exista uma separação entre empresário e empresa, pois tudo depende da persona "empresário", e é ele quem realiza todas as tarefas do organograma. Aqui estamos falando sobre o perfil técnico, ou seja, o início do negócio. Ao ganhar complexidade, você precisa de ferramentas de gestão para sobreviver.

Quanto mais entendemos a dinâmica desses perfis, melhor. Esse entendimento é o que fará você ser um líder completo. A seguir, falaremos sobre as características dessas quatro personalidades e como você pode usá-las a seu favor no dia a dia.

TUDO O QUE PRECISA SER FEITO ESTÁ SENDO FEITO

Esta é a principal preocupação do **perfil técnico**, a personalidade que vive o presente: tudo o que precisa ser feito está sendo feito. O negócio está funcionando e entregando os projetos e serviços contratados pelos clientes. As despesas e receitas estão sendo realizadas, assim como a prospecção de novos clientes.

O perfil técnico é o perfil operacional. Ele faz as coisas acontecerem, porém é preciso atenção para não se sobrecarregar com as atividades subjacentes que podem e devem ser exercidas pelos demais membros do time.

Este perfil também tem a capacidade de fazer as outras pessoas desempenharem bem suas funções para não perder a produtividade. Ele se preocupa em transmitir seu conhecimento para o time e acompanhar os indicadores. Ele destrava os empecilhos da execução.

SER UM VISIONÁRIO É IMAGINAR AQUILO QUE AINDA NÃO EXISTE

Existe também a personalidade que mira o futuro: o **perfil empreendedor**. É movido pela ambição da empresa, com ele no comando ou pela sucessão de herdeiros. Ou, ainda, pelo potencial de venda ou para que o negócio traga retornos financeiros ao longo de toda sua vida. Esta é a personalidade visionária do negócio.

Ele é capaz de imaginar o que ainda não existe, e transforma sua visão em inspiração e motor de crescimento. Olha para o futuro e pensa: "Qual é a empresa que quero ter? Qual é o estilo de vida que quero ter? Qual negócio pode me dar segurança, conforto, independência ou reconhecimento?"

O empreendedor é o lado sonhador do empresário. Recebe críticas, afinal, sonha alto e olha para o futuro, gerando insegurança para quem está por perto. Não se contenta em estar com os pés no chão, pensa no que ainda não existe e faz planos com a visão de longo prazo.

Em um mundo com mudanças rápidas e competição acirrada em níveis globais, o perfil empreendedor precisa estar preparado e pensar o futuro pelo tempo necessário para chegar às estratégias certas para o negócio.

O PASSADO COMO ALIADO NA TOMADA DE DECISÃO

No **perfil gestor** impera a análise do passado do negócio — olhar o desempenho até o momento atual, consolidar os processos e trazer ordem para o fluxo do dia a dia. O perfil gestor tem os pés no chão e busca toda a informação disponível sobre aquilo que aconteceu em cada movimento da empresa. Depois transforma esse conhecimento em aprendizado e o utiliza para tomar decisões.

Quando o empresário assume a postura do gestor, ele aprende com a experiência e embasa suas decisões não em intuição, mas em dados. E, como sabemos, nos negócios as informações objetivas são apresentadas por meio de números.

A consequência que fica é: se não entendo os números, participo de um jogo em que não entendo o resultado. É possível participar de um jogo sem entender o que está acontecendo, como em uma partida de futebol? Você até pode assistir ao jogo, mas perderá a dinâmica da partida por não saber as regras e os dados para analisar o que vê.

E assim acontece com o perfil gestor. Ao olhar muito para os erros e acertos do passado, ele acaba deixando de lado outros elementos importantes para o crescimento do negócio, como olhar para os números e para os indicadores.

FOCO NO CRESCIMENTO DO VALOR DA EMPRESA

Analisar passado, presente e futuro não basta, uma vez que precisamos também assegurar a rentabilidade do negócio. E aqui está a dica de ouro de todos os perfis.

Para a quarta personalidade, o **perfil do investidor**, temos quem olha para o lucro, para o dinheiro que está sendo gerado. Em meu caso, por exemplo, que, como empresário, coloquei dinheiro no negócio e capitalizei a empresa para fundá-la, preciso assegurar um bom retorno desse investimento.

O perfil do gestor faz parte desse trabalho ao mensurar todos os aspectos do desempenho, entretanto ele não faz essa análise do ponto de vista do acionista, sócio e dono do capital. Este dono é quem coloca dinheiro em uma empresa e exige lucros. O retorno, por sua vez, pode ser utilizado para reinvestimentos dentro da empresa para fazê-la crescer, e também é possível aplicá-lo como pagamento de dividendos, isto é, distribuição de parte dos lucros para os sócios.

Este aspecto é crítico. Em uma pequena empresa, por exemplo, o investidor e o gerente são a mesma pessoa e isso gera conflito de interesses. O que o gerente quer? Um salário e boas condições. O que o investidor busca? Lucro e aumento do valor da empresa. Como o investidor pode exigir resultados melhores do gerente se eles são a mesma pessoa? A conta não fecha.

Isso acontece quando o empresário tira do caixa da empresa mais do que deveria e não transforma o bom resultado em crescimento futuro. A personalidade do investidor traz, portanto, o aprendizado de que **construção de riqueza** e **estilo de vida** são opções **mutuamente excludentes**. Isso mostra que, se estou em fase de construção de patrimônio, preciso escolher um estilo de vida abaixo do que poderia ter para aumentar minha margem de lucro.

O investidor olha para o capital e para o patrimônio com o máximo de solidez possível para que seja construído de maneira consistente. Traz conforto para o futuro e para o desenvolvimento da empresa. Analisa todas as informações do negócio e se preocupa em aumentar o seu valor. Abre mão do presente porque sabe que existe algo muito melhor no futuro. E essa visão é o que beneficiará todo o ecossistema do negócio.

O EQUILÍBRIO ENTRE AS FACES

Na minha visão, o nível de sucesso da empresa dependerá da forma como o empresário conseguir combinar e equilibrar os perfis ao longo do tempo e à medida que a empresa vá também crescendo e amadurecendo.

É possível que, no início do negócio, os perfis técnico e empreendedor estejam com porcentagens maiores pela lapidação do modelo de negócio e construção dos alicerces da empresa. Mas, à medida que o projeto amadureça e é desejável delegar mais funções operacionais, o empresário e líder precisa se dedicar às análises nos seus papéis como gestor e investidor, pois são eles que ajudam a alinhar as estratégias para que o foco nos resultados esperados não se perca nas urgências do dia a dia.

Quero que reflita como você percebe o que precisa desenvolver para ser capaz de navegar entre essas quatro personalidades. Não pense apenas em termos de rotina e gestão de tempo, mas, sim, sobre as novas competências que precisa adquirir para analisar o passado, presente e futuro do seu negócio para tomar as decisões mais assertivas. São elas que o levarão a construir uma empresa de alto valor. Qual é o percentual que você vê em si mesmo hoje de cada um dos perfis? E como você pode alcançar os patamares que coloquei como ideais para o crescimento exponencial?

**Se eu fosse você,
não ignoraria essas ideias.
Quem sabe eu tenho razão?**

CAPÍTULO 7
OS RISCOS AUMENTAM À MEDIDA QUE OS IGNORA

Muitos empresários me perguntam se é possível prever os riscos de uma empresa ou os riscos associados à gestão de uma empresa. E eu respondo: não apenas é possível, como é fundamental.

A gestão do risco é justamente uma das mais importantes responsabilidades de um empresário para que suas decisões sejam tomadas não por impulso, empolgação e entusiasmo, mas a partir de fatores que o ajudem a mitigar a vulnerabilidade da empresa.

Sempre gosto de deixar claro que o maior objetivo do empresário é fazer a empresa crescer. Não é uma escolha, é quase uma obrigação, porque crescer torna a empresa mais sólida e resiliente para enfrentar os ciclos de alta e queda do mercado.

No capítulo anterior, falamos sobre os perfis do empresário — um deles é o perfil investidor, cuja mentalidade mira o crescimento do negócio priorizando uma boa rentabilidade que garanta lucros futuros. Ter a visão de acionista é muito importante porque ajuda o empresário a enxergar quanto sua empresa realmente vale para o mercado, independentemente de você planejar vendê-la ou não.

COMO UMA EMPRESA É AVALIADA

A avaliação de uma empresa, classicamente, é feita através de uma projeção dos fluxos de caixa futuros, descontados para o presente.

Basicamente, se esses resultados de crescimento foram menos prováveis, dá-se um desconto maior; se eles parecem mais prováveis e sustentáveis, dá-se um desconto menor. Então, quanto menor o risco avaliado para a empresa, maior o seu valor para o mercado e maior a tranquilidade para que o empresário analise o futuro do negócio no qual está investindo seu tempo, expertise e recursos financeiros. Podemos dizer, inclusive, que **entender os riscos de cada decisão melhora a probabilidade de tomar as decisões certas**.

O que acontece, porém, é que a maioria dos empreendedores e empresários que acompanho e oriento projeta muito bem as oportunidades, mas não analisa em profundidade as ameaças. Portanto, têm excelentes estratégias de ataque, e pouca estrutura de defesa. Para que você entenda bem o que quero dizer, o esporte traz exemplos excelentes.

Em 2022, o Palmeiras se tornou o time de futebol com maior destaque no Brasil. Abel Ferreira, o técnico português do time desde 2020, tornou-se referência para os admiradores do esporte. O desempenho do Palmeiras chamou tanta atenção que a Opta Sports, empresa de dados esportivos, fez um levantamento comparando o que mudou na tática da equipe entre os anos de 2021 e 2022. O resultado mostrou que, embora o time tenha melhorado um pouco o nível de posse de bola em partidas, as mudanças no ataque são muito sutis. O que realmente mudou foi a estratégia de defesa, que fez com o time sofresse menos gols e finalizações, quando comparado ao ano anterior. A média de gols sofridos caiu de 1,1 em 2021 para 0,5 em 2022.[18]

Nos negócios não é diferente: *ter um bom ataque é ótimo, mas é prioritário ter uma boa defesa.* E antes que você queira me rotular como um empresário conservador, quero dizer que depois de ter corrido muitos

---

18   PEREIRA, M. C. Ataque ou defesa, o que melhorou mais no Palmeiras de Abel em 2022? **Uol**, 2022. Disponível em: *https://www.uol.com.br/esporte/futebol/colunas/mauro-cezar-pereira/2022/06/16/ataque-ou-defesa-o-que-melhorou-no-palmeiras-de-abel-de-2021-para-2022.htm*. Acesso em: nov. 2022.

riscos desnecessários, a maturidade me trouxe maior consciência para diminuir a probabilidade de as coisas darem errado.

As pessoas esquecem-se com muita frequência de que o progresso, em primeiro lugar, pode ser medido por erros evitados.

Nós não podemos parar de tomar decisões, porque o progresso depende delas, mas podemos diminuir ao máximo o número de erros que cometemos.

DECISÕES ERRADAS, OU MELHOR, DECISÕES IMPULSIVAS

Ao longo de todos esses anos, percebo que uma das falhas dos empresários é que não reservam tempo para refletir, amadurecer as ideias e ponderar uma decisão por diferentes ângulos. E esquecem que um dos jeitos mais rápidos e baratos de não cometer erros é analisando os erros dos outros.

Como líderes, não podemos ignorar o conhecimento que já está produzido e documentado e pode nos fazer caminhar mais rápido na direção do que queremos. Esse processo de investigação sobre como outros negócios e empresários lidaram com desafios semelhantes aos nossos nos ajuda a enxergar as probabilidades com mais clareza, a encontrar informações em momentos de incerteza e ter maior suporte na hora de construir nossas hipóteses para a ação.

Sempre digo aos empresários que, para fugir da impulsividade diante de uma decisão importante, quatro componentes essenciais precisam ser considerados:

- Analisando o histórico do mercado e desse tipo de ação, qual a probabilidade de um resultado positivo ou negativo acontecer? Quais são as provas e os dados em que posso me basear para ter tal expectativa?
- Quais são os custos caso o resultado seja negativo?
- Qual a minha capacidade de influência para favorecer um resultado positivo? Tenho algum controle sobre o que pode me atrapalhar nessa empreitada? Se sim, como posso colocar ações preventivas em prática?
- Se tudo der errado, estou pronto para lidar com isso? Meu negócio consegue sobreviver?

Não é que as respostas para essas quatro respostas garantam qualquer resultado, no entanto elas lhe dão recursos para agir diante de uma oportunidade sem que isso se torne um risco grande demais para o seu negócio. Afinal, você quer que a empresa perdure e seja resiliente.

Existem alguns tipos de risco que são bastante comuns às pequenas e médias empresas. Vamos falar sobre eles a seguir e, caso você identifique que seu negócio está correndo um ou mais deles, fique tranquilo. Entender o que está errado é o primeiro passo para trabalharmos a solução.

OS SEIS TIPOS DE RISCOS QUE VOCÊ DEVE CONSIDERAR NA SUA EMPRESA

1. Risco da concentração
2. Risco de sustentabilidade
3. Risco do modelo de negócio
4. Riscos externos
5. Risco de excesso de capacidade
6. Risco de alavancagem financeira

RISCO DA CONCENTRAÇÃO

Quase todas as pequenas e médias empresas sofrem de, pelo menos, uma, senão várias, versões do risco da concentração, ou seja, as fontes de recurso do negócio estão concentradas nesses fatores que, caso algo de errado aconteça, colocam o negócio em estado extremo de vulnerabilidade. Vejamos alguns exemplos.

O primeiro é a **dependência de uma única pessoa**, seja ela o próprio dono ou um funcionário. Isso torna o negócio extremamente vulnerável. O que o time pode fazer caso o dono adoeça e não possa mais trabalhar? E se essa única pessoa que pode fazer o que é a entrega central do negócio resolver trabalhar em outro lugar?

Em 2013, vivi esse risco na pele. Na época, mais de 70% do faturamento da minha empresa dependia de eu estar nos palcos e em treinamentos. Por isso, trabalhei um ano inteiro profundamente doente porque as responsabilidades não permitiam que eu parasse para me cuidar. Depois desse período, decidi que era hora de fazer uma mudança drástica, pois essa dependência colocava em risco a própria sobrevivência do negócio.

Outro exemplo comum do risco da dependência é depender de **um determinado canal de venda ou fornecedor.** Se acontecer qualquer mudança brusca no mercado, novamente o negócio é ameaçado, especialmente se a operação não for ágil o bastante para se adaptar e buscar alternativas. Se o fornecedor passar a impor exigências que comprometam a margem de lucro e até mesmo a entrega do produto, é um problema grave de ser resolvido. E o mesmo vale quando o **negócio depende de um único cliente,** que pode simplesmente parar de comprar de você e, com isso, gerar uma queda enorme no seu resultado.

E o último exemplo de risco de concentração que quero me referir é o da **fonte de contatos.** É um risco de marketing muito comum quando uma empresa encontra uma boa origem de contatos, que são chamados de *leads*, e se acomoda com ela. Caso essa fonte pare de gerar resultados, o custo operacional para buscar alternativas pode ser pesado demais.

RISCO DE SUSTENTABILIDADE

O risco de sustentabilidade está ligado ao risco de não ter uma vantagem competitiva, algo que me defenda dos ataques externos.

Muitas vezes, quando pergunto aos empresários qual a sua vantagem competitiva, recebo respostas perigosas. Dizem coisas como "nós temos o serviço melhor" ou "nosso produto é melhor", afirmações que a concorrência também pode dizer sobre si mesma.

Quando falamos em vantagem competitiva, nos referimos a uma percepção do cliente de que há uma razão forte para escolher a nosso favor, algo que não possa ser facilmente copiado pelos meus concorrentes. Vantagem competitiva pode ser uma marca muito forte, como Coca-Cola; pode ser um modelo de negócio ou a comunidade de relacionamentos ao redor da empresa; pode ser um negócio no qual sejam perceptíveis custos de mudança de fornecedor, ou com efeitos de rede e até mesmo lideranças de custos. Ou seja, são diferenciais que o cliente valoriza e têm o potencial de fazer um negócio conquistar a liderança em determinado nicho de mercado.

RISCO DO MODELO DE NEGÓCIO

O risco do modelo de negócio se dá quando não temos ou dominamos nenhum nicho e estamos vulneráveis aos ataques da concorrência. Há negócios que têm capacidade de trabalhar com uma margem mais alta e com um preço mais alto, outros que chamamos de comoditizados, ou seja, o cliente está buscando apenas a alternativa mais barata.

Por exemplo, se tenho um produto que é facilmente replicável ou se meus concorrentes operam com preços mais interessantes e estão muito consolidados, preciso elaborar um plano que me ajude a ser percebido de maneira diferente. Do contrário, há grandes chances de não conseguir sobreviver por muito tempo, pois a saúde financeira estará comprometida. Para não perder vendas, posso estar operando com prejuízo quando existe um risco no modelo de negócio.

RISCOS EXTERNOS

Aqui estão todos os fatores que não podemos controlar, como o risco da economia (aumento da inflação, crises econômicas), epidemias, como a Covid-19, mudanças legislativas, além de modelos de negócio que são muito atrelados a períodos sazonais.

No caso dos riscos externos, os empresários devem se preocupar em ter um olhar atento para o que está acontecendo para além do próprio negócio. Devem estar atualizados de mudanças legais e em como devem ser atendidas para que sua empresa não sofra com qualquer penalidade, ter modelos efetivos para a tomada de decisões para que não perca agilidade diante de uma grande mudança no cenário.

RISCO DE EXCESSO DE CAPACIDADE

Neste ponto, o risco de capacidade se refere principalmente aos recursos que os empresários disponibilizam porque acreditam que terão determinada demanda, mas esta fica abaixo das projeções.

Por exemplo, imagine que você tenha um consultório médico e, no espaço que escolheu montar sua clínica, montou dez salas de atendimento. No entanto, sua demanda é suficiente apenas para três salas. Ou seja, há muita capacidade, o que gera custo em mobiliário, utensílios médicos, equipe de atendimento etc.

O ponto-chave é: a demanda e o trabalho realizado na empresa justificam a estrutura construída? A resposta define seu próximo passo.

RISCO DE ALAVANCAGEM FINANCEIRA

Por fim, o risco de alavancagem financeira é, de maneira objetiva, excesso de dívida, quando a empresa começa a se enrolar para cumprir seus compromissos com colaboradores e fornecedores porque o fluxo de caixa não é suficiente para manter as dívidas sob controle. Quanto mais dívida uma empresa tiver ou precisar assumir para operar, maior o risco. Já falei diversas vezes sobre a importância de os líderes serem rigorosos nas análises da saúde financeira do negócio, e este risco está exatamente relacionado a isso.

✖ ✖ ✖

Agora que você já tem clareza dos principais riscos e armadilhas aos quais muitos empresários ficam expostos, estamos prontos para seguir para a próxima fase desta jornada: entender o potencial da alavancagem para a virada do seu negócio.

Caso algum desses riscos estejam sendo enfrentados por você neste momento, não deixe de registrar e identificar todos os pontos que atualmente têm mantido seu negócio preso a ele: você precisa diversificar os canais de captação de clientes? Rever seu modelo de negócio? Readequar a estrutura da empresa?

Veremos todos esses pontos ao longo do livro, mas, antes de seguirmos para a Parte 2, quero reforçar a importância de mapear todos os pontos de risco e vulnerabilidade da sua empresa. Como disse: evitar os erros também é uma maneira de medir o progresso.

*Se eu fosse você,
não ignoraria essas ideias.
Quem sabe eu tenho razão?*

PARTE 2

A VIRADA ESTÁ NA ALAVANCAGEM

Quando falamos em estratégia, não faltam fábulas ou histórias que nos ensinem a importância de um bom planejamento frente a uma dificuldade aparentemente incontornável. Podemos usar, por exemplo, a história de Davi e Golias, na qual o guerreiro gigante é derrotado pelo fazendeiro com uma única pedra certeira atirada de longe. Estratégia *versus* força bruta, correto?

Mas há uma outra, que é menos otimista e nos mostra que é sempre importante ter um plano para si: é a história da raposa e do bode.

A raposa e o bode caminhavam juntos, lado a lado, vinham de muito longe e já estavam com fome e sede. Eis que lhes aparece um poço à frente. Os dois vão até a borda e veem que a água está bem lá no fundo, mas não há um balde para buscá-la. A raposa então diz: "Vou entrar no poço, tenho um plano." Tomados pela sede, os dois mergulham no poço.

Saciada a sede, vem a pergunta do bode: "Como é que vamos sair, agora?" A raposa, então, pede para o bode esticar as patas dianteiras para cima o máximo que puder. O bode obedece, a raposa sobe nos cascos dele e, com suas garras, consegue escalar a parede do poço e chegar até o topo.

Lá de baixo, o bode pergunta: "Como é que eu vou subir?" Ao que a raposa responde: "Não sei, meu plano era esse. Qual era o seu?"

Ou seja, sempre há estratégias, e, se você for se meter em uma empreitada, é bom já prever como vai terminá-la e quais são as oportunidades para alcançar o resultado que deseja sem que ele dependa exclusivamente do seu esforço operacional direto.

✖ ✖ ✖

A história da raposa e o bode pode despertar sentimentos controversos: a raposa aproveitou-se dele e não jogou limpo? O bode foi muito ingênuo? Fato é que a raposa viu nele um recurso para fazer mais do que poderia se estivesse sozinha. Ela não se preocupou apenas em chegar até a água, mas também em como sairia de lá. O bode, por sua vez, preocupou-se apenas com o imediato, em saciar um desejo que, por não ter a visão do todo, depois transformou-se num problema.

O bode, para a raposa, tornou-se uma ferramenta para alavancagem. E a lição da fábula que quero reforçar é justamente esta: ao termos visão estratégica, encontramos pontos de alavancagem que nos permitem chegar ao resultado com menos esforço. E será justamente isso o que analisaremos nos próximos capítulos para ajudarmos você a desbloquear os potenciais ocultos do seu negócio.

CAPÍTULO 8

FAZER CRESCER UMA EMPRESA É PROCURAR FORMAS DE ALAVANCAGEM

A alavancagem é encontrar meios de fazer um negócio crescer na inversa proporção do esforço operacional direto do líder ou fundador da empresa. Um conceito que pegamos emprestado da matemática e foi concebido por um dos maiores matemáticos da história, que viveu na Grécia Antiga durante o século III, Arquimedes.

Pelos registros históricos, Arquimedes recebeu um grande desafio do rei Hierão para deslocar uma nau encalhada que seria enviada como presente para o rei do Egito. A nau deveria pesar mais do que 400 toneladas, e Arquimedes conseguiu movê-la sozinho usando a lógica da alavanca. Inclusive, acredita-se que foi neste momento que ele disse "Deem-me um ponto de apoio e uma alavanca que moverei a Terra".[19]

O ponto de apoio possibilita que, com uma quantidade relativamente pequena de pressão, algo de peso muito maior possa ser movido.

---
19 STRATHERN, Paul. **Arquimedes e a alavanca em 90 minutos**. Rio de janeiro: Zahar, 1999. Edição Kindle.

PONTO DE APOIO   **ALAVANCA**

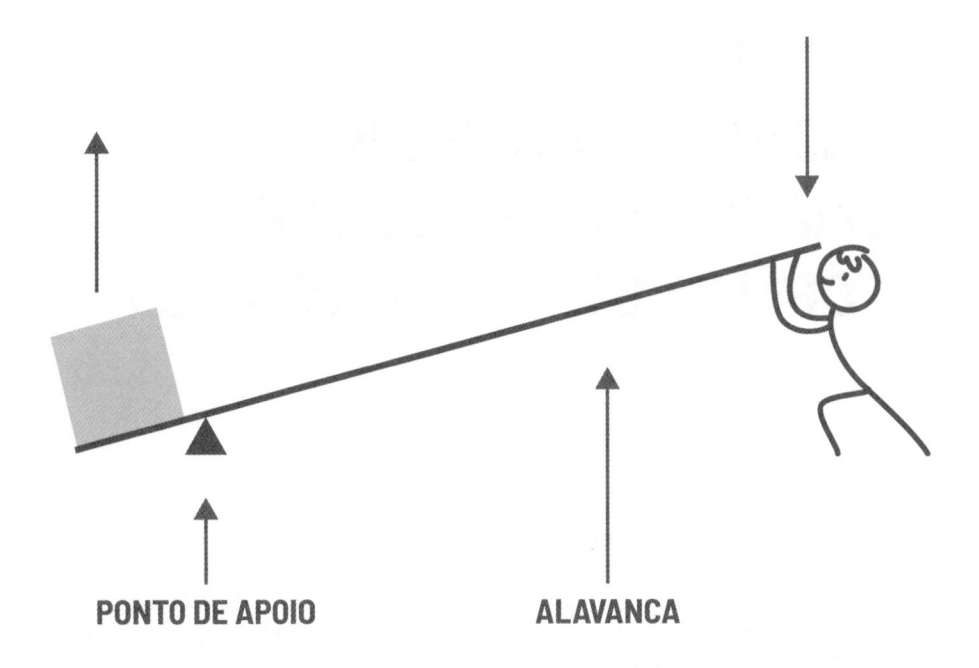

A famosa observação de Arquimedes revela o conhecimento que tinha do ponto de apoio, literalmente um suporte, ou escora, colocado de forma a habilitar uma quantidade comparativamente pequena de pressão a erguer um peso comparativamente grande.

Ou seja, **Arquimedes provou que somos capazes de multiplicar a nossa força desde que encontremos a estrutura de apoio e as alavancas adequadas**. Um exemplo comum dessa lógica colocada em prática é quando precisamos trocar o pneu de um carro. Por meio do uso do macaco hidráulico, facilmente conseguimos erguer um automóvel que pesa, em média, 1.000 kg[20]. O macaco hidráulico é um instrumento de multiplicação da nossa força, tornando-a uma força potente, ao multiplicar o resultado do nosso esforço e diminuir a força de resistência do peso do automóvel. No meio empresarial, encontrar qual é o instrumento que nos permitirá multiplicar o resultado da hora-trabalho de todos é o grande desafio.

---

20   ANGELO, B. Excesso de bagagem no carro pode comprometer os freios. **Autopapo**, 10 mar. 2019. Disponível em: *https://autopapo.uol.com.br/noticia/bagagem-no-carro-comprometer-freios/*. Acesso em: nov. 2022.

Quando analisamos o tamanho das empresas no Brasil, como modelo para entendermos a importância da alavancagem, vemos que, segundo os dados divulgados pelo Ministério da Economia em 2022, as micro e pequenas empresas representam 99% do total de empresas brasileiras[21], portanto, têm faturamento anual limitado a R$ 360 mil e R$ 4,8 milhões, respectivamente. A virada para fazer parte do 1% com faturamentos mais altos está em encontrar alavancagem. Sem esse fator multiplicador da força da empresa, o empresário continuará a trocar seu tempo por dinheiro, a se sobrecarregar e ficar preso ao trabalho técnico.

Na minha visão, dentro dos negócios, existem três tipos de alavancagem fundamentais:

- Alavancagem pela operação
- Alavancagem pelas finanças
- Alavancagem por modelos replicáveis

ALAVANCAGEM PELA OPERAÇÃO

O primeiro tipo — e também o que trará mais impacto para a maior parte das empresas de maneira imediata — é a alavancagem por meio de outras pessoas. Ou seja, a capacidade do líder de recrutar outros profissionais para produzir um resultado maior do que ele produziria sozinho.

Para mim, justamente quando o empreendedor contrata o primeiro colaborador e começa a gerar empregos é quando se transforma em empresário. E a partir do momento em que a empresa começa a ter mais pessoas e uma estrutura capaz de ajudá-las a serem mais produtivas, aumenta a sua capacidade de lidar com cada vez mais clientes, mais fornecedores, mais processos. Ou seja, o processo de crescimento da empresa, numa primeira fase, é por intermédio de outras pessoas: o tempo, a capacidade, a inteligência e as especialidades de cada uma delas multiplicam a força produtiva do negócio. A alavancagem pela operação pode ser definida de três formas diferentes:

---

21 CASA CIVIL. Mais de 1,3 milhão de empresas são criadas no País, em 2022. **Gov.br**., 07 jun. 2022. Disponível em: *https://www.gov.br/casacivil/pt-br/assuntos/noticias/2022/junho/mais-de-1-3-milhao-de-empresas-sao-criadas-no-pais-em-2022*. Acesso em: nov. 2022.

- **Fazer cada vez mais com cada vez menos,** remetendo à ideia de aumento da produtividade, através da busca por uma melhoria constante da relação entre os recursos necessários para cada vez maiores resultados.
- **Dividir para multiplicar**, baseado na ideia de que, muitas vezes, quando se dividem as tarefas, se conseguem resultados superiores do que quando as fazemos sozinhos, ou de que tarefas aparentemente complexas parecem muito mais exequíveis quando divididas em ações menores e/ou mais simples.
- **Fazer o trabalho uma vez e ser pago para sempre,** com base no conceito de que, quando sistematizamos um procedimento, podemos treinar alguém para o desempenhar, ou que há coisas que podemos fazer uma vez e rentabilizar para sempre a sua utilização.

ALAVANCAGEM PELAS FINANÇAS

Neste segundo fator, a empresa busca mais recursos financeiros para impulsionar a operação. A alavancagem financeira, inclusive, tornou-se um termo bastante utilizado no mercado de investimentos com expressões como "essa empresa foi alavancada". Essa expressão quer dizer que a empresa captou recursos alheios para impulsionar seu crescimento, seja por meio de investidores ou financiamentos. O objetivo é encontrar recurso financeiro que permita ao empreendedor produzir mais do que conseguiria utilizando apenas o recurso próprio ou o caixa atual da empresa.

Para explicar a alavancagem financeira, gosto de fazer uma analogia com uma plantação. Imagine que você tenha um grande terreno para produzir, mas uma quantidade pequena de sementes para o plantio. Então, você faz um empréstimo para ter mais sementes. Com elas, a colheita tem uma produção três vezes maior do que teria. É claro que você terá que pagar pelo empréstimo das sementes, mas o lucro gerado pela grande colheita é suficiente para isso e manterá uma margem muito interessante para você — que, agora, terá recursos próprios para continuar investindo na plantação. O terreno é sua empresa, e as sementes, o recurso para fazê-la prosperar ainda mais.

ALAVANCAGEM POR MODELOS REPLICÁVEIS

Modelos replicáveis são estruturas que a organização é capaz de desenvolver e que têm algum poder de escala, ou seja, depois de realizado o trabalho mais pesado uma vez, é possível oferecê-lo a outros clientes de maneira exponencial.

O exemplo mais típico é o desenvolvimento de um código de programação. Ao desenvolver um software uma vez, é possível vendê-lo inúmeras outras. A reprodução do software depois do desenvolvimento tem um custo operacional infinitamente mais baixo do que o que foi necessário para criá-lo. Tudo o que for possível de replicar a um baixo custo, tanto para comercialização como para impulsionar a rotina interna, é uma medida de alavancagem. Se modernizamos o sistema de uma empresa que automatize processos manuais, liberando as pessoas para executar atividades mais estratégicas e que poderão gerar novas formas de receita, esta será uma alavancagem por modelo replicável válida.

Para que você entenda bem esse ponto, gosto de dizer que são trabalhos feitos uma vez e pelos quais você será pago para sempre. É como o Big Mac do McDonalds, que é o negócio mais padronizado do mundo: o modelo padronizado permite que todos — clientes e colaboradores — saibam exatamente o que fazer e esperar de um Big Mac. Depois de conceber os ingredientes e o modelo do lanche, o foco do trabalho é acompanhar e controlar o processo de execução para que o produto seja sempre entregue nos mesmos parâmetros. No dia em que o McDonalds parar de controlar a forma como as coisas são feitas, alguém pode pensar "ah, mas este molho é melhor que o outro", no entanto, se mudarmos o molho, deixa de ser o Big Mac. Não quer dizer que o novo produto seja melhor ou pior, simplesmente não é o mesmo. E se preciso criar o produto todas as vezes, significa que preciso sempre de muito esforço para gerar o resultado e, portanto, não é um modelo replicável.

A ALAVANCAGEM É UMA BUSCA CONSTANTE

Fazer crescer um negócio exige procurar formas de alavancagem. Há coisas que trazem alavancagem maior, há coisas que trazem alavancagem menor. Uma alavanca pequena traz determinado nível de alavancagem; um conjunto de alavancas que se retroalimentam potencializa a alavancagem, ou seja, gera mais resultado. Da mesma forma, todas as decisões que tomamos nos fazem ganhar ou perder alavancagem.

Os níveis de alavancagem mais básicos podem não causar um impacto muito grande imediatamente, mas ajudam o negócio a ganhar tração, ter controle daquilo que acontece, melhorar o planejamento e a produtividade, ou seja, fazem a empresa se mover na direção certa. Tudo o que for acelerador de produtividade são pequenas alavancagens incrementais que podem ser implementadas ao longo do tempo, através de tecnologia, educação e estruturação de processos.

Depois, podemos focar o crescimento da empresa para aumentar os resultados de maneira exponencial, com estratégias comerciais mais agressivas, ampliação do portfólio de produtos e serviços.

Tal como um carro atinge maior velocidade quanto menor for o esforço que o motor está fazendo, assim é a empresa. Se compararmos as alavancas com as marchas de um carro, sabemos que o automóvel tem muito mais força em primeira marcha do que em quinta, mas anda muito mais depressa em quinta do que na primeira. A questão é que eu não posso chegar à quinta sem passar pela primeira marcha. E não é possível manter o bom desempenho do carro sem fazer as revisões, ou seja, sem olhar para o que nos faz *perder alavancagem*.

Quando perdemos um colaborador, alguém que tinha um impacto grande nos resultados da empresa, perdemos alavancagem. Subiram as taxas de juros e a dívida do empréstimo ficou mais cara, perdemos alavancagem. Houve uma tecnologia que se tornou obsoleta, nós deixamos de poder usá-la e não temos uma alternativa pronta, perdemos alavancagem.

É por isso que eu digo que os negócios são um jogo intelectual. Um esporte que depende da constante análise do que está acontecendo e como podemos melhorar nossos movimentos para alcançar os resultados.

Nessas horas, sempre me lembro do meu avô. Ele foi um empreendedor, embora não tivesse consciência disso. Estudou até a 4ª série, trabalhou muito para construir algum patrimônio, principalmente através de imóveis. Ele comprava e colocava-os para alugar. Mesmo idoso, já com mais de 80 anos de idade, meu avô não podia ver uma das casas dele desocupada, que começava a ficar incomodado e determinado a encontrar um novo locatário.

Se eu fosse perguntar ao meu avô sobre o conceito de alavancagem, ele não conseguiria elaborar com a clareza que eu estou tentando transmiti-lo a você, porém ele tinha claro que o ativo não poderia ficar parado e tinha que gerar um rendimento. Porque aquilo que não gera receita, com certeza gera despesa.

Quero dizer com isso que a alavancagem não é uma descoberta complexa; na verdade, é uma visão relativamente simples sobre a busca dos negócios. Implementá-la, contudo, exige alto compromisso dos empresários. É a virada decisiva para se juntar ao 1% dos negócios que mais crescem e faturam.

Se eu fosse você, não ignoraria essas ideias. Quem sabe eu tenho razão?

CAPÍTULO 9

O DESTINO A SER ALCANÇADO DETERMINA O CAMINHO A SER SEGUIDO

Como qualquer coisa na vida, uma empresa precisa ser construída. E toda construção nasce de um projeto, de algo que imaginamos e que, só depois de termos refletido detalhadamente, somos capazes de concretizar.

Costumo dizer que ninguém chega a um terreno e começa a abrir buracos sem saber o que será construído ali. Será uma casa ou um prédio de vários andares? Como aquele espaço deverá ser dividido? Haverá garagem? Para quantos carros? São perguntas básicas, mas servem para mostrar que ninguém começa uma obra sem imaginar como ela deve ficar quando estiver concluída.

Tudo o que realizamos começa, antes, em nossa mente, em nossa imaginação. E com as empresas não é diferente.

Quase todos os dias pergunto aos empresários o que eles imaginam para o futuro das suas empresas. Na maioria das vezes, as respostas refletem sobre os caminhos que eles pretendem seguir nos próximos anos, mas nunca é o destino final, como se fosse possível escolher um caminho sem saber para onde estamos indo. Afinal, é o destino que valida a correção do caminho sempre que necessário.

Em Portugal, usa-se a expressão "construir castelos no ar" como algo negativo, mas costumo dizer que nenhum castelo foi construído no chão antes de ter sido construído no ar. Afinal, as coisas nascem na nossa imaginação.

Houve um dia em que o homem começou a olhar para o ar e disse: "e se nós voássemos?", "que possibilidades isso abriria, não é mesmo?". Então começou a fazer estudos, testes, invenções, até que uma coisa que no início parecia impossível tornou-se, hoje, algo quase trivial. Eu mesmo, quase todos os meses, viajo entre Brasil e Portugal, de um continente a outro, no intervalo de poucas horas. Posso jantar no Brasil e tomar café da manhã em Portugal.

Assim, **como empresários, a escolha do destino de nossos negócios passa por pensarmos: "O que não conseguimos fazer hoje, mas podemos criar os meios para mudar isso?"** A visão de futuro do empresário é olhar para aquilo que, agora, parece muito distante, mas que, por outro lado, poderia lhe abrir inúmeras possibilidades.

Ser empresário é também ser sonhador — um sonhador acordado. Mas nós aprendemos na vida que sonhar não é bom, ouvimos coisas como "não construa castelos no ar, a vida vai te ensinar". Felizmente, enquanto escrevo este livro aos 51 anos, a vida nada mais fez do que me mostrar que sonhar acordado nos abre oportunidades de criar novos destinos.

Walt Disney é talvez um dos empreendedores que melhor personifica o que quero transmitir neste capítulo. Sua habilidade em transformar imaginação em realidade e bons negócios inclusive inspirou um estudo bastante aprofundado do especialista em programação neurolinguística Robert Dilts, que documentou seus aprendizados na obra *Strategies of Genius Vol 1*. No livro, Dilts afirma que a "capacidade de Walt Disney em conectar sua criatividade inovadora com uma estratégia de negócios bem-sucedida e de apelo popular certamente o qualifica como um gênio no campo do entretenimento. De certa forma, o meio de expressão escolhido por Walt Disney, o filme de animação, caracteriza o processo fundamental de todo gênio: **a capacidade de pegar algo que existe apenas na imaginação e forjá-lo em uma existência física que influencia diretamente a experiência dos outros de maneira positiva**".[22]

O processo de Walt Disney ficou conhecido como Estratégia Disney e é baseada em três personalidades que devemos assumir para transformar ideias em plano de ação:

---

22   DILTS, Robert B. **Strategies of Genius.** California: Dilts Strategy Group, 1995. [tradução livre].

- O sonhador
- O realizador
- O crítico

Diz-se que, conscientemente, Walt Disney tentava ser um visionário e imaginava as coisas mais loucas. Depois, olhava para o que havia pensado e analisava a viabilidade de realizar tudo aquilo e, por fim, criticava as próprias ideias a fim de encontrar lacunas ou barreiras. Ou seja, era um exercício constante em que sonhava e trazia para a realidade, pensava o que podia melhorar, voltava a sonhar, e assim por diante, até que encontrasse o melhor caminho para cada projeto.

A figura a seguir representa o modelo criativo da Estratégia Disney[23]:

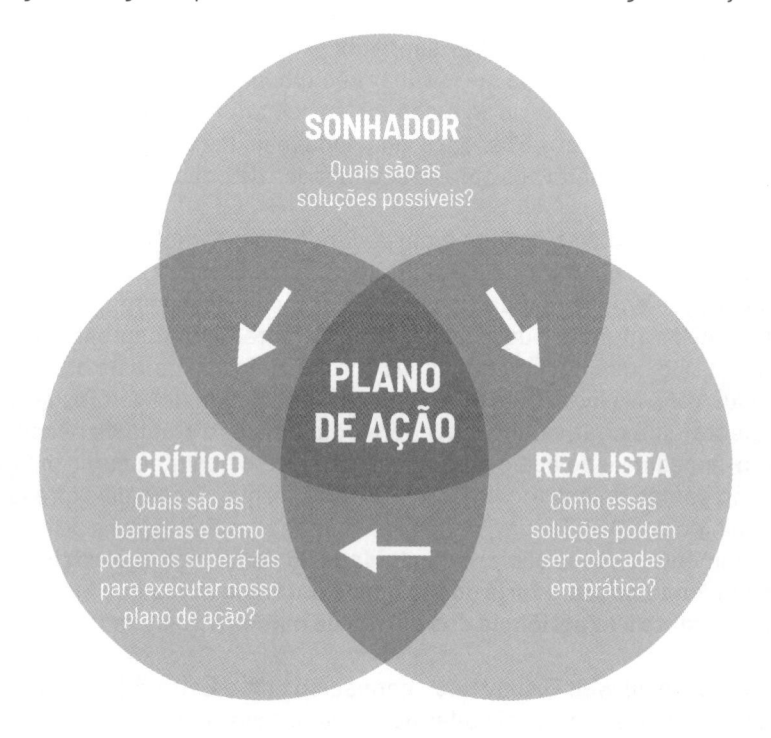

SONHADOR
Quais são as soluções possíveis?

PLANO DE AÇÃO

CRÍTICO
Quais são as barreiras e como podemos superá-las para executar nosso plano de ação?

REALISTA
Como essas soluções podem ser colocadas em prática?

---

23 https://www.designorate.com/disneys-creative-strategy/

EXERCÍCIO PRÁTICO

A Estratégia Disney pode ser uma ferramenta a ser explorada em dinâmicas da equipe para, juntos, desenvolverem a clareza de qual o destino que querem alcançar. Seguindo as três personalidades de Walt Disney, a dinâmica é organizada em três momentos:

EXPRESSÃO DO SONHADOR

Neste primeiro momento, o time deve refletir sem qualquer restrição ou julgamento sobre o que quer construir. Se existisse um mundo perfeito e sem limitações, o que a empresa poderia se tornar? Quais soluções gostaria de oferecer para os clientes? Como descreveriam o negócio? Quais seriam as vantagens e os benefícios de esses sonhos se tornarem realidade?

Registrem todas as ideias, sem se preocupar ainda em escolher quais são factíveis ou não. O objetivo é dar espaço para uma expressão livre da imaginação.

Depois que todas as ideias tiverem sido coletadas, façam uma pequena pausa para descompressão antes de iniciar a segunda etapa.

REVISÃO DAS IDEIAS DE MANEIRA REALISTA

Na segunda etapa do exercício, o time analisa as ideias sugeridas na primeira rodada e avalia quais delas podem ser executadas e quais são inviáveis. Com uma discussão construtiva, o objetivo é escolher, dentre todos os sonhos colocados, aquele que tem maior alinhamento com o DNA da organização. Então, tentem desenhar um modelo factível para que ele possa se concretizar.

Para chegar à conclusão desta proposta, o time deve definir meios de avaliar a boa execução da ideia, qual o impacto que ela geraria para o negócio como um todo, quais são as oportunidades para melhorá-la e se realmente vale a pena se dedicar para construir essa visão.

Ao final da dinâmica, façam uma pequena pausa e preparem-se para a última etapa.

ANÁLISE CRÍTICA DO PLANO DE AÇÃO

Nesta fase final, o objetivo é refinar o plano de ação. Avaliar se o time considerou todos os cenários possíveis para que possam tornar esse sonho realidade, se há alguma lacuna a ser considerada antes de decidirem avançar, como este plano será percebido pelo mercado e os stakeholders da empresa.

É esta etapa que acende o sinal verde para que, o que começou como uma ideia imaginada, se transforme em realidade.

Esta é uma dinâmica bastante interessante porque permite que o líder compartilhe sua visão e a incremente com a contribuição das outras pessoas. E, como vimos no capítulo anterior, esta é uma das estratégias para a alavancagem por meio de tudo o que cada colaborador e posição estratégica da companhia pode oferecer. Eu já disse e repito: os negócios são um jogo intelectual. Por isso, dedicar tempo de qualidade à reflexão é uma decisão que poderá lhe dar a resposta que está buscando para fazer a sua grande virada.

UMA CONSTRUÇÃO QUE MIRA O FUTURO

Construir uma empresa robusta, resiliente e que nos levará ao destino que almejamos só é possível com toda a organização comprometida com uma visão de longo prazo. É essa visão que norteia as decisões que tomamos hoje, que nos ajuda a sair de encruzilhadas em momentos de incerteza e, também, quando temos oportunidades demais e precisamos decidir onde colocar o foco da nossa energia.

No próximo capítulo, falaremos sobre o que está por trás do crescimento de uma empresa. E é essa clareza de *qual castelo* você e o seu time querem construir que os ajudará a definir todos os processos e as atividades certas para gerar o aumento do valor da sua empresa e a construção de uma empresa longeva e próspera.

Se eu fosse você,
não ignoraria essas ideias.
Quem sabe eu tenho razão?

CAPÍTULO 10

O CÍRCULO VIRTUOSO DO CRESCIMENTO DE UMA EMPRESA

Ao falar sobre alavancagem, estamos definitivamente discutindo os meios de fazer uma empresa crescer. No entanto, é preciso estabelecermos o que isso significa de maneira prática e objetiva.

Quando questiono os empresários que chegam até mim sobre isso, a resposta mais comum é que crescer é vender mais, ter uma equipe maior e mais clientes. Claro que esses fatores fazem parte da mudança de patamar da empresa, mas ainda assim não traduzem perfeitamente o que deve ser a sua meta ao desejarem crescer.

Antes de mais nada, se o desafio é o crescimento da empresa, a primeira coisa da qual precisamos é de um plano de crescimento — algo que parece óbvio, mas que, nesses quase vinte anos de atendimento aos empresários dos mais diversos portes, quase não encontro. Fizemos um levantamento interno, e, dentre as companhias que atendemos, apenas 2% tinham uma rota definida para o crescimento. Além disso, na grande maioria das vezes, esses planos estavam reduzidos aos objetivos de vendas.

Claro que as vendas são o coração e o pulmão de uma empresa, o motor que a faz se movimentar, mas a principal função de uma empresa não é gerar vendas, e sim **gerar lucro para que seu valor no mercado aumente**.

Contudo, o lucro por si não basta. Vou explicar o motivo. Gosto de trazer aos empresários a visão de que o lucro é uma figura teórica. Para simplificarmos, nos balanços financeiros de uma empresa, o lucro aparece como a diferença entre as notas e faturas emitidas *versus* as notas e faturas recebidas.

Porém posso emitir uma fatura e não receber o pagamento devido, assim como posso receber um boleto e não o pagar. É por isso que eu digo que o lucro é uma figura teórica que, para se tornar concreta na empresa, precisa ser transformada em *fluxo de caixa*.

Uma empresa se preocupa com o lucro pelo mesmo motivo que um agricultor se preocupa em gerar um excedente de sua plantação para que, com as sementes extras, possa voltar a semear a terra. O crescimento de uma empresa depende da capacidade de voltar a semear, isto é, depende da capacidade do líder de reinvestir os valores excedentes no crescimento futuro da empresa. O objetivo de um plano de crescimento é gerar um círculo virtuoso tal como a figura a seguir:

Círculo de Crescimento do Negócio

1. VENDAS
2. LUCRO
3. FLUXO DE CAIXA
4. VALOR

Então, quando traçamos o objetivo de gerar um aumento das vendas, precisamos ter em mente que a razão para isso é gerar o máximo resultado com lucro, que, por sua vez, terá a sua maior parte transformada em fluxo de caixa operacional e em reinvestimento da empresa. Quanto mais previsível for a operação desse círculo virtuoso, maiores os níveis de sustentabilidade do negócio e, por consequência, o aumento de seu valor, ou seja, quanto alguém pagaria por essa empresa se quisesse comprá-la, mesmo que o fundador não queira vendê-la.

Sem essa clareza, muitos empresários correm o risco de confundir crescimento com volume. E nem sempre *vender mais* significa *lucrar mais*. Principalmente, pode não gerar mais fluxo de caixa e capacidade de reinvestimento. Por essa razão, trago o alerta de que, ao mirar o crescimento, há de serem feitas muitas análises. Do contrário, os empresários correm o risco de perseguirem oportunidades demais ao ponto de uma empreitada matar a outra, e o que geraria crescimento transforma-se em motivo para desgaste de todo o time, em resultados aquém do esperado, em endividamento e sobrecarga. Justamente porque a estrutura atual da empresa em termos de processos, organograma e sistemas não está pronta para acompanhar o aumento da demanda de vendas.

O LUCRO É ALIADO DO CUIDADO COM AS PESSOAS

As metas de lucro normalmente geram discussões calorosas junto aos tomadores de decisão de uma empresa. Mais do que a meta final, gosto de lembrar os líderes de que o *como* e o *com quem* também têm pesos determinantes.

Embora não seja uma pessoa religiosa, gosto de citar a história de Judas Iscariotes, o apóstolo que, na Bíblia, entregou Jesus Cristo aos romanos. Judas trocou Jesus por 30 moedas de prata, uma quantia que naquela época valia muito. Tornou-se, portanto, um homem rico, mas não um homem de sucesso. Aquela quantia foi fruto de uma decisão que feria seus valores e tornou-o alguém desprezível para aqueles que antes eram seus companheiros. E, mesmo quando tentou devolver o dinheiro, nem mesmo aqueles que o cooptaram aceitaram.[24] Essas histórias, independentemente de qualquer crença, ajudam-nos a refletir sobre nossas vidas e práticas.

Não acredito, portanto, numa busca pelo lucro a qualquer custo. Acredito no lucro como uma ferramenta que permite às empresas gerar mais postos de trabalho, investir em seus colaboradores, manter bons relacionamentos com os fornecedores, remunerar o risco do empresário e ainda reinvestir na empresa no sentido de aumentar os resultados futuros. De modo que, quanto melhor cada líder cuidar das pessoas com quem compartilha a missão da empresa, melhor elas vão cuidar dos clientes e de toda a cadeia da qual fazem parte. E, assim, mais lucro será gerado.

É importante que as pessoas tenham a noção de que é importante crescer, mas é absolutamente decisivo que esse crescimento seja sustentável.

Ou seja, se tiver boas fundações e bons alicerces, posso construir um prédio gigantesco. Mas, sem fundações, qualquer intempérie faz minha pequena casa desmoronar.

O gestor de uma empresa precisa, sim, de uma boa estrutura financeira para impulsionar o crescimento, mas também de uma boa estrutura operacional para suportar esse crescimento. Como disse Warren Buffett, "não importa quanto talento e esforço sejam colocados, algumas coisas apenas levam tempo. Você não pode fazer um bebê em um mês engravidando nove mulheres".

Por isso, para saber se um negócio está realmente na direção para um círculo virtuoso do crescimento, deve-se perguntar:

- Estes resultados estão aumentando a previsibilidade e a estabilidade do negócio?
- O crescimento converge em aumento das margens de lucro?
- A operação suporta o que queremos alcançar?
- A qualidade das entregas está sendo preservada com volumes maiores de vendas?
- A empresa está investindo em si mesma, em melhorias técnicas e também na qualificação dos colaboradores?

---

24 BÍBLIA, N.T. Mateus. Capítulo 26. Nova Versão Internacional. Disponível em: *https://www.bibliaonline.com.br/nvi/mt/26*

Todas as funções que a empresa deve desempenhar, desde a melhor entrega para os clientes até a melhor estrutura para os colaboradores performarem, dependem do lucro — e de que essa visão seja disseminada internamente.

Certo dia, depois de terminar o meu almoço num restaurante próximo ao meu escritório, quando chegou a conta, a pessoa que estava me atendendo disse: "chegou a pior parte". Eu respondi a ela: "não, é a parte mais importante. Se eu não pagar a conta, amanhã não terá restaurante para vir. Não apenas quero pagar a conta, mas quero que vocês tenham lucro para que possam me servir cada vez melhor". E é exatamente isso que eu quero que você carregue dentro de si a partir de agora.

Sem lucro, um empresário não consegue criar mais e melhores postos de trabalho, não consegue lidar com fornecedores, servir melhor os seus clientes, pagar os impostos e nem mesmo remunerar o seu risco como empreendedor, que investe na empresa constantemente.

A transformação do lucro em fluxo de caixa tem como objetivo permitir que os empresários deem os passos necessários para construir o futuro que vislumbram para seus negócios. É gerar o excedente para continuar a semear.

Além disso, gosto de pensar que o lucro é aquilo que geramos quando fazemos além do que é esperado de nós. Quando atendemos tão bem nossos clientes que eles não apenas se tornam fiéis à nossa empresa como a recomendam. Quando nossos colaboradores estão engajados e comprometidos com a construção do futuro da empresa e querem se desenvolver cada vez mais para alçar posições mais altas. Quando encontramos boas negociações com nossos fornecedores. No fim, poderia resumir dizendo que o lucro acontece quando deixamos as coisas melhores do que estavam antes de nós.

Por isso só consigo ver coisas positivas no lucro como meio para impulsionar o crescimento das empresas. Afinal, é a base da estratégia para perpetuar o negócio, que provê para o empresário e todos aqueles que fazem parte da companhia. Gera valor para o cliente, e este valor é percebido pelo mercado que avalia positivamente a empresa. É um círculo virtuoso infinito, uma visão que você pode incorporar na sua empresa e junto com seu time.

Se eu fosse você, não ignoraria essas ideias. Quem sabe eu tenho razão?

CAPÍTULO 11

TÁTICA SEM ESTRATÉGIA NÃO FUNCIONA

Nos capítulos anteriores, ficou claro que o crescimento da empresa depende da capacidade de gerar lucro e transformá-lo em fluxo de caixa. Para isso, o empresário deve organizar todos os recursos que possui da melhor maneira possível para alcançar os objetivos de longo prazo do negócio.

Falamos também que, quanto mais previsíveis e sustentáveis forem os resultados que geram crescimento, melhor. Porque maior será o valor daquela empresa.

Mas como tornamos essas ideias realidade? Precisamos de dois termos muito difundidos no meio empresarial, mas que nem sempre são bem compreendidos: **estratégia** e **tática**.

Para explicar esses conceitos, vou recorrer ao xadrez e a um grande mestre e jornalista que viveu entre 1887 e 1956, Savielly Tartakower, vencedor de campeonatos de renome na Áustria, nos Estados Unidos, na Alemanha, entre outros países, principalmente entre 1920 e 1930[25]. Ele disse: "Tática é saber o que fazer quando há o que fazer; estratégia é saber o que fazer quando não há nada para fazer." Garry Kasparov, ex-campeão mundial de xadrez, analisa essa afirmação de Tartakower explicando que no xadrez os jogadores têm obrigação de agir, não há

---

25 MANLAPAO, E. Remembering the unforgettable Savielly Tartakower (21 February 1887 – 4 February 1956). **Chessbase**, 24 fev. 2022. Disponível em: *https://en.chessbase.com/post/remembering-the-unforgettable-savielly-tartakower-21-february-1887-4-february-1956*. Acesso em: nov. 2022.

a possibilidade de passar a vez. Então, o desafio é fazer progresso mesmo quando o próximo movimento não é óbvio, exatamente quando parece que não *há nada a se fazer*. Segundo Kasparov, estratégia e tática, combinadas, formam "a capacidade de melhorar sua posição, evitar fraquezas e encontrar pequenos caminhos para melhorar sua posição [...] sem nunca parar de pensar".[26]

Assim como no xadrez, nos negócios também não existe a opção de não agir. E precisamos de estratégia e tática afinadas para fazer os melhores movimentos.

Nos negócios, a diferença entre estratégia e tática é que a primeira olha para o longo prazo, enquanto a segunda é a ação concreta diante das oportunidades para melhorar nossa posição no mercado. Se você perde essa ação, é provável que o mercado reaja negativamente. Se não tiver uma estratégia de longo prazo, as ações imediatas não terão o alinhamento necessário para colocar toda a organização rumo ao mesmo objetivo.

A estratégia, portanto, não tem como responsabilidade definir se a empresa terá dinheiro em caixa no próximo mês. Ela mira o horizonte, em dez anos, por exemplo, e se pergunta: "Como o negócio terá uma vantagem competitiva que garantirá lucros futuros?"

Por exemplo, não sei como a Coca-Cola será gerida nos próximos anos, mas tenho muita dificuldade em imaginar que daqui a vinte anos não se beba mais Coca-Cola. Pode acontecer? Claro, mas é pouco provável.

Então, a estratégia deve estar relacionada a conseguirmos aumentar a probabilidade de ter vendas, lucros e fluxos de caixa previsíveis, consistentes, sustentáveis ao mesmo tempo em que temos uma vantagem competitiva que defenda essas vendas, os lucros e os fluxos de caixa do que possa acontecer no mercado.

A tática, por sua vez, é momentânea. Durante uma campanha de marketing, por exemplo, uma empresa pode definir uma série de táticas para conseguir cadastros de potenciais clientes. Essas táticas são traduzidas em anúncios pelas redes sociais, conteúdos por e-mail, parcerias etc.

---

26 KASPAROV, Garry. **How Life Imitates Chess: Making the Right Moves, from the Board to the Boardroom.** Bloomsbury: 2010, Kindle Edition.

Seguindo este caso, a estratégia é uma visão que mostra como a empresa pode ter uma comunicação consistente e constante com o mercado, não apenas durante uma campanha de marketing específica, mas em todos os canais de contato e diferentes públicos: clientes, concorrentes, veículos de imprensa etc. Portanto, **a estratégia é a alavanca da tática.**

Se os negócios fossem uma partida de futebol, a estratégia seria o que o técnico prepara para ganhar o jogo; a tática, o que os jogadores fazem em campo.

OS FUNDAMENTOS PARA DEFINIR A ESTRATÉGIA EMPRESARIAL

O que mais vejo nas organizações, no entanto, são gestões táticas. Muitos movimentos, mas sem uma estratégia de longo prazo madura por trás. Para não cair nesse risco ou, então, para rever como tem sido o seu processo construção do plano estratégico e tático, quero que faça uma reflexão sobre os quatro aspectos que acredito serem essenciais e nos quais nos aprofundaremos nos próximos capítulos:

1. **Qual público a sua empresa quer atender?**

    Esta é a reflexão sobre o cliente ideal, o nicho do seu negócio. O marketing digital costuma se referir a esse perfil de consumidor como *avatar*, que nada mais é do que ter muita clareza da pessoa que tem todas as características, incluindo dores e desejos que as suas soluções poderão atender. Em uma era de dados, tecnologia, alta concorrência e muito acesso a ofertas o tempo todo, quanto mais específica for a visão do empresário em relação ao público o qual atenderá, melhor. Essa decisão guiará o desenho da estratégia da companhia, desde o posicionamento até toda a esteira de produtos a serem desenvolvidos.

    Sem clareza sobre quem é o seu cliente ideal, você terá dificuldade em criar algum tipo de vantagem competitiva, que seja personalizada o bastante para que determinado grupo de pessoas perceba um alto valor na sua entrega.

2. **O que precisa acontecer para que este público tenha interesse pelas suas ofertas e soluções?**

   Definido o seu nicho ideal, é preciso entender onde essas pessoas estão, quais são seus hábitos, quais são as oportunidades de contato entre sua empresa e esse público, como pode atrair sua atenção e despertar o interesse delas nos seus produtos e serviços.

   Nesta etapa, o empresário começa a ter clareza sobre o que precisa acontecer para que o público, em primeiro lugar, entre no seu radar e, depois, passe por um processo até o ponto de transformá-lo em cliente.

3. **O que precisa acontecer para que este público compre sempre da sua empresa?**

   Não basta atrair os clientes apenas uma vez, é fundamental entregar uma experiência tão boa que eles queiram comprar sempre. Do contrário, todo aquele esforço inicial para chamar a atenção dessas pessoas não terá o máximo retorno possível. E, já que estamos trabalhando a alavancagem do seu negócio, a todo momento a mentalidade é: diminuir o esforço para ter mais resultado.

   Ora, o esforço de gerar a primeira venda para um cliente é muito grande, então, se for possível criar uma estrutura que o fidelize, a empresa constrói uma alavanca que a fará crescer e aumentar suas margens de lucro com menos esforço.

4. **O que poderia dar errado?**

   Refletir sobre o que poderia dar errado, o que poderia influenciar negativamente para que a pessoa não realize a compra ou não volte a consumir de vez, faz com que analise o negócio por diferentes ângulos para que, como no xadrez, diminua suas fraquezas. Na minha visão, um plano eficiente é justamente aquele que não só mostra o caminho mais rápido para o objetivo, mas também mostra rotas alternativas, caso obstáculos surjam de maneira inesperada.

A partir desses quatro fundamentos, aí sim é possível definir de maneira completa a estratégia, ou seja, a visão de longo prazo da companhia considerando o público específico com o qual quer se relacionar. E, depois, como transformar essa visão abstrata em um plano tático, operacional, que faça o movimento certo hoje na direção do objetivo que se está mirando daqui dez anos, por exemplo.

UMA LIÇÃO MILENAR

Há mais de 2.000 anos, Sun Tzu, no clássico *A Arte da Guerra*, escreveu: "As pessoas conhecem táticas gerais, mas não sabem usar as táticas flexíveis de acordo com as mudanças da situação do inimigo, visando vencê-lo. Portanto, a cada vez que a estratégia de vitória e o plano são executados, eles não se repetem, pois aparecem com inúmeras mudanças".[27]

Isso tem um sentido muito importante: nenhum plano é estático porque nada é estático no mundo dos negócios. Ou seja, tudo muda o tempo todo — o cenário, os concorrentes, as inovações — e, no plano tático, sabemos como responder aos movimentos do "nosso inimigo". Por isso digo e repito que não dá para tentar simplesmente repetir a fórmula de outra empresa ou o que deu certo no passado esperando que o resultado no presente seja o mesmo.

Contudo, a tática terá seu resultado alavancado quanto mais clara for a estratégia. Enquanto a tática muda o tempo todo, a estratégia, não. A estratégia é o que está por trás de todas as mudanças na tática operacional que mantém a empresa na direção do crescimento e do aumento do seu valor.

É por isso que dizemos que as empresas nunca podem se copiar. Embora seja possível ver as ações táticas que cada uma realiza, quem está fora da organização não vê a estratégia por trás dessas decisões. E isso muda tudo.

A estratégia é ancorada na vantagem competitiva que a empresa está determinada a construir para se tornar cada vez mais lucrativa, sustentável

---

27 TZU, Sun. **A arte da guerra**. São Paulo: Buzz Editora, 2018. Kindle Edition.

e perene no mercado. É ela que direciona todos os movimentos táticos, as ações dia após dias, pois estamos o tempo todo seguindo em direção aos objetivos maiores, à estratégica.

Quando as empresas têm tática, mas esta acontece sem estratégia, as alavancas de crescimento se tornam fracas. No entanto, quando o negócio tem estratégia e tática alinhadas, o impacto é potencializado e a vantagem competitiva se fortalece. Como um mestre de xadrez ou o técnico do time, seu papel como empresário é estar constantemente alinhando os movimentos táticos aos objetivos estratégicos.

Se eu fosse você, não ignoraria essas ideias. Quem sabe eu tenho razão?

PARTE 3
PLANEJAMENTO EFETIVO

A tartaruga e a lebre desataram numa corrida para ver quem era a mais rápida. Com suas pernas ágeis, a lebre disparou na frente, deixando a tartaruga para trás. Porém chegou um ponto em que a distância entre as duas era tão grande que a lebre decidiu que não valia tanto esforço e diminuiu o passo. Mesmo andando devagar, a tartaruga, que não estava nem perto da opositora, não perdeu o foco. Enquanto a lebre parou para comer um pouquinho, a tartaruga seguiu. Enquanto a lebre decidiu descansar embaixo de uma árvore depois de se deliciar com o almoço, a tartaruga seguiu. A lebre tinha tanta certeza de que a corrida estava ganha que pegou no sono. Quando acordou, viu que a tartaruga já a tinha ultrapassado e estava quase terminando a corrida. A lebre correu muito, mas não deu tempo. A tartaruga venceu.

Ou seja, a lebre tinha todos os meios para ganhar, e por um período estava ganhando, mas mudou de tática ao se ver na frente. Já a tartaruga tinha um plano. Dava um passo depois do outro. Eram passos lentos, sim, mas ela não parou de andar em momento algum. Seguiu com o plano e o executou consistentemente, até que conseguiu vencer o animal mais rápido da floresta.

✵ ✵ ✵

Essa fábula nos ensina muito. Não apenas sobre velocidade, mas sobre como decidimos travar nosso caminho e sobre a responsabilidade que, como líderes, temos ao definir qual será nosso plano — e como é importante não perder o foco do objetivo final.

A lebre deixou de fazer o monitoramento do próprio desempenho, e o que começou como uma pequena distração transformou-se numa armadilha para seu resultado. Ela tinha um plano no início, mas deixou que outras demandas lhe tirassem o foco. A tartaruga, por sua vez, reconheceu qual era a sua desvantagem e, por isso, executou com maestria seu planejamento. Ela sabia que não tinha um segundo a perder.

São inúmeras as vezes que me deparo com organizações que têm todos os recursos para alcançarem seus objetivos, mas se perdem no caminho porque esse potencial está desorganizado, sem acompanhamento. Lembre-se: encontrar alavancagem é também analisar o que faz você perder eficiência. E não dá para ganhar nenhum jogo se você não souber como o resultado é construído.

Por isso, nesta terceira parte da obra, você encontrará capítulos voltados à transformação dos objetivos em planejamentos efetivos, realizáveis, para que possa gerir a empresa tendo os indicadores mais importantes como ferramentas a seu favor.

CAPÍTULO 12

OS PLANOS SÃO INÚTEIS, MAS PLANEJAR É FUNDAMENTAL

O planejamento estratégico é um dos meus temas preferidos quando falamos de alavancagem nas empresas. Afinal, para construir algo que sustente o próprio peso, precisamos de fundações sólidas. Se eu quiser construir um prédio gigante com setenta andares, preciso de fundações muito robustas. Se o prédio não tiver alicerces, qualquer agressão do meio ambiente, um vento mais forte, derrubará todo o meu esforço. O planejamento, em essência, é o que nos dá esses alicerces.

Em seu livro *A Única Coisa*, Gary Keller diz que "a única coisa é o melhor caminho para você conseguir o que quer"[28], ou seja, é encontrar a alavanca prioritária que tornará os próximos passos da organização mais fáceis ou com maior potencial de resultado. Encontrar a única coisa é descobrir o que é absolutamente essencial no negócio e focar apenas o que importa.

Quando falamos da gestão de uma empresa, **essa coisa é o planejamento**. Todo o resto fica muito mais fácil, tudo o que eu precisar fazer na empresa se torna muito mais simples a partir do momento em que eu planejo: a análise de resultados, o aumento das vendas, a gestão do tempo e a produtividade da organização, as estratégias de marketing, as margens e os fluxos de caixa.

---

28 KELLER, G.; PAPASAN, J. **A única coisa**. São Paulo: Sextante. 2021.

Ou seja, a partir do momento em que nós entramos em ciclos de planejamento e avaliação constantes, as prioridades e ajustes de rota se tornam mais evidentes.

Sem o planejamento, não temos os alicerces que vão sustentar o nosso negócio. Com ele, conseguimos não apenas erguer a empresa, mas torná-la mais eficiente.

ANTECIPAR AS RELAÇÕES DE CAUSA E EFEITO NA EMPRESA

Gosto sempre de alertar às pessoas que o planejamento, assim como qualquer outra habilidade mental ou física, é algo que aprimoramos ao longo do tempo, através da repetição e da análise dos erros e acertos.

Mas o que é o planejamento? Em suma, é a tentativa de antecipar as relações de causa e efeito que determinam os resultados da empresa. É entender que os resultados não aparecem espontaneamente, mas, sim, como consequência da articulação de uma série de causas que controlamos. Se o efeito que desejo são resultados maiores nas vendas, no lucro e no fluxo de caixa, o planejamento é a antecipação do encadeamento de causas e ações que me levarão a esse determinado efeito.

Imagine uma série de estradas que se bifurcam, se cruzam, fazem curvas e levam a diferentes lugares. Cada lugar representa um resultado, um efeito, mas apenas um é o desejado: chegar ao destino que determinei. Se não tiver o destino definido e começar a dirigir, vou me perder, dar voltas desnecessárias, gastar muito mais tempo e esforço, e dificilmente vou chegar aonde quero. **Planejar é olhar o mapa e definir o caminho que nos levará aonde desejamos ir,** sabendo onde virar, quais saídas tomar, por quanto tempo seguir nessa ou naquela estrada.

No entanto, planejar é apenas o ponto de partida. Depois, o nosso trabalho é executar esse plano de modo consistente, reconhecendo os momentos de acelerar ou ajustar o caminho quando algum bloqueio aparecer. Voltando ao dia a dia das empresas, isso se traduz em algumas ações necessárias:

- Antecipar as atividades que precisam ser desempenhadas.
- Organizar os recursos de tempo, dinheiro e pessoas para executar as atividades.
- Definir a ordem de prioridades para a execução.
- Estabelecer o cronograma de execução, determinando o ritmo em que o plano deve ser implementado.
- Integrar a estratégia da empresa ao planejamento.

ERROS COMUNS NO PLANEJAMENTO

O planejamento é uma habilidade cumulativa. Tornamo-nos planejadores melhores à medida que praticamos essa competência cada vez mais. O produto final do planejamento é um plano que deverá guiar toda a operação da companhia. No entanto, é comum cometermos alguns erros no início dessa jornada.

O PLANEJAMENTO DEVE CONTER OS PONTOS A E Z

Nós, às vezes, marcamos o ponto Z, que é o ponto de destino, e até fazemos uma antecipação das atividades que imaginamos serem necessárias para chegar até lá, mas nos esquecemos de considerar onde é que estamos hoje, o ponto A. Se fazemos uma antecipação das atividades sem saber qual é o ponto de partida, comprometemos totalmente o plano, pois estamos sem a visão completa do trajeto e de quais são os marcos principais para sabermos se estamos avançando ou não.

O PLANEJAMENTO NÃO MIRA APENAS O SUCESSO – NOS PREPARA TAMBÉM PARA OS OBSTÁCULOS

Nós prevemos atividades, organizamos os recursos, fazemos o cronograma, mas imaginamos que o processo será como uma linha reta sem problemas, quando, na verdade, um dos aspectos mais importantes do planejamento é identificar os obstáculos que estarão no caminho.

Se não tenho clareza dos obstáculos, torna-se muito difícil contorná-los quando inevitavelmente sei que eles vão aparecer. O plano que resulta do planejamento deve refletir a estratégia para ultrapassar os desafios do cenário, tal como vimos no Capítulo 12.

ACOMPANHAR O PLANO É FUNDAMENTAL

Ou seja, não se deve fazer o planejamento do trimestre e só voltar a pensar nele depois que se passarem os três meses. É importante que haja prestação de contas durante o percurso, que a equipe e as lideranças façam reuniões de avaliação e análise para alinhamento.

É preciso determinar a frequência dos encontros para a prestação de contas em relação a como está a execução do plano com o qual todos se comprometeram. Os encontros serão voltados para a avaliação das métricas associadas ao planejamento, para ver se estão acima ou abaixo do esperado; lidar com os problemas que surgirem; manter a equipe integrada; cobrar o ritmo estipulado, a qualidade no desempenho e a consistência de execução. Sem essa prestação de contas durante o período para o qual o planejamento foi feito, o progresso fica à mercê da sorte, ao invés de estar sob o nosso controle.

FLEXIBILIDADE EXCESSIVA X ADAPTABILIDADE

Durante o acompanhamento do planejamento, é muito importante que os líderes e empresários atentem para ter capacidade de adaptação quando o cenário exigir, mas também ponderem o seu nível de flexibilidade para que a equipe não se perca em relação ao objetivo que se quer alcançar.

É comum me deparar com dois cenários nas empresas: equipes que estão tão apaixonadas pelo plano perfeito desenhado que não reagem de maneira objetiva quando algo não está saindo como esperavam e insistem em rotas que, claramente, não estão fazendo-os se aproximarem do objetivo final. E outras que mudam de plano tantas vezes que a direção se torna confusa.

Encontrar o equilíbrio entre a adaptação e a flexibilidade é um tremendo desafio. Por isso, ter métricas claras de desempenho é tão importante. Além disso, acredito que os objetivos devem ser inegociáveis. O caminho pode ser alterado, mas o destino final deve ser uma decisão definitiva.

E SE EU LEVAR UM SOCO NA CARA?

Mas e se o resultado não aparecer? Muitos empresários, diante desse cenário, costumam criar álibis para tentar justificar o mau desempenho e botar a culpa em algum fator externo: a economia está recessiva ou a inflação disparou etc. É claro que nunca teremos controle total do cenário. O ambiente dos negócios sempre nos surpreende, mas isso não quer dizer que planejar seja opcional.

Há uma frase atribuída a Helmuth von Moltke, general prussiano do século XIX e uma das referências em teorias sobre estratégia militar, que diz: "Planejamento é tudo! Planos não são nada."[29] Uma afirmação que podemos complementar pela famosa frase de Mike Tyson, considerado um dos maiores lutadores de boxe da história: "Todos têm um plano até levar um soco na boca."[30]

Essas frases impactantes dizem que, quando estamos em ação, seremos surpreendidos porque nossos oponentes também têm os próprios planos. No entanto, embora nem sempre sejamos capazes de seguir nossos planos à risca, ao planejar ganhamos repertório para considerar variáveis, e isso, com o tempo, aumenta a nossa capacidade de atuar sobre elas.

Costumo dar o exemplo da minha experiência com o piano, que é um verdadeiro pesadelo para mim. Tocar piano é algo muito difícil, porque tenho uma experiência musical limitada e este é um instrumento complexo, com muitas teclas brancas e pretas, além dos pedais. O piano, para mim, parece impossível de ser tocado. Se eu me aproximar de um piano, o que é que eu consigo fazer? Empurrar as teclas, mas sem sequer ter a noção de qual é o som que sairá, quais foram as notas que toquei... não tenho nenhuma intimidade com as variáveis.

---

29 Sobre Guerras, Planos e Complexidade: Por que seu planejamento falha? **PMI**, 2020. Disponível em: *https://pmimg.org.br/sobre-guerras-planos-e-complexidade-por-que-seu-planejamento-falha/#:~:text=Muitas%20d%C3%A9cadas%20antes%2C%20Helmuth%20Karl,Planos%20n%C3%A3o%20s%C3%A3o%20nada%E2%80%9D*. Acesso em: nov. 2022.

30 Everybody Has a Plan Until They Get Punched In The Mouth. **Indy Grit**, 2019. Disponível em: *https://indygrit.community/blog/2019/2/9/everybody-has-a-plan-until-they-get-punched-in-the-mouth*. Acesso em: nov. 2022.

Para mudar isso, teria que fazer aulas de piano. No início, aprenderia a articular alguns sons, sempre olhando para as teclas, até que entendesse a sequência de notas e a posição correta delas. Depois, subiria de nível e aprenderia a ler a partitura. Depois, aprenderia a tocar sem precisar de partitura, apenas lembrando-me da sequência. Se me dedicasse com afinco, talvez chegasse a um nível de não apenas tocar, mas também aprenderia a compor, e desenvolveria a habilidade de me apresentar, interagindo com o público, improvisando etc. Artistas profissionais fazem isso porque treinam seriamente.

Com o planejamento, a relação de progresso é igual. O ato de planejar é o que vai dar intimidade com as várias alavancas que a empresa possui e permitirá, de forma previsível, gerar mais vendas, mais lucro e mais fluxo de caixa.

O ato de planejar e avaliar de forma sistemática e constante é como um treino obrigatório do empresário, pois cada vez que nós fazemos a antecipação das atividades, organizamos os recursos, determinamos cronograma e seguimos com a execução, mesmo que não atinjamos 100% do que prevíamos, aprendemos uma série de coisas que ajudarão nas próximas rodadas.

Talvez você esteja pensando: "Qual é a importância de ter uma grande capacidade de antecipar o que acontecerá?" Ora, se o nosso objetivo é tornar o crescimento da empresa o mais previsível possível, com geração de lucros e fluxo de caixa, quanto maior a minha capacidade de antecipar os cenários possíveis, menor o risco que a minha empresa vai correr, ou seja, maior o valor do crescimento da empresa ao longo do tempo.

Se eu fosse você, não ignoraria essas ideias. Quem sabe eu tenho razão?

CAPÍTULO 13

MAXIMIZE O CRESCIMENTO, MAS TAMBÉM O RITMO

E agora que já falamos do planejamento propriamente dito, chegou a hora de nos debruçarmos sobre o desafio que se segue: como alinhar o planejamento com a estratégia e a execução.

Para isso, precisamos recapitular algumas ideias fundamentais. Primeiro: nós precisamos de uma estratégia para assegurar o crescimento da empresa, ou seja, precisamos ter uma organização engenhosa dos recursos disponíveis para que estejam direcionados para um determinado resultado. Segundo: o resultado que nós pretendemos, numa empresa, é sempre referente às vendas, aos lucros e ao fluxo de caixa. Assim, **vendas, lucros e fluxo de caixa são a medida da qualidade do serviço ou do produto que levamos ao nosso cliente.** Absolutamente tudo o que fazemos na empresa, das atividades do departamento de RH aos times de marketing e vendas, é desenvolvido em termos de eficiência operacional até os projetos de inovação devem impactar positivamente o resultado em vendas, lucros e fluxo de caixa. Pelo menos é nisso que acredito.

Para assegurar o resultado, precisamos de uma estratégia que deverá ser executada, portanto precisamos de um plano, e este deverá ser acompanhado de maneira consistente para garantir que estamos seguindo aquilo que foi previsto, como disse no capítulo anterior. Assim, gosto de organizar o planejamento por dois critérios: *planejamento estratégico* e *planejamento de execução*.

O PLANEJAMENTO ESTRATÉGICO

O planejamento estratégico começa com a definição das orientações de longo prazo da empresa: a razão de existir e a visão da empresa, o que nós, como empresários, queremos que nossos negócios se tornem. E essa visão é algo que deve garantir que a empresa continue existindo independentemente da presença ou não do seu fundador.

Enquanto a visão define o destino que queremos alcançar no negócio, a missão é a forma como nós acreditamos que vamos cumprir aquela visão. A missão traduz a razão do negócio existir. A partir dela, isto é, de como queremos alcançar o resultado almejado na visão, definimos os comportamentos que esperamos ter na equipe, as regras comportamentais, as regras do jogo, que são justamente os valores que desejamos ver no dia a dia da empresa através das atitudes de todos.

De visão, missão e valores, começam a nascer objetivos de longo prazo, para três a cinco anos adiante. O que queremos construir junto com nossos clientes e acionistas nos próximos cinco anos? Quais as nossas expectativas em relação a volume de vendas, lucro, valor da empresa, relação com os colaboradores? Deles, surgirão os objetivos anuais, semestrais e trimestrais.

Esses componentes direcionam, também, nosso olhar para avaliar as competências-chave que a empresa possui para ir atrás de todos esses objetivos e identificar as competências que precisarão ser desenvolvidas para que este planejamento estratégico seja viável. Quais são os nossos diferenciais, ou seja, as nossas forças enquanto empresa e como podemos medir os resultados das promessas que faremos aos nossos clientes? Quais são as nossas fraquezas em termos de competência para que possamos ter um plano de desenvolvimento da equipe? Onde vemos oportunidades no mercado em que atuamos e quais são as ameaças ao nosso modelo de negócio?

Todas essas reflexões constroem o planejamento estratégico, ou seja, um plano macro que mostra o destino que a empresa tem como meta, os resultados que deve entregar, as alavancas para ter mais eficiência e se blindar contra as ameaças.

Esses objetivos dão a direção. Depois, precisamos do plano de execução, ou seja, *como* pretendemos chegar a esses resultados.

O PLANEJAMENTO DE EXECUÇÃO

O plano de execução diz a todos o que deve ser feito em cada momento do período ao qual ele se refere. É o plano que me diz o que tenho que fazer hoje, então é preciso enquadrá-lo no planejamento estratégico, ou seja, o que é necessário executar agora para chegar ao destino final.

A execução, então, analisa o objetivo principal e o subdivide em períodos menores para que tenhamos metas alcançáveis e que garantam o progresso desde o curto prazo. Por exemplo, se tenho um planejamento estratégico para os próximos cinco anos, definimos o que precisaremos fazer ano a ano para cumpri-lo. Depois, quebramos a meta anual em metas trimestrais e semanais.

Assim, cada pessoa dentro da empresa sabe por que está fazendo determinada atividade hoje, além de ter um critério claro para priorizar suas demandas em alinhamento aos objetivos da companhia.

Sempre trabalho a operação a partir do tema trimestral. Ele é o objetivo para o trimestre que, depois de alcançado, terá o maior impacto nos resultados da empresa. Deve ser algo que torne todos os próximos desafios mais fáceis de serem resolvidos. O tema trimestral deve sempre ter um objetivo numérico atrelado à sua realização, de modo que sirva como métrica para que a equipe saiba quão perto ou longe está dele, caso não o alcance.

O tema trimestral é seguido pelas prioridades, sob vistas dos responsáveis pela apresentação do resultado. Priorizar é fundamental para que o tema trimestral seja alcançado e, por consequência, os objetivos maiores do negócio também.

A partir das prioridades, o plano de execução é organizado em listas de tarefas com a identificação de cada responsável pelas atividades. Essa lista é a ferramenta principal para o acompanhamento de tudo o que estava previsto para acontecer em determinado período e o que de fato se concluiu.

Podemos dizer que gerir a empresa é gerir o meu planeamento estratégico versus o planejamento de execução. Para fazer isso, o empresário deve levar em consideração três aspectos que o ajudarão a guiar a equipe na busca pela execução da maneira mais consistente possível. São eles: o organograma da empresa; a definição de papéis e responsabilidades; e a otimização do fluxo de caixa.

O ORGANOGRAMA DA EMPRESA

O organograma é a arquitetura social, o esqueleto da empresa. Nele, temos a descrição detalhada de todas as funções desempenhadas, quem é responsável por elas e como se dá o modelo hierárquico da organização. Além disso, sempre recomendo aos nossos clientes que, em seus organogramas, incluam as métricas de desempenho-chave de cada função, ou seja, qual o principal resultado que cada função deve perseguir em sua atuação.

O organograma deve estar sempre atualizado, e deve-se assegurar de que seja funcional, adicionando ou cortando funções à medida que for necessário e identificando como se dá o funcionamento das unidades do negócio: quem é que coordena o marketing, as vendas; quem está nas operações; pesquisa de desenvolvimento; além das áreas financeira, jurídica, de recursos humanos e demais frentes particulares de cada empreendimento.

A DEFINIÇÃO DE PAPÉIS E RESPONSABILIDADES

A partir do planejamento de execução, o empresário tem que prever quem é o responsável por todas as ações a serem executadas e quando elas têm que ocorrer.

Este é um aspecto bastante ignorado por muitas empresas. Sem definir um responsável direto, muitas ações importantes ficam sem serem feitas porque "alguém pensou que fulano fosse tocar". É como aquele ditado popular: cachorro com dois donos morre de fome.

A definição de papéis e responsabilidades é um recurso para que todos se apropriem de suas funções, tenham autonomia e saibam exatamente o que a organização está esperando de sua entrega para cada período do planejamento.

A OTIMIZAÇÃO DO FLUXO DE CAIXA

Nas pequenas e médias empresas que acompanhamos, vemos que a otimização do fluxo de caixa é uma das maiores dores que encontramos. Muitas vezes, por estarem com os esforços concentrados apenas na realização de vendas, é comum encontrarmos um descasamento entre as entradas e saídas de caixa, gerando desorganização financeira.

Para simplificar, entenda que o fluxo de caixa é aquilo que paga as contas da empresa e garante que não apenas honraremos nossas responsabilidades como também teremos fôlego financeiro para remunerar o nosso esforço e risco como empresários.

Como já disse, o planejamento é baseado na nossa capacidade de antecipar cenários e atividades que, quando bem executadas, gerarão o resultado que esperamos. Otimizar o fluxo de caixa é aplicar essa mesma mentalidade em relação às entradas e saídas financeiras que assegurem a operação da empresa.

✖ ✖ ✖

Assim como planejar é uma coisa que melhoramos com a prática, executar o plano segue a mesma lógica. Por isso, não basta imaginarmos que faremos um planejamento uma única vez e nunca mais teremos que retomá-lo. Revisar se a execução está em linha com o planejamento estratégico, se a execução está respeitando os papéis, responsabilidades e prazos estabelecidos, bem como acompanhar se o fluxo de caixa está saudável para tudo o que planejamos realizar, é uma prática constante.

Por isso, nos próximos capítulos, aprofundaremos cada um desses aspectos considerando a prática do empresário e como fazer a gestão desse processo de alinhamento tão essencial.

Se eu fosse você,
não ignoraria essas ideias.
Quem sabe eu tenho razão?

CAPÍTULO 14

DESEJOS NÃO SÃO DECISÕES

Quando comecei a fazer consultorias com empresários, há vinte anos, sempre que perguntava aos meus clientes quais eram os seus objetivos, lembro que a reação deles era como se eu tivesse perguntado algo absurdo. Especialmente nas pequenas empresas, não sabiam como responder e pediam que eu explicasse: "Objetivos do quê?" Por exemplo, quanto é que eles queriam vender naquele ano? E respondiam: "O máximo possível." A isso, seguia perguntando: "Ok, mas quanto vai ser esse máximo? Cem mil? Um milhão? Dez milhões?" Para cada resposta, o empresário deve tomar decisões completamente diferentes em relação à operação.

Definir os objetivos com clareza é uma tarefa fundamental para assegurar que a empresa possa alcançar os resultados que lhe trarão mais lucro e fluxo de caixa. Neste capítulo, espero poder ajudar você nisso.

POR QUE DEFINIR OBJETIVOS?

No fantástico romance *Alice no País das Maravilhas*, de Lewis Carroll, há um momento em que Alice chega a uma bifurcação e não sabe qual dos dois caminhos há de tomar. Ela pergunta ao Gato de Cheshire qual dos caminhos deve tomar, e o gato devolve uma outra pergunta: "Para onde deseja ir?"

"Não sei, estou perdida", diz Alice. E o Gato diz: "Então qualquer um dos caminhos vai servir."[31]

---

31 CARROLL, L. **Alice no País das Maravilhas**. Itapevi: Darkside, 2019.

A história nos diz muito sobre a importância da definição dos nossos objetivos e o poder que eles têm sobre as nossas decisões. Para ilustrar, digamos que o caminho da esquerda leva à praia, e o da direita, às montanhas. Qual é o certo? Depende do que eu quero. Se eu gosto de praia e não gosto de montanha, a esquerda é o caminho certo. Se gosto de montanha e não tanto de praia, a direita é o melhor caminho para mim.

Por isso digo que a **qualidade das minhas escolhas depende da definição de um objetivo.** A escolha vai me aproximar ou me afastar do meu objetivo? Se eu não souber qual é o resultado que pretendo, não tenho nenhum critério adequado para tomar essa decisão. Tão simples quanto ir para a esquerda ou para a direita, como ir depressa ou devagar, como ir sozinho ou acompanhado, como ir de bicicleta, de carro, ou de avião ou a pé... Eu só consigo escolher o caminho, o transporte e a velocidade com a qual quero seguir depois de ter a resposta efetiva do destino que quero alcançar e quando.

OBJETIVO NÃO É DESEJO

Primeiramente, é importante entender que existe uma diferença enorme entre um desejo e um objetivo. Desejo é uma coisa que gostaria que, um dia, acontecesse, independentemente do meu esforço. Um exemplo simples: estou nas arquibancadas do estádio esperando que o time para o qual eu torço vença o campeonato. **Já um objetivo é algo que eu decidi que vai acontecer.** Usando o mesmo exemplo: sou um jogador e vou entrar em campo para que o meu time ganhe o campeonato.

Quando defino um objetivo para a minha empresa, no momento em que ele foi assumido, esse objetivo tem o poder de me transformar como pessoa. Não me interessa alternativa e não aceito nada além daquele resultado. Por consequência, tenho que ser uma pessoa diferente a partir desse momento, tenho que me tornar a pessoa que atinge aquele objetivo.

Essa mudança implica novos hábitos. Afinal, o que eu fazia antes não me gerou o resultado que tanto quero, então se tenho que fazer coisas diferentes, seguir um novo plano, preciso me tornar uma pessoa diferente. É como quando definimos um objetivo para nossa saúde. Digamos que você decida que vai correr uma maratona. Imediatamente terá que estabelecer uma nova rotina de treinos, alimentação, acompanhamento profissional. *Quando uma empresa assume um objetivo, esse objetivo transforma a empresa.*

Para isso, deve ser um objetivo que está fora da nossa zona de conforto. Algo que nos desafia a sermos melhores em nossa entrega.

O OBJETIVO DEVE AJUDAR A EMPRESA A CRESCER

Com essa mudança de hábitos e de mentalidade que a definição do objetivo nos impõe, ele se torna, portanto, o motor do crescimento da empresa. Se vendemos 1 milhão no ano passado e este ano nos propomos a vender 1,5 milhão, eu sei que, em janeiro, a minha equipe não está pronta para vender essa quantia. Então, como vou definir um objetivo que eu sei que a minha equipe ainda não está pronta a atingir?

Essa é a grande razão de existência do objetivo. Ele vai obrigar a minha equipe a melhorar, a minha empresa a melhorar, para se tornar o tipo de empresa que fatura 1,5 milhão.

O objetivo vai nos obrigar a nos tornarmos muito melhores no atendimento aos nossos clientes, a vender muito mais, a ter um marketing mais eficaz e a desenvolver competências que talvez não tivéssemos antes.

Ou seja, o objetivo cria uma pressão positiva para melhorarmos ao longo do ano, trimestre a trimestre, ajudando a empresa no seu crescimento, não apenas em volume de vendas, mas também em qualidade.

O OBJETIVO DEVE SER DEFINIDO DA FORMA CORRETA

Como já disse, o objetivo é diferente de um mero desejo. Ele, além de se situar fora da zona de conforto, precisa ser muito bem estruturado para que possa ser alcançado. Defino quatro aspectos essenciais para a elaboração de um objetivo com o qual a empresa possa se comprometer: *um fator numérico específico; prazo para ser alcançado; ser desafiador o bastante para nos tirar da zona de conforto; e ser inegociável.*

COMO DEFINIR UM OBJETIVO

1. **Tenha um fator numérico específico.**

   Se o objetivo não for quantificado, se for vago como "aumentar as vendas" ou "fazer mais transações", será algo que apenas nos ilude acerca do controle que temos sobre essa variável.

   Simplesmente cravar um objetivo como "aumentar as vendas" ou "aumentar o lucro" não ajuda a organização porque não sabemos quando a meta foi alcançada. Precisamos de um número, como: "Vamos faturar 1,5 milhão". Ter esse número é fundamental para sabermos quando alcançamos a meta — e se ela realmente foi desafiadora ou não para termos um novo poder de análise quando formos definir a meta seguinte.

2. **Determine o prazo para ser alcançado.**

   Além da métrica numérica que queremos alcançar, é fundamental determinar o prazo para se chegar a esse objetivo. Um bom objetivo, quando organizado dentro do planejamento, obriga o time a ter metas claras para cada semana, mês, período determinado entre o início da execução e o prazo final.

   O objetivo de 1,5 milhão de faturamento tem que acontecer até, por exemplo, o dia 31 de dezembro deste ano. Se não houver um limite no tempo, o objetivo vai sendo empurrado com a barriga.

   Mas, como ficou claro, objetivos e prazos não devem ser definidos somente de forma anual. Nós o fazemos por conveniência, pois é comum nos organizarmos dessa maneira na hora das análises finais, mas é um prazo muito distante para uma execução consistente. Para atingirmos 1,5 milhão de faturamento até o fim do ano, há uma série de metas e prazos associados que devem ser atingidos a cada trimestre, a cada mês, a cada semana e a cada dia. E cada uma dessas metas nos coloca um passo mais próximo de nos tornarmos a empresa que vai atingir aquele objetivo financeiro.

3. **Determine um objetivo desafiador o bastante para tirar a todos da zona de conforto.**

   Qual o sentido em planejar tendo em mente resultados que já sabemos ser capazes de atingir? Isso gera apenas uma zona de conforto, sob o álibi de estar sendo "realista". Nesses momentos, gosto de me lembrar de um ditado que citamos bastante em Portugal: "Nenhum risco corre o navio que estiver no porto." No entanto, os navios não foram feitos para estar no porto. Nas empresas é mais ou menos a mesma coisa: se não nos propusermos a realizar nada que seja desafiador e que, sim, tenha algum risco de não conseguirmos cumprir, qual o sentido dessa jornada? O que estamos fazendo parados no porto?

   As grandes realizações da humanidade foram todas feitas por pessoas que se propuseram a fazer coisas que os demais não achavam ser possíveis.

4. **Tenha certeza de que é algo inegociável.**

   Devemos estar dispostos a concentrar todos os nossos recursos e ativar toda a nossa urgência na tarefa de alcançar o objetivo. Se não estamos dispostos a dar tudo o que temos em favor dessa meta, não é algo que valha a pena.

   Quando digo que o objetivo deve ser inegociável é porque deve ser algo que não aceitamos não atingir. Vamos usar todos os nossos recursos, testar tudo o que for possível, esgotar todas as chances antes de desistir dele.

   A primeira vez que alguém me disse isso, tinha 28 anos. Minha filha tinha acabado de nascer e eu trabalhava num banco. Era responsável pela zona sul do private banking da empresa, e fui chamado para uma reunião com o novo diretor de marketing, um homem uns 20 anos mais velho do que eu. Na reunião, ele informou o que acreditava que deveríamos alcançar, nos três meses seguintes, um número três ou quatro vezes maior do que a média que realizávamos. Olhei nos olhos dele e disse: "Você é louco." Nós não nos conhecíamos muito bem ainda, mas com uma pergunta ele mudou totalmente a minha perspectiva: "Ouça, se a vida da sua filha dependesse de nós atingirmos este objetivo, eu continuaria sendo louco?"

A provocação que ele me fez se tornou uma lição que nunca mais esqueci. Esse diretor foi capaz de me mostrar que o problema não era o número que ele tinha colocado. O problema era a minha disponibilidade para sair da minha zona de conforto, minha indisponibilidade de fazer o que tinha que ser feito. Afinal, nem sequer me dei tempo de pensar se aquela era uma meta possível ou não. Minha reação imediata foi resistir.

Então, quando tento explicar às pessoas o que significa "inegociável", gosto de contar esta história porque todos nós sabemos a resposta: se a vida de um filho estiver envolvida, nós fazemos o que tiver que ser feito para atingir o inatingível, porque a alternativa é absolutamente inaceitável.

VISÃO ESTRATÉGICA

Utilizei, até agora, um exemplo anual (1,5 milhão de faturamento), para que você compreendesse bem o que quero dizer com a definição de objetivos. Mas, como empresários, não podemos nos limitar a pensar apenas no ano seguinte. Se quisermos que nossa empresa cresça de forma sustentável, é necessário pensar muito além dos próximos 12 meses. É necessário ter uma visão atemporal da empresa. Precisamos saber: a empresa nasceu para fazer o quê? Para ser o quê?

Essa visão deve ser algo que mobilize, que inspire todos os que fazem parte da empresa. Daqui a 100 anos, se a empresa existir, a visão continuará a fazer sentido. E, partindo da visão, definimos objetivos estratégicos para daqui cinco anos, para daqui três anos, e só depois para o ano seguinte, para o trimestre, para o mês, para a semana e para o dia de amanhã. Nossos objetivos não podem se afastar dessa visão longeva, mas, sim, nos levar sempre mais próximos de atingi-la, custe o que custar.

Quando definimos um objetivo, traçamos uma visão de que nos tornaremos a empresa e, portanto, os profissionais que são capazes de realizar aquilo. Assumimos uma postura de busca por alavancagem para sermos ainda melhores naquilo que fazemos. E ser melhor todos os dias é algo com que todos os grandes líderes e profissionais se preocupam.

Se eu fosse você, não ignoraria essas ideias. Quem sabe eu tenho razão?

CAPÍTULO 15

PLANEJE A EXECUÇÃO E EXECUTE O PLANO

Eu sempre bato na tecla de que existe um grande número de empresas que não se dedica ao planejamento ou torna o planejamento tão complexo e distante que não se transforma em planos de execução.

Diversos estudos já comprovaram que o plano de negócios aumenta as taxas de performance das empresas. Um estudo publicado na *Harvard Business Review*, em 2017, analisou o desempenho de mais de mil empreendedores entre os anos de 2005 e 2011 comparando as diferenças entre aqueles que se dedicaram ao planejamento de maneira estruturada e aqueles que não. O estudo se preocupou em levantar uma amostragem com características idênticas, à exceção da construção ou não do planejamento estratégico, a única diferença relevante entre os empreendedores. Depois de analisar todos os dados, concluíram que empreendedores que escrevem planos formais têm 16% mais chances de viabilizar seus objetivos do que aqueles que não planejam[32]. Trazendo essa realidade para o Brasil, um levantamento feito em 2022 com uma amostra de quase 1.700 negócios apontou que 60% das empresas não alcançaram suas metas de vendas — para os pesquisadores, um resultado que reflete o mau planejamento.[33]

---

32 GREENE, F. J.; HOPP, C. Writing a Business Plan Makes Your Startup More Likely to Succeed. **Harvard Business Review**. Boston, 14 fev. 2017. Disponível em: *https://hbr.org/2017/07/research-writing-a-business-plan-makes-your-startup-more-likely-to-succeed*. Acesso em: dez. 2022.

33 60% das empresas brasileiras não batem meta de vendas para 2022. **Correio Braziliense**. Brasília, 05 set. 2022. Disponível em: *https://www.correiobraziliense.com.br/economia/2022/09/5034470-60-das-empresas-brasileiras-nao-batem-meta-de-vendas-para-2022.html*. Acesso em: dez. 2022.

Mas, para que o plano seja executável, existe uma série de fatores que precisam ser assegurados. São eles: clareza do objetivo, compreensão da situação atual do negócio, antecipação dos obstáculos e atividades necessárias, análise do ambiente externo e concorrência, e alocação estratégica de recursos.

CLAREZA DO OBJETIVO

Como vimos no capítulo anterior, a definição do objetivo é fundamental. Quanto maior a capacidade do empresário de definir em detalhes o resultado desejado, maior a probabilidade de o time alcançá-lo. É como ir a uma reunião de negócios: uma coisa é eu definir que quero ir para a Avenida Faria Lima, em São Paulo, capital; outra é dizer que quero marcar um almoço com você na Avenida Faria Lima, 4.150, às 13h30. O nível de especificidade me ajuda a localizar exatamente aonde quero chegar. É o ponto Z, como gosto de chamar.

COMPREENDER A SITUAÇÃO ATUAL

Nem sempre é fácil, mas, ao começar a construir um plano, é necessário compreender, com a máxima honestidade possível, em que momento a empresa está. E por que é que eu digo que nem sempre é fácil? Porque nós, empresários, tendemos a não querer dizer a verdade sobre o que está acontecendo. Nós tendemos a olhar para a nossa situação com lentes otimistas demais, que acabam distorcendo um pouco a realidade. E é importante que eu tenha a coragem de identificar, na minha empresa, o que está indo bem e o que não está.

É preciso fazer um diagnóstico objetivo da empresa, considerando todas as métricas financeiras, o fluxo de caixa e a performance para definir exatamente o ponto A, o ponto de partida para chegar ao ponto Z.

IDENTIFICAR OS OBSTÁCULOS ESPERADOS PARA O CAMINHO

Os obstáculos podem surgir de inúmeras direções. Podem estar relacionados a variáveis que não controlamos, como a economia, mudanças legislativas e até mesmo deficiências na estrutura da empresa que até então ignorávamos. No entanto, sempre há os obstáculos previstos, vulnerabilidades que já conhecemos e para os quais devemos ter uma proteção reforçada, a fim de que não nos impeçam de avançar.

Ao identificar esses pontos, é possível traçar um plano para lidarmos com eles e, assim, poderão ser parte do tema trimestral, que vimos no capítulo anterior, para que a resolução aconteça respeitando o nível de prioridade que cada obstáculo deve receber.

ANTECIPAR AS ATIVIDADES NECESSÁRIAS PARA CHEGAR AO OBJETIVO

Já falamos sobre isso anteriormente, mas quero reforçar a importância de identificar e organizar, da melhor forma que você e o time conseguirem, as atividades que precisam ser realizadas para atingir o resultado previsto.

Uma atividade pode ter várias tarefas alocadas, mas, acima de tudo, ela prevê o que tem que ser feito, quem é que tem que fazer o quê, de que forma, quando, em qual quantidade e com qual nível de qualidade. E todas elas devem nos levar em direção ao ponto Z.

Mas, como já disse em capítulos anteriores, o ponto Z depende de uma boa definição do objetivo, do resultado esperado. E uma boa definição de objetivos, normalmente, nos leva a buscar resultados que nunca atingimos antes, que estão fora da nossa zona de conforto, que nos fazem trilhar caminhos inéditos. Então, essa definição de atividades também é algo novo, e requer muita pesquisa e amadurecimento na hora de identificá-las e organizá-las. Por isso, o acompanhamento da execução é tão importante: ele nos permite alinhar, inclusive, tarefas que não previamos ou que demandaram um nível de esforço diferente do planejado.

CONHECER O AMBIENTE

Quando pensamos no plano para a nossa empresa, é importante conhecermos o mercado em que vamos atuar, a legislação, os ciclos da economia do país em que atuamos, além de entendermos as características específicas do nosso negócio, como sazonalidade de fornecedores e de clientes.

Ou seja, quanto maior conhecimento eu tiver do ambiente à minha volta na hora de estruturar meu plano tático, maior será a minha capacidade de executá-lo.

CONHECER BEM A CONCORRÊNCIA

Nunca estamos sozinhos no nosso nicho de mercado. Sempre haverá outros que estão em busca dos mesmos clientes que as nossas empresas querem atender.

Já falamos que os negócios são um jogo intelectual, como o xadrez, então as minhas jogadas são melhores ou piores dependendo das jogadas da concorrência e de como eu sei adaptar minha estratégia a elas. Mas não posso me tornar alguém que apenas reage às decisões da concorrência, por isso é importante conhecer quem são meus concorrentes, saber quais são nossos diferenciais e o que estão fazendo igual ou diferente de mim.

Isso nos ajuda não só a nos preparar para possíveis obstáculos, mas também nos faz dividir com eles o custo da inovação. É o tal do *benchmarking*, a busca das eficiências que a concorrência consegue obter e a aplicação delas na minha empresa. Da mesma forma, a concorrência estará de olho no que estamos fazendo, travando uma luta constante conosco.

DETERMINAR COMO SERÁ FEITA A ALOCAÇÃO DE RECURSOS

Quando falamos da alocação de recursos, estamos falando, essencialmente, de **pessoas, tempo e dinheiro.** Ou seja: como é que nós vamos organizar as pessoas, as horas-trabalho delas, os prazos de execução e de entrega e o orçamento que vai dar conta da execução desse plano?

Quanto precisa ser investido para produzir o quê e de que maneira? Sem uma definição clara, nosso plano ou não sai do lugar ou não vai muito longe, pois qualquer dinheiro mal investido acaba rápido.

LIGANDO O PLANO À EXECUÇÃO

Agora que temos todos os aspectos essenciais para tornar um plano executável, é hora de pensar como ir para a ação.

Basicamente, são três perguntas que precisam ser respondidas e cobradas:

1. Quem?
2. Como?
3. Quando?

Ou seja, não basta definir o que precisa de ser feito, mas também como isso precisa de ser feito, quem fará o quê e quando deverá ser feito.

QUEM?

Um ponto importante na definição desse plano é quem vai fazer o quê. Temos que ter consciência das competências dos nossos colaboradores na hora de lhes delegar as tarefas, separando-as de acordo com as suas funções e capacidades, pensando em quem pode trabalhar em conjunto para criar algo maior. Por exemplo, não vou passar tarefas do marketing para o financeiro ou vice-versa; cada um tem a sua responsabilidade, e eles podem se ajudar em pontos de intersecção, como nas propostas e aprovação de orçamentos para uma nova campanha.

COMO?

Após definirmos o nosso plano, separar as tarefas e delegá-las aos nossos colaboradores, é preciso dar-lhes, também, uma estratégia, o "como". Como é que queremos que aquilo seja executado? Qual o resultado esperado? E qual a importância desse resultado para todos os envolvidos?

É importante que cada um saiba exatamente como o seu trabalho irá se relacionar e afetar o objetivo que queremos atingir, para que consigam se envolver com as suas tarefas. Caso contrário, corremos o risco de alienar os nossos colaboradores, entregando-lhes tarefas que eles não entendem para que servem nem como afetarão o futuro da empresa e, assim, virem apertadores de parafusos, como no filme *Tempos Modernos*, de Charles Chaplin.

QUANDO?

Este é um dos erros típicos dos empresários — e também é um dos meus maiores erros. Com frequência, me esqueço de deixar claro às pessoas quando é que a tarefa que lhes dei tem que estar pronta. Mas isso deve estar claro desde o princípio: quem vai fazer a tarefa e como, e ela tem que estar pronta no dia X, na hora Y. Assim, a pessoa responsável consegue também se organizar para conseguir entregá-la no prazo estipulado.

Não posso, por exemplo, chegar com uma tarefa urgente que precisa ser realizada em, no máximo, duas horas, e não avisar dessa urgência. Dificilmente terei o que preciso, pois a pessoa já estará trabalhando em outra coisa e não terá informação suficiente para inverter a prioridade.

✖ ✖ ✖

Atentar-se a todos esses pontos é o que torna um plano consistente e executável, pois garantimos não só a análise dentro do negócio, mas também de todo o ecossistema e o que nos impacta de maneira global.

Ao ter isso, não é que seu plano será infalível, mas será muito robusto para que, inclusive, seja capaz de antecipar necessidades de mudança quando for necessário.

E todo esse mapeamento, como disse em outros momentos, precisa ter indicadores numéricos para que você seja capaz de avaliar o progresso do seu planejamento. Vamos nos aprofundar exatamente neles no próximo capítulo.

Se eu fosse você,
não ignoraria essas ideias.
Quem sabe eu tenho razão?

CAPÍTULO 16

O QUE É MEDIDO É FEITO E CONTROLADO

Tenho dedicado os últimos capítulos a falar somente sobre o planejamento porque acredito que o hábito de planejar é a base de todo o trabalho que se faz numa empresa. **Um empresário que não planeja tem a sua rotina presa no operacional e acaba vivendo em regime de reatividade.** Ele não dirige a empresa, é dirigido por aquilo que acontece. E quantos de nós já não nos sentimos assim por mais tempo do que gostaríamos, não é mesmo?

Enquanto isso, alguém que planeja é como aquela pessoa que chega antes a um compromisso, alguém que prevê e controla uma parte importante daquilo que deve acontecer. É óbvio que não chegaremos ao ponto de controlar tudo, isso não existe, mas queremos controlar pelo menos 80% daquilo que acontece com a nossa empresa. Se 80% dos ventos e das marés forem previsíveis, o que de fato for imprevisível será apenas uma pequena parte da nossa rotina.

Para que essa capacidade de controle seja possível, porém, é preciso ter marcadores entre o ponto A e o ponto Z, ou seja, entre o ponto de partida e a chegada ao objetivo. Esses marcadores são os indicadores que nos servem como referência para acompanharmos o progresso da empresa e identificar pontos nos quais podemos melhorar a performance.

Na Fórmula 1, por exemplo, o sistema de controle do carro é extremamente importante para garantir que o piloto tenha a melhor performance possível. Isso inclui informações sobre a velocidade do carro, a temperatura do motor, o desgaste dos pneus e a quantidade de combustível que resta no tanque. A equipe usa todos esses dados para determinar estratégias de pit stop e analisar como a própria estratégia de corrida do piloto pode ser melhorada para que ele chegue ao seu ponto Z, uma posição de destaque no ranking.

No nosso caso, a empresa é como o carro, que precisa de todos esses indicadores para que nós, como pilotos, façamos todos os ajustes para que o negócio tenha um desempenho preciso.

Acredito que a **gestão é a capacidade de gerarmos informação sobre aquilo que está acontecendo dentro da empresa, de acompanhar o que acontece diariamente e transformar esses dados em informação.**

Preciso saber qual é o padrão de ações que geram o resultado da equipe de vendas: quantos contatos a minha equipe faz e qual a taxa de conversão desses contatos em reuniões; dessas reuniões, qual a taxa de conversão em propostas; dessas propostas, quantas transações conseguem fechar; e das propostas fechadas, qual o valor de cada uma. A partir do momento em que começo a gerar essas informações, começo a visualizar quais são as alavancas que poderão aumentar a eficiência desse fluxo e, no fim, gerar mais vendas com margens melhores.

OS NÚMEROS IMPORTAM

Infelizmente, muita gente é ensinada a ter aversão a números. Não sei se isso tem a ver com a forma como a matemática é ensinada nas escolas, mas os números são essenciais para o trabalho do gestor. E mesmo que, como eu, você nunca tenha sido um aluno exemplar nas disciplinas de exatas, quero lhe trazer algum alívio, porque a matemática relacionada com a gestão das empresas é muito simples. São necessárias, basicamente, as quatro operações fundamentais: somar, subtrair, dividir, multiplicar.

Dominar essas quatro operações lhe permite ter uma visão muito mais apurada de como está a operação da sua empresa e, mais do que isso, facilita o seu processo de tomar decisões e fazer escolhas.

Meu amigo Gavin Bassett, business coach australiano com quem trabalhei durante cinco anos, dizia que "se nós nos apaixonamos pelos números, eles se apaixonam de volta por nós". *Quando começo a cuidar dos números como se fossem um jardim, eles tendem a florescer.* Qualquer jardim que não é cuidado não floresce, então os números, dentro da nossa empresa, são o jardim ao qual temos que nos dedicar. Veja, priorizar os números não significa que, como líder, terá uma atuação menos humana. Ao contrário, você poderá direcionar melhor os esforços de todos porque conseguirá ver o que está acontecendo objetivamente.

Agora que estamos falando da execução do plano propriamente dita, é necessário entrarmos em alguns aspectos importantes e que são quase sempre esquecidos: o plano deve prever os padrões de desempenho. Ou seja, quando vamos executar o plano, não esperamos apenas o cumprimento de tarefas. Esperamos, também, um padrão de qualidade, um padrão de desempenho no cumprimento dessa tarefa. Por exemplo, é totalmente diferente eu pedir a um vendedor que faça dez chamadas por dia, do que lhe pedir que faça dez chamadas por dia com 20% de taxa de conversão. Ou seja, não é apenas a identificação da quantidade de ações que precisam ser realizadas; há um padrão de desempenho e uma qualidade que devem ser exigidos e devem estar claros para quem vai desempenhar essa atividade.

Dez chamadas por dia, qualquer um faz. Fazer dez chamadas por dia marcando duas reuniões já exige um certo conhecimento de execução de estratégia. E não quero que alguém me diga: "Fiz dez chamadas, os clientes disseram que não." Não, não, não. Eu espero duas reuniões dessas dez chamadas. Posso até dar os mesmos leads e os mesmos roteiros para dois vendedores, e, no fim do dia, um marcou as reuniões e o outro não marcou nenhuma. A partir daí, posso avaliar como cada um trabalhou, qual foi o padrão de desempenho, de envolvimento com a tarefa, quais os aprendizados que aquele que teve melhor resultado pode compartilhar com o que teve menos e assim por diante.

Para isso, os indicadores nos ajudam a medir os padrões que esperamos dessas tarefas. Se exijo um determinado padrão de desempenho, é essencial que ajude o meu colaborador com uma métrica, uma forma de medir este desempenho, que o faça saber objetivamente o que é esperado dele e se ele está conseguindo alcançar. Então, se peço os tais 20% de taxa de conversão das chamadas telefônicas, ele já sabe exatamente quantas chamadas precisa fazer num dia e quantas delas devem resultar em reuniões marcadas. Mais ainda, vai entender também as outras as métricas que terá que gerar nos próximos passos. Por exemplo, depois das reuniões feitas, quantas propostas vai ter que apresentar, quantas transações terá que fazer e qual o valor de cada transação?

OS INDICADORES ESSENCIAIS

Em gestão, nós teremos dois grupos de indicadores: os marcadores de KPIs, que é a terminologia em inglês para *Key Performance Indicators*, os indicadores-chave de desempenho; e os KRIs, do inglês *Key Results Indicators* ou, em português, indicadores-chave de resultado.

São números críticos que me ajudam a perceber se estou realizando minhas atribuições na quantidade e na qualidade esperadas. O plano precisa ter essas métricas, porque, no momento da execução, sabemos se o esforço das pessoas está de acordo com o nível que traçamos. Sem isso, é como se estivéssemos jogando um jogo sem olhar para o placar: como saberemos se estamos ganhando ou perdendo?

Os KPIs são indicadores de atividade, como quantos telefonemas alguém faz, quantas peças de comunicação são disparadas, quantos anúncios nas redes sociais são feitos etc., dentro de um período de tempo determinado, seja diariamente, semanalmente, mensalmente e assim por diante. Os KRIs são o resultado de todas as atividades realizadas. Portanto, são indicadores conectados por uma relação de causa e efeito.

Nos exemplos que citei, podemos considerar que o valor médio de cada transação, as reuniões agendadas e o crescimento da audiência são KRIs.

O acompanhamento dos indicadores nos ajuda a prestar atenção naquilo que é importante, desde o momento em que decidimos o que será medido. Ou seja, medir nos obriga a procurar as variáveis críticas ao nosso objetivo e verificar como elas se apresentam no trabalho da equipe. E simplesmente prestar atenção nesses indicadores já gera aumento na performance, porque a equipe toda atua de maneira concentrada naquele determinado foco.

Essa análise nos afasta de fatores acessórios, ou seja, que distraem a operação do que é mais importante, e torna o esforço mais produtivo e eficiente.

Por exemplo, digamos que a área comercial da minha empresa não esteja vendendo bem, e, em especial, um dos vendedores tenha uma performance abaixo do restante da equipe. Sei que ele é dedicado, mas não vende. Será que ele desempenharia melhor em outra área? Será que o problema está na carteira de clientes que ele recebeu? Ou, talvez, precise de treinamento? Sem medir os indicadores certos para o trabalho dele, não posso responder a nenhuma dessas perguntas.

Mas tenho, sim, todas as métricas importantes e vou analisá-las com ele. Descubro então que ele faz muitas reuniões e apresenta diversas propostas. O problema se torna nítido: é o fechamento que está tendo algum bloqueio. A partir disso, posso ajudá-lo a melhorar nesta etapa do fluxo de vendas, porque ficou claro que ele é eficiente e que está avançando com os potenciais clientes, só precisa de ajuda em um ponto específico.

É por isso que digo que os números importam. Porque nos permitem entender onde há eficiências e ineficiências e, por consequência, nos permitem descobrir os pontos que precisam de alavancagem. Mais importante, a medição não nos permite mentir. Ela nos mostra a verdade e quebra todos os álibis que criamos para justificar por que as coisas não vão bem.

COMO FAZER O ACOMPANHAMENTO DOS INDICADORES

Ok, você já entendeu que os indicadores importam muito, mas como fazer a gestão deles no dia a dia da empresa? O empresário deve se atentar para seis fatores:

1º FATOR: DEFINIR O PADRÃO ESPERADO

Definir o padrão é estabelecer um parâmetro de referência. Por exemplo, uma coisa é dizer que vou medir o meu peso, outra é dizer que o meu peso deve ser 75 quilos. Diariamente, subirei na balança com a clareza de que quero pesar 75 quilos.

Talvez, no início, não esteja nos 75; talvez esteja nos 85, mas sei que há um padrão a ser atingido, e é isso que será medido até que o indicador chegue nesse nível. Na empresa, pode ser o número de contatos semanais a serem realizados, o número de vendas, a quantidade de produtos que devem ser desenvolvidos, o valor de despesas com insumos etc. Para cada área e função da empresa, haverá indicadores específicos que devem ser priorizados porque são o que determina o resultado final.

2º FATOR: APURAR OS DESVIOS DO PADRÃO

Sempre que estamos mensurando algo, nos depararemos com desvios. É impossível que algo siga igual todos os dias, quem dirá todos os meses. Nem o céu é o mesmo todo dia. Mas é importante que o empresário acompanhe esses desvios e analise-os em comparação ao valor de referência que foi estabelecido para o indicador.

É importante fazer a comparação para saber se está havendo melhora ou piora na performance, e só podemos descobrir isso comparando a um padrão determinado.

3º FATOR: PROCURAR TENDÊNCIAS

A análise numérica, em suma, é a análise de tendências. Esses desvios se organizam sempre em tendências, de crescimento ou queda. Voltando ao exemplo do peso, digamos que estou com 85 quilos, um número muito acima dos 75 que desejo. No entanto, quando comecei a trabalhar por este objetivo, estava com 120 quilos, então 85 não é tão ruim. Ainda não é o número que eu desejo, mas é a tendência que eu quero.

Quando estamos analisando os números dos indicadores, sempre estamos em busca dessas tendências. Onde há tendências de crescimento em direção ao nosso objetivo, traçaremos ações para que a tendência permaneça. Onde há tendências de piora, que nos distanciam do objetivo, queremos travá-las imediatamente.

4º FATOR: MEDIR AS COISAS CERTAS

__É sempre bom repetir que o importante não é medir o máximo de coisas possíveis, mas, sim, medir as coisas certas.__ Quais são as coisas que, depois de medidas, vão me dar o melhor tipo de informação e melhorar minha capacidade de tomar decisões? Essa é a pergunta que o empresário e o líder devem se fazer.

Adoraria poder, aqui, lhe dar uma lista dessas variáveis essenciais que trarão resultados impactantes para sua empresa. Mas a verdade é que apenas o empresário, olhando para a própria empresa, para o próprio nicho de mercado e para a equipe, é quem consegue enxergar quais são as variáveis que lhe dão mais informações sobre o que está acontecendo com o seu negócio para que possa tomar decisões igualmente fundamentais.

5º FATOR: DETERMINAR A FREQUÊNCIA CERTA DO ACOMPANHAMENTO

A frequência com que se medem os indicadores é tão importante quanto o que se mede. Há coisas nas empresas que queremos medir todos os dias, outras semanalmente e outras, ainda, apenas mensalmente.

Por exemplo, digamos que, em relação à área comercial da minha empresa, eu queira ver diariamente quantos contatos, visitas e propostas foram realizados. No entanto, se sei que o tempo médio entre a proposta e o fechamento da vida é de duas semanas, posso optar por ver o saldo final de propostas aprovadas uma vez por mês.

Cada indicador possui a própria frequência de acompanhamento, e esses indicadores variam de negócio para negócio. A única coisa que eles possuem de igual é o fato de serem números que indicam a produtividade da equipe.

6º FATOR: REALIZAR PRESTAÇÃO DE CONTAS E FEEDBACK

Além dos números, o acompanhamento dos indicadores deve ter um processo de prestação de contas. Quando nós medimos, é importante ter aquilo que chamo de *conversas críticas com a equipe*. Temos que conversar sobre os padrões de desempenho, sobre o que estava planejado e o que foi executado, sobre o que toleramos ou não na nossa empresa e o que pode ser melhorado.

Temos que mostrar às pessoas quando elas estão fora do padrão e fora da previsão, para que elas saibam o que fazer. Para mim, é determinante ter consistência nos encontros de feedback com a equipe para ajudar os colaboradores a crescerem, se manterem engajados na empresa e gerando valor para o negócio.

Além disso, é muito importante definir quem é que vai medir e registrar os resultados dos indicadores. Parte dos empresários pensa que o responsável por medir os indicadores é a pessoa a quem a tarefa foi entregue, mas nem sempre é assim.

A prestação de contas se organiza junto da hierarquia no organograma. Especialmente em empresas maiores, não vou, por exemplo, pedir uma prestação de contas individualmente a cada técnico de marketing. Falarei diretamente com o diretor de marketing. Então o plano tem que ter isto claro: quem é o responsável por apresentar o resultado daquela tarefa? Assim, garantimos que nada se perca pelo caminho.

✖ ✖ ✖

Para mim, gestão é justamente interpretar o que está acontecendo e fazer escolhas com base na sua capacidade de interpretação. Quando começamos a medir alguns indicadores, podemos descobrir que é possível chegar ao ponto Z de uma maneira muito mais rápida e eficiente do que nossa visão inicial. E, conforme o uso das métricas se torna algo constante na empresa, é possível também que surja a necessidade de incluir outras métricas. Por isso, é importante dizer que estes são processos em constante evolução.

Levar tudo isso em consideração, juntamente com os aspectos mais importantes na elaboração de um plano executável, aumenta a probabilidade de toda a equipe alcançar os objetivos da organização.

E essa probabilidade aumenta quando, na hora de determinar tanto o plano quanto os indicadores, envolvemos a equipe para que a definição do objetivo seja uma construção coletiva. É claro que o líder acompanhará, orientará e terá voz de decisão ao longo de toda a jornada em direção ao objetivo, mas é importante que todos na companhia se sintam igualmente responsáveis por buscar aquele resultado. Afinal, **o resultado é a consequência das ações e do envolvimento de todos.**

Se eu fosse você, não ignoraria essas ideias. Quem sabe eu tenho razão?

CAPÍTULO 17

SE NÃO SABE LER O RESULTADO, COMO PODE JOGAR O JOGO?

Em capítulos anteriores, já abordei o papel essencial que o domínio das questões financeiras tem na rotina dos empresários. E, como vimos, a sustentabilidade de uma empresa está intrinsecamente ligada ao seu potencial de geração de lucro e fluxo de caixa. Warren Buffett diz que as finanças são a linguagem dos negócios.

É através das finanças que sabemos o que está acontecendo dentro da nossa empresa, da mesma forma que exames de sangue nos dizem o que está acontecendo dentro do nosso corpo. A contabilidade, assim como os exames de sangue, nos dá marcadores para acompanhar, os quais precisamos ler e interpretar, pois são eles que nos mostram o resultado da empresa.

Por exemplo, imaginemos que vamos a um novo médico por conta de um incômodo no peito, e ele nos pede alguns exames. Depois, quando retornamos com os resultados, ele olha para os números e diz: "O seu nível de triglicerídeos é X, a sua pulsação em repouso é Y, a sua tensão arterial é Z. Não sei muito bem o que isto quer dizer, mas o senhor parece estar bem, não deve ser nada". É claro que nunca mais voltaremos lá e procuraremos outro médico, pois este simplesmente não nos transmite segurança, não nos dá um diagnóstico ou orientação clara sobre o que precisamos fazer!

No entanto, muitos de nós, como empresários, estamos fazendo exatamente isso: não estamos lendo os resultados ou, se estamos lendo, não estamos entendendo o que eles nos dizem. É por isso que a grande maioria das empresas morre antes de completar os primeiros dez anos de existência no mercado.

Precisamos acompanhar e entender os marcadores financeiros se quisermos jogar o jogo dos negócios.

Imagine que chegamos dez minutos atrasados ao estádio para assistir a uma partida de futebol do nosso time. Qual é a primeira coisa que fazemos? Perguntamos como está o resultado do jogo. Porque sabemos que não faz sentido nenhum acompanhar o jogo se não soubermos quantos pontos cada equipe está fazendo. Vamos ver o jogo sem saber se os lances e as estratégias tomadas dentro do campo estão ligados a um resultado mais acirrado ou com um time desempenhando em larga vantagem?

Imagine, por exemplo, que chegamos atrasados nesses 10 primeiros minutos, no entanto não perguntamos pelo resultado e, aos 25 minutos do primeiro tempo, o nosso time faz um gol. Vamos comemorar, é claro. Imagine, também, que não sai mais nenhum gol até o fim da partida, para nenhum dos dois lados. Vamos sair do estádio achando que nosso time saiu vitorioso, sem saber que, naqueles 10 primeiros minutos que perdemos, levamos 3 gols. Todos estarão cabisbaixos na saída do estádio e poderão até se incomodar com o bufão que comemora sozinho. Não queremos ser essa pessoa.

Pior ainda seria se fôssemos o técnico da equipe e não olhássemos o resultado durante os 90 minutos. Como é que poderíamos saber que decisões tomar para vencer a partida? Como saberíamos, ao fim, se ganhamos ou perdemos? Certamente pelas vaias dos torcedores, mas isso não é o que queremos ouvir.

Para dar um exemplo ainda mais drástico: imagine entrar em um avião que está com todos os manômetros quebrados. A probabilidade de o piloto sair de rota é altíssima, e existe o risco de dar de cara com uma montanha e levar todos os passageiros junto.

Nossas empresas não podem ficar ao sabor do vento. Como líderes, precisamos desenvolver a capacidade de saber exatamente o que está acontecendo com a nossa empresa e o que é preciso fazer para que o negócio progrida na economia em que está inserido. Neste capítulo, tentarei lhe dar uma imagem clara de como a análise financeira se encontra no centro da nossa atuação.

DECISÕES, DECISÕES, DECISÕES

Já sabemos que o papel principal do empresário é o de tomar decisões, fazer escolhas. Mas qual o objetivo dessas escolhas? Impactar positivamente as atividades desempenhadas na empresa pela equipe, na interação com os clientes, fornecedores e acionistas.

A execução gera o resultado.

O líder e empresário deve, então, analisar esses resultados, que são consequência das decisões tomadas no início, e rever o que precisa ser ajustado para que, na próxima rodada, os resultados sejam melhores.

E onde entra a análise financeira nesse fluxo? **As finanças servem para nos dar pistas e nos mostrar se, no jogo dos negócios, estamos ganhando ou perdendo**. A análise financeira nos permite entender se as decisões que tomamos estão nos aproximando ou afastando do objetivo que traçamos.

Já falamos anteriormente da estatística relativa à durabilidade das empresas de que 96% das empresas fecham após 10 anos. A economia tende a crescer e retrair em ciclos de aproximadamente 10 anos, e às vezes as empresas que duram essa década o fazem porque pegam o início de um ciclo de crescimento da economia. Estão pegando a maré enchendo, por assim dizer. E, quando a maré sobe, todos os barcos que estão dentro da água sobem também. O mesmo acontece quando a maré desce: os barcos descem junto. Todavia, os nossos negócios não podem depender da maré.

Quando a economia entra em recessão, todas as ineficiências da empresa aparecem, como as cracas que vemos nas vigas do porto. É nesse ponto que desaparecem do mercado as empresas que não conseguiram desenvolver padrões de qualidade quando a maré estava cheia. Por outro lado, as empresas que sobrevivem devido à sua qualidade, e não pela altura da água, são favorecidas, herdando os clientes das empresas que não se aguentam.

Ao analisar os números objetivamente, o empresário pode refletir sobre como desenvolver os padrões de qualidade, acrescentar valor à sua proposta, ao mercado, aos clientes, como pode cometer menos erros e eliminar ineficiências não apenas no nível da rentabilidade e da geração de fluxo de caixa, mas também nos níveis estratégico e operacional. Para isso, a análise financeira é essencial, e veremos a seguir como fazê-la de um jeito eficiente.

A TRÍADE DAS FINANÇAS

A análise financeira é formada por uma tríade de demonstrativos que, na maioria das vezes, são gerados pelo contador ou pela equipe de finanças:

- O balanço financeiro.
- O demonstrativo de resultados do exercício.
- O demonstrativo de fluxo de caixa do exercício.

Agora vamos analisá-los mais detalhadamente, pois cada um traz informações diferentes, e é apenas olhando os três em conjunto que temos um diagnóstico completo da saúde da empresa.

BALANÇO FINANCEIRO

Primeiro, temos o balanço, que nada mais é do que uma fotografia de como a empresa está naquele momento exato: entre recursos próprios e dívidas. Embora a maioria dos negócios utilize o dia 31 de dezembro para fechar o balanço do ano, considerando os últimos 12 meses, é possível também realizá-lo com frequências menores.

O balanço é apresentado como uma planilha em duas colunas. Do lado esquerdo, listamos tudo o que a empresa tem como patrimônio e resultado no caixa. É a coluna de **ativos**. Inclui tudo aquilo que pode ou será transformado em dinheiro para a empresa.

Do lado direito do balanço, teremos uma lista de tudo o que a empresa deve: são os **passivos**. O balanço financeiro é algo semelhante à figura a seguir:

	Capitais Próprios
Ativo	
	Passivos

A = CP + P

A análise final dessas duas colunas dá ao empresário a visão do **patrimônio líquido** da empresa, ou seja, depois de somar todos os ativos e subtrair os valores a serem pagos nos passivos, o resultado final é positivo ou negativo?

DEMONSTRATIVO DE RESULTADOS DO EXERCÍCIO

Custos
Proveitos
Resultados

Ao contrário do balanço, o demonstrativo de resultados não é uma fotografia. Ou seja, não se refere a um determinado momento, mas, sim, a tudo o que aconteceu durante um determinado período ou em relação a um projeto, caso queira avaliar se, por exemplo, uma linha de negócio vale a pena ou não.

Este demonstrativo tem por objetivo contar uma história, mostrando como é que chegamos àquele resultado. Seja o resultado de um ano inteiro ou mesmo de um mês ou um dia.

Na prática, primeiro, ele é composto de uma lista de todos os custos que tivemos ao longo do período, digamos que seja de um ano:

- Custos com mercadoria ou matéria-prima: quanto foi comprado em mercadoria ou matéria-prima.
- Custos com equipe, incluindo salários, benefícios e outras despesas.
- Custos com fornecedores e serviços externos, como água, luz, marketing etc.
- Custos das amortizações dos ativos — por exemplo, digamos que a empresa tenha adquirido algumas máquinas, e estas, por ano, tendem a ter uma depreciação em termos de valor. No demonstrativo, devemos considerar essa perda de valor como um custo.
- Custos com empréstimos financeiros e impostos.

Depois, esse demonstrativo lista os proventos que a empresa teve, as entradas relacionadas à venda de mercadorias ou prestação de serviços. É a entrada de dinheiro oposta aos custos realizados. Ao deduzir os custos dos proventos, descobrimos a margem de lucro do negócio:

proveitos − custos = lucro

Porém é muito importante que entendamos um detalhe essencial do demonstrativo de resultados: ele nos apresenta uma história, mas não necessariamente traduz toda a verdade.

Digo isso porque, ao contabilizar os custos e os proventos, o demonstrativo apresenta todos os boletos que foram emitidos e todos os custos documentados. Ou seja, é um encontro de documentos. Contudo, podem ter boletos emitidos, os quais os clientes não realizaram o pagamento; assim como podem ter notas a pagar que a empresa ainda está como devedora.

Neste ponto, temos que ter clareza sobre um fator essencial para o diagnóstico dos resultados: o *breakeven*, que pode ser traduzido como "ponto crítico" ou "ponto morto". É o ponto que marca quando despesas e proventos se igualam. Acima dele, a empresa está com lucro; abaixo, prejuízo.

Break-Even Point

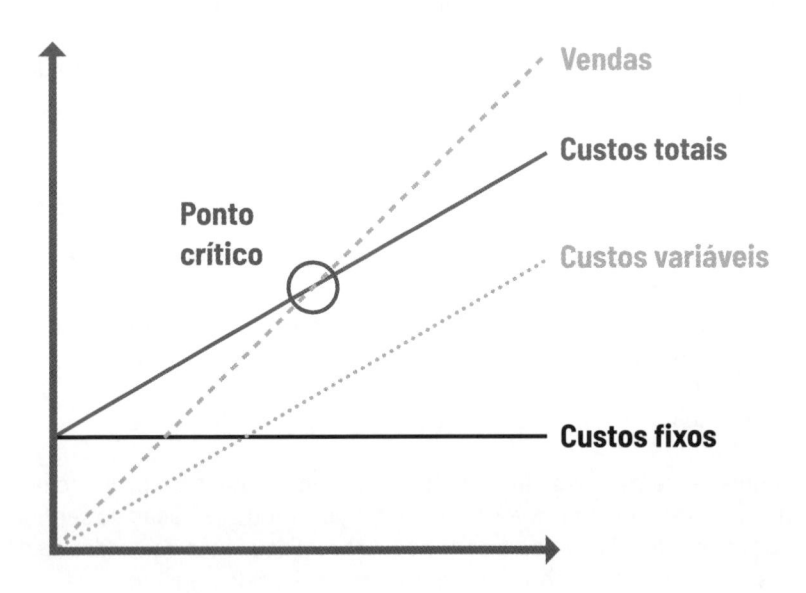

Gráfico com eixos mostrando: Vendas (linha tracejada), Custos totais, Ponto crítico, Custos variáveis e Custos fixos.

Sem ter esse valor definido, o empresário não sabe quanto precisa vender para pagar as contas e evitar o prejuízo. E, dependendo do ritmo de vendas da empresa, talvez precise saber o breakeven anual, mensal ou semanal.

Ao ter todos os custos somados, incluindo fixos e variáveis, o empresário sabe qual o valor mínimo que deve entrar na empresa para viabilizar a operação. Este é o ponto de breakeven. E acredite quando digo que **não é possível gerir uma empresa sem ter uma noção exata de qual é o seu breakeven.** É o ponto que diz: "A partir desse resultado, a empresa começa a ter lucro."

Portanto, a demonstração de resultados, embora não seja conclusiva, pois não contempla o encontro das entradas e saídas de dinheiro, é importante. O lucro calculado no demonstrativo de resultados é uma figura teórica, pois esse dinheiro pode ou não estar na conta bancária da empresa, a depender do que aconteceu de verdade, que é o demonstrativo do fluxo de caixa.

DEMONSTRATIVO DE FLUXO DE CAIXA

Agora, chegamos ao terceiro documento principal que vai compor a nossa análise financeira, que é a demonstração de fluxo de caixa, também chamado pelo termo em inglês de *cashflow*. Este é o único demonstrativo favorito que apresenta a verdade do fluxo financeiro.

Assim como o demonstrativo de resultado, o demonstrativo de fluxo de caixa se refere a um período e mostra o dinheiro que de fato entrou e saiu da empresa. Mais do que isso, traz uma informação adicional importantíssima: mostra-nos que o **dinheiro não nasce todo igual e ele precisa ser discriminado de acordo com a sua origem.**

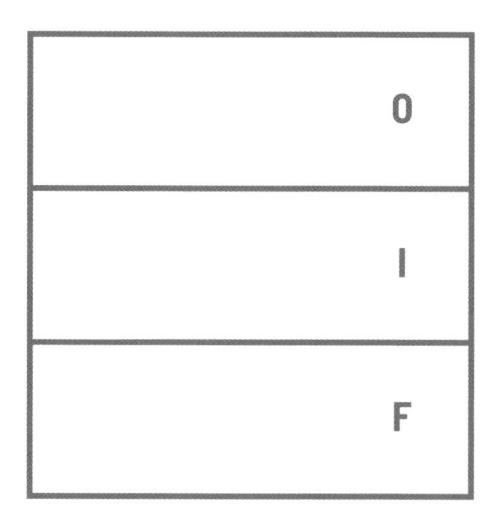

O
I
F

Em suma, temos três tipos de dinheiro e eles não podem ser tratados da mesma maneira.

1) DINHEIRO OPERACIONAL, "O"

O dinheiro operacional, que chamo de "dinheiro O", é o dinheiro das atividades operacionais, que nasce daquilo que a empresa nasceu para fazer: sejam os serviços prestados ou os produtos vendidos.

2) DINHEIRO DE INVESTIMENTO, "I"

O dinheiro de investimento, dinheiro "I", apresenta o resultado gerado pelas atividades de investimento da empresa. Por exemplo, digamos que você resolveu vender um automóvel da empresa por 20 mil reais. Se o seu negócio for vender automóveis, esse dinheiro é das atividades operacionais, mas, se não for isso o que fazem, então a origem do dinheiro foi de uma atividade de investimento (neste caso, um desinvestimento). Ou seja, você vendeu algum tipo de ativo que a empresa possuía e não era uma mercadoria. Esse dinheiro não atesta a saúde da minha empresa, até porque costuma ter um caráter extraordinário.

DINHEIRO DE FINANCIAMENTO, "F"

O terceiro tipo de dinheiro que aparece no demonstrativo de fluxo de caixa é o "dinheiro F", ou seja, das atividades de financiamento. É o dinheiro que apareceu na empresa, mas que foi gerado fora dela, seja por um empréstimo bancário ou aporte de investidor.

O caso mais tradicional é a dívida: a empresa contraiu algum tipo de dívida, como uma dívida bancária, para financiar suas atividades. Portanto, também não atesta a saúde da empresa.

Ter essa visão ajuda o empresário a destinar os recursos de maneira mais assertiva. Não faz sentido, por exemplo, pagar dividendos aos acionistas com fluxo de caixa das atividades de investimento, e muito menos de financiamento. Quando, por motivo de saúde e de sustentabilidade da empresa, recorro ao dinheiro de financiamento, quero que seja usado para comprar ativos que vão me permitir vender mais, para gerar fluxo de caixa das atividades operacionais e, posteriormente, recurso suficiente para quitar um empréstimo.

E O QUE É A SAÚDE DA EMPRESA?

A saúde empresarial é a capacidade da empresa de gerar vendas e transformá-las em lucro, garantindo que a diferença entre as vendas e os custos seja a maior possível. Mais ainda, a **saúde empresarial é garantir que as margens cresçam mais que as vendas continuamente,** aumentando os lucros ao longo do tempo. Isso é sinal de um poder forte de negociação junto do mercado e dos seus clientes, o que normalmente reflete uma vantagem competitiva. Da mesma forma e seguindo o mesmo raciocínio, também queremos que o fluxo de caixa operacional cresça mais do que os lucros.

Esse poder de negociação reflete uma vantagem competitiva sobre a concorrência, sem sacrificar as próprias margens. Além disso, esses resultados se transformam em fluxo de caixa operacional, pois é o que atesta a saúde financeira do negócio.

Sempre digo e reforço: é muito importante que os empresários passem a analisar esses três demonstrativos financeiros em conjunto para ter a imagem mais completa possível de suas empresas, para analisarem os resultados de suas decisões e tenham informações de qualidade para tomarem decisões cada vez melhores. Talvez, nesta análise, você descubra que sua empresa tem condições de gerar o dobro ou o triplo de dinheiro com alguns ajustes no orçamento.

Se eu fosse você, não ignoraria essas ideias. Quem sabe eu tenho razão?

CAPÍTULO 18

O CHASSI DE UM NEGÓCIO SUSTENTÁVEL

E se eu lhe contasse que existem maneiras muito simples de olharmos para a situação financeira de uma empresa e verificar se ela está saudável, pouco saudável ou supersaudável? Vou além: e se você pudesse entender como crescer exponencialmente os seus resultados a partir de alguns conceitos simples?

Neste capítulo, falaremos sobre algumas ideias e recomendações que irão ajudar você a ter controle sobre as métricas de resultado financeiro. Ao vermos sobre balanço financeiro, demonstrativo de resultados e fluxo de caixa, começamos a ter uma visão ampla dos indicadores de um negócio. Aqui vamos além! Vou ensinar uma ferramenta poderosa a qual chamo de *chassi para um negócio altamente rentável*.

O chassi é o documento de identificação de um carro. É composto de alguns números que se referem ao modelo, ao número de série, à versão do automóvel, a onde e quando foi produzido, entre outros. Esse número, distribuído em alguns lugares do maquinário, é uma maneira de diferenciar, identificar e analisar tudo o que diz respeito à situação geral do veículo. É um indicador importante para vendedores e compradores.

Quanto às empresas, é imprescindível também ter os próprios números de identificação para olhar características específicas e avaliar o seu crescimento. Para entender como calcular o chassi para um negócio altamente rentável, precisaremos olhar para quatro conceitos importantes: ativos, vendas, lucro e fluxo de caixa operacional. Esses conceitos fazem parte dos níveis de decisão da empresa e falaremos melhor sobre cada um deles a partir de agora.

```
   Vendas                    ATIVOS
   ──────                       ⬇           Eficácia
   Ativos
                             VENDAS
    Lucro
   ──────                       ⬇           Eficiência
   Vendas
                              LUCRO
Fluxo de Caixa
  Operacional                  ⬇           Produtividade
  ──────────
    Lucro
                         FLUXO DE CAIXA
                          OPERACIONAL
```

1º NÍVEL DE DECISÃO: COMO USAR OS ATIVOS PARA GERAR VENDAS?

O empresário deve se preocupar em como usar os recursos (ativos) disponíveis para gerar vendas. Esses ativos podem ser comprados e depois vendidos. Adquiridos como matéria-prima para ser transformada e depois vendida. Ou até mesmo estar representado pelos espaços físicos utilizados para atendimento.

O meu negócio, por exemplo, presta serviços e não tem mercadorias ou matéria-prima. Contudo precisamos de um escritório, câmeras, computadores, mesas e outros itens que servem para que a nossa operação funcione. Todos esses itens são ativos.

Ao analisar o seu caso, a pergunta que você deve fazer é: quais são os ativos que deve comprar para sua empresa? Existem apenas dois motivos para essa aquisição:

1. Reter clientes.
2. Atrair novos clientes.

Isso mostra que a nossa medida de avaliação para compra de ativos deve ser a geração de novas vendas. Consequentemente, estamos falando também sobre novos resultados. Veja que não estamos falando sobre vendas a qualquer custo, mas sim vendas que geram lucro, resultado positivo e fluxo de caixa.

Sendo assim, para a primeira decisão de seu negócio, você precisa pensar em quais ativos irão gerar mais vendas qualitativas, avançando então para a próxima decisão.

2º NÍVEL DE DECISÃO: COMO AS VENDAS ASSEGURAM LUCRO?

Por qual motivo queremos que a nossa empresa venda mais e melhor? Para contribuir com a margem do negócio, para que tenhamos mais lucro. Essa clareza é o que faz com que os empresários consigam assumir novos patamares em seus negócios.

É fácil vender se não quisermos gerar lucro. Basta abaixar o preço até que alguém compre. Porém, para que o negócio seja saudável, precisamos assegurar o maior lucro possível. E quanto maior o lucro, melhores as condições que oferecemos aos colaboradores. Ou seja, mais empregos e mais dinheiro para reinvestir na proposta de valor da empresa e servir melhor aos nossos clientes.

É também pensando no lucro que conseguimos melhores relacionamentos com os fornecedores e remuneramos melhor o investidor. Isso mostra que gerar lucro é positivo e desejável para o negócio, movimentando a cadeia como um todo. Já a inexistência dele, sim, pode ser um problema.

Mas como conseguimos então assegurar o lucro? Por um lado, aumentando as vendas, mas por outro, mais rápido e efetivo no curto prazo, fazendo uma análise dos custos. O empresário deve se perguntar quais são as ineficiências que estão corroendo as margens.

Faça uma análise criteriosa para não cortar o que é necessário para a empresa, mas corte tudo aquilo que não compromete a retenção e conquista de novos clientes.

Lembre-se de que, no longo prazo, não há limite para a nossa capacidade de aumentar as vendas, porém, no curto prazo, esse crescimento deve ser planejado com cuidado para que a empresa não tenha problemas de estrutura para realizar as entregas. É por essa razão que a análise de custos tem um impacto relevante no curto prazo: faz com o que negócio se torne mais eficiente com aquilo que já possui dentro de casa.

Se quero medir qual é a minha capacidade de transformar vendas em lucro, quero perceber se estou evoluindo ou não. Ao comparar diferentes períodos de tempo e olhar para os números da concorrência, tenho informações preciosas sobre quais alavancas preciso acionar para melhorar todos esses indicadores.

Idealmente, claro, você vai agir de maneira simultânea sobre as alavancas de vendas, para que elas aumentem em proporção maior do que o aumento dos custos.

3º NÍVEL DE DECISÃO: COMO DO LUCRO, GERAR FLUXO DE CAIXA OPERACIONAL?

Se quero ter ativos que gerem vendas com melhores resultados e lucro para minha empresa, então quero também fazer isso com o objetivo de ter fluxo de caixa operacional. Significa que quando temos lucro, precisamos fazer com que esse valor se transforme em fluxo de caixa operacional para que possamos, cada vez mais, comprar ativos que gerem vendas e consigamos transformar essa cadeia em um círculo virtuoso.

Veja que você não deve querer fluxo de caixa de financiamento ou investimento, mas, sim, o operacional, que vai trazer dinheiro à empresa. Para isso, podemos, por exemplo:

- Reduzir os prazos médios de recebimento.
- Reduzir os prazos médios de estoque.
- Aumentar os prazos médios de pagamento.

Quando equilibramos os prazos para a entrada e saída de dinheiro do caixa, conseguimos ter muito mais fôlego como gestores. Sem fazer essa análise, corre-se o risco de gerar um buraco na tesouraria da empresa porque, mesmo tendo lucro, ele não se transforma em dinheiro operacional. E sem fluxo de caixa não há como honrar nossos compromissos por muito tempo.

O CHASSI DAS EMPRESAS ALTAMENTE RENTÁVEIS

A partir das decisões que vimos anteriormente, existe um fluxo perfeito que é o que fará você criar o círculo virtuoso do crescimento de uma empresa.

Ativos > Vendas > Lucro > Fluxo de caixa operacional

Este é o chassi para um negócio altamente rentável: a transformação de ativos em vendas, lucro e fluxo de caixa operacional para que possamos comprar mais ativos e assim por diante. Com esses números, também devemos olhar para a evolução do negócio ao longo do tempo comparando com períodos diferentes e até mesmo para como está o seu posicionamento no mercado.

E assim chegamos às três operações que mencionei no início do capítulo. São contas simples que o ajudarão a medir a **eficácia**, a **eficiência** e a **produtividade** da empresa. Para que possa começar, você precisará dos dados das demonstrações financeiras: balanço, demonstrativo de resultado e demonstrativo de fluxo de caixa. Vamos lá!

1. QUAL É A EFICÁCIA DA MINHA EMPRESA?

Eficácia nada mais é do que garantir bom resultado, infalibilidade, medir a utilidade e a execução de determinado serviço. Aqui você medirá a eficácia do seu negócio.

Para isso, precisará de dois números específicos: vendas (proventos) e ativos. Você poderá buscar os ativos da empresa no balanço geral, enquanto as vendas (proventos), buscará no demonstrativo de resultados. Anote os números em uma folha e prepare-se para a conta mais simples que você fará e que mudará a maneira como olha para a saúde do negócio.

Para chegar ao valor da eficácia de uma empresa, precisará dividir o número de vendas (proventos) pelo número de ativos que você possui hoje. Veja a equação a seguir.

$$eficácia = \frac{vendas\ (proventos)}{ativos}$$

O objetivo é descobrir qual foi o volume de ativos necessários para gerar os proventos disponíveis. Quanto menos ativos para o resultado, melhor. Ou, então, podemos dizer que o crescimento de vendas deverá ser superior que o de ativos. Essa é a medida da eficácia da empresa.

2. QUAL É A EFICIÊNCIA DA MINHA EMPRESA?

Eficiência nada mais é do que a capacidade de algo ou alguém de ter um bom rendimento com o menor esforço possível — de tempo, energia, recursos etc. Para medir este indicador, você precisará de dois números importantes: lucro e vendas.

Você deverá buscar ambos os números no demonstrativo de resultados e essa conta simples ajudará a descobrir a capacidade da empresa de transformar vendas em lucro. Com os números, deve fazer novamente uma divisão conforme a seguir.

$$eficácia = \frac{lucros}{vendas}$$

Estamos calculando, aqui, a margem líquida. Se o resultado for abaixo do que a medida objetiva de comparação (o resultado que definimos como parâmetro), estamos sendo ineficientes em algum ponto e podemos analisar melhor o que pode ser alavancado. Além disso, é também desejável que o seu lucro esteja crescendo mais do que as vendas da empresa, confirmando a existência de algum tipo de vantagem competitiva em face à concorrência e que, para vender mais, não está abrindo mão das margens excessivamente para entrar numa disputa baseada em preço.

3. QUAL É A PRODUTIVIDADE DA MINHA EMPRESA?

Temos também a análise de produtividade, que significa a quantidade e qualidade de tarefas feitas em um tempo específico considerando os recursos utilizados para esse processo. Ao medir a produtividade de uma empresa, estamos olhando para a capacidade de transformar lucro em fluxo de caixa operacional.

Para encontrar os números referentes a essa conta, você deve olhar o demonstrativo de fluxo de caixa e anotar o valor que está marcado como fluxo de caixa das atividades operacionais. Dividimos esse número, então, pelo lucro (o mesmo visto anteriormente). Desta forma:

$$produtividade = \frac{fluxo de caixa operacional}{lucro}$$

Olhe para esse número pensando que o fluxo de caixa operacional precisa crescer mais do que o lucro. Esse é o movimento que rege os negócios altamente rentáveis.

O PODER DAS MEDIÇÕES

Ao controlar essas três proporções, temos diagnósticos muito claros para nos guiar em relação às ações que devemos tomar como líderes. Acompanhe esses indicadores e compare-os aos resultados em períodos passados e à concorrência, percebendo tendências e avaliando o crescimento. Vale lembrar que os comparativos devem sempre ser proporcionais aos períodos analisados, por exemplo: sempre que olhar um indicador mensal, faça o comparativo com outros meses. Se olhar o indicador com base em um parâmetro anual, faça a comparação com outros anos e assim por diante.

Este é o esquema do chassi para um negócio altamente rentável, que ajuda a olhar para o presente com base em dados do passado para planejar um futuro melhor. É uma ótima ferramenta de gestão, simples de ser usada e que traz informações valiosas para obtermos vantagens competitivas imensuráveis.

Com esses cálculos simples, é possível analisar quanto de esforço está sendo feito para que a empresa gere os resultados atuais. Será possível, inclusive, verificar se os preços estão competitivos o bastante para todo o esforço operacional realizado e se está produzindo tanto quanto deveria ou poderia.

Utilize as métricas no processo de compra de ativos com foco em vendas, consistência do lucro e melhor fluxo de caixa operacional. Fazendo isso, você estará também performando melhor quando o assunto é eficácia, eficiência e produtividade.

Se eu fosse você, não ignoraria essas ideias. Quem sabe eu tenho razão?

BÔNUS

FAÇA SEU PLANEJAMENTO AGORA

Nos capítulos desta terceira parte do livro, trabalharemos diversos conceitos sobre planejamento e execução. Agora, antes de passarmos para as próximas lições, vamos partir para a prática. Nas páginas a seguir, você vai consolidar o planejamento estratégico da sua empresa, seguindo um passo a passo que eu, em todos os meus anos como empresário e realizando consultoria com outras empresas, montei para que você consiga desenvolver tudo o que vimos em relação à definição de objetivos e indicadores.

Vamos começar pelo planejamento a médio e a longo prazo, como cobrimos no Capítulo 14. Caso necessário, retorne algumas páginas e depois prossiga daqui.

Começaremos com os alvos a serem perseguidos no longo prazo, dentre três a cinco anos. É a sua estratégia, o seu plano de atuação no campeonato, por assim dizer. O que você quer construir junto com seus clientes e acionistas nos próximos cinco anos? Quais as suas expectativas em relação a volume de vendas, lucro, valor da empresa, relação com os colaboradores? E, mais importante (por isso é logo a primeira linha), em qual data isso deve ser atingido? Lembre-se de que um plano sem data final nunca é realizado rápido o suficiente.

Logo ao lado, você colocará quais os objetivos a serem atingidos no médio prazo, isto é, no período anual. Note como já é algo mais detalhado, pois, aqui, precisamos pensar o que é necessário atingir hoje para garantir o resultado que está definido para daqui a cinco anos. Esse planejamento pode ser feito para todos os anos até o objetivo a longo prazo.

Com isso definido, você vai poder pensar nas qualidades necessárias para a sua empresa se tornar a empresa que ela deverá ser no longo prazo. Quais são as forças? Quais são as fraquezas? Quais são as capacidades que precisam ser desenvolvidas? Quais as iniciativas que precisam ser tomadas? E, igualmente importante, quais são as oportunidades que podem ser tomadas e quais são as ameaças a esse planejamento?

É necessário ter tudo isso pensado, pois são os obstáculos e os atalhos que se colocam entre o seu ponto A e o seu ponto Z.

ESTRATÉGIA: Plano Médio/Longo Prazo

ALVOS (3-5 anos)
ONDE

- DATA FATURA _____
- VENDAS _____
- LUCRO _____
- VALOR EMP. _____

OBJETIVOS (1 ano)
O QUÊ

- ANO
- VENDAS
- LUCRO
- VALOR EMP.
- MARG. BRUTA
- CASH FLOW
- PMP
- PMR
- VENDAS/FUNC.

CAPACIDADES A DESENVOLVER
Prioridades 3 a 5 anos

1. _____
2. _____
3. _____

INICIATIVA CHAVE
Prioridades Anuais

1. _____
2. _____
3. _____

FORÇAS

1. _____
2. _____
3. _____

FRAQUEZAS

1. _____
2. _____
3. _____

OPORTUNIDADES

1. _____
2. _____
3. _____

AMEAÇAS

1. _____
2. _____
3. _____

Com todos esses pontos estabelecidos, você conseguirá, enfim, pensar no curto prazo, isto é, fazer o planejamento trimestral. É necessário, aqui, pensar no que é preciso atingir no trimestre para garantir que se atingirá o objetivo anual. Você vai definir as metas de vendas e lucro, como já sabe fazer, mas também pensará no tema do trimestre: o objetivo numérico que servirá como métrica para que a equipe saiba quão perto ou longe está deste tema e quando o alcançou. Lembre-se: o alvo crítico precisa ser mensurável. Senão, como você saberá se o atingiu?

Com a definição desse objetivo, você conseguirá delinear quais deverão ser as prioridades do trimestre e quem será responsável por elas, bem como os KPIs a serem medidos, os milestones que deverão ser celebrados e as recompensas que gerarão a todos. Isso, em relação aos colaboradores, mas este também é o momento de prestar contas consigo mesmo também. Aqui, você, como empresário, deve definir os seus objetivos, as suas prioridades (dentro das suas responsabilidades), os KPIs que medirão a *sua* performance e as datas em que você deve entregar o que precisa entregar.

ESTRATÉGIA: Plano Trimestral

OBJETIVOS TRIMESTRAIS
O QUÊ

TRIMESTRE	
VENDAS	
LUCRO	
VALOR EMP.	
MARG. BRUTA	
CASH FLOW	
PMP	
PMR	
VENDAS/FUNC.	

TEMA
TRIMESTRAL / ANUAL

PRAZO

ALVO MENSURÁVEL / #CRÍTICO

NOME DO TEMA

ROCKS

PRIORIDADES TRIMESTRAIS	QUEM

CELEBRAÇÃO

_____
_____
_____

RECOMPENSA

_____
_____
_____

A SUA ACCOUNTABILITY (QUEM/QUANDO)

	Os seus KPIs	Objetivo		As suas prioridades trimestrais	Data de Conclusão
1			1		
			2		
2			3		
			4		
3			5		

BÔNUS > FAÇA SEU PLANEJAMENTO AGORA

Trimestre a trimestre, ano a ano, até atingirmos o objetivo de longo prazo, tudo deve ser planejado. Mas, como já vimos, é necessário alinhar esse planejamento à execução, definindo o "quem", o "o quê" e o "quando". Aqui você terá realmente que descrever quais tarefas deverão ser desempenhadas para atingir os objetivos que o planejamento definiu, quem deverá realizá-las e, mais importante, quando deverá entregá-las. Esta lista é a ferramenta principal para o acompanhamento do planejamento e da realização da prestação de contas.

EXECUÇÃO: Quem / O Quê / Quando (Plano de Ação)

QUEM	O QUÊ	QUANDO

Agora, mãos à obra!

PARTE 4

AS PESSOAS SÃO A FONTE DO VALOR EMPRESARIAL

Um belo dia, como fazia em todos os outros, um rato saiu de sua toca. Andando pela floresta distraído com o bom tempo que fazia, deu de cara com um imenso leão. "É o meu fim", pensou o rato. Mas o leão, vendo aquele ratinho indefeso ali, decidiu deixá-lo ir em liberdade, e ainda avisou: "Tome cuidado, é melhor prestar atenção por onde anda."

Quem dera o leão tivesse escutado o próprio conselho, pois, não tardou muito, ele próprio foi caminhar pela floresta e acabou sendo pego numa armadilha de rede, colocada por caçadores. Por mais que tentasse, o leão não conseguia se mover e não podia rugir, pois atrairia os donos da armadilha.

Eis que, voltando para a sua toca, o rato deu de cara com o leão novamente, dessa vez vendo-o em apuros. Sabe o que ele fez? Com destreza, escalou a rede e, com seus dentinhos afiados, roeu a rede fio a fio, até conseguir salvar o leão. Paga a dívida, os dois aprenderam uma valiosa lição: **cuide dos outros, e eles cuidarão de você da mesma forma.**

Será que você já ouviu essa história?

✖ ✖ ✖

Nos próximos capítulos, falaremos justamente sobre como cuidar do recurso mais valioso das empresas: as pessoas. A liderança, em essência, é baseada em como mobilizamos e orientamos aqueles que estão ao nosso lado na busca pelos objetivos.

Refletir sobre a cultura e os valores que a empresa quer estimular, pensar a melhor maneira de gerir os talentos para que possam contribuir e se sentirem valorizados na organização são temas de extrema urgência e relevância para os empresários e líderes.

Michael Jordan, considerado um dos maiores jogadores de todos os tempos, disse uma vez que "o talento vence jogos, mas só trabalho em equipe e a inteligência vencem campeonatos". E assim é a busca dos negócios, não queremos resultados apenas para um ano, mas, sim, para toda a existência da companhia. Tornar esse sonho realidade envolve nossa capacidade de gerir pessoas para coordenar habilidades, talentos e a inteligência coletiva de maneira favorável.

CAPÍTULO 19

AS 7 TAREFAS INDELEGÁVEIS DO LÍDER

O BALANÇO ENTRE A LIDERANÇA DURA E SUAVE

Observando e acompanhando todo o material que vem sendo produzido sobre a liderança nos últimos anos, percebo que se dá muita atenção ao lado comportamental da liderança, listando traços de personalidade, caráter e comunicação que os líderes devem ter. Não quero tirar o mérito de quem faz um trabalho verdadeiramente honesto acerca disso, mas acredito que a liderança é muito mais do que apenas checklists de comportamento.

A liderança, acredito, se divide em dois lados: o lado duro e o lado suave.

O lado suave se refere às questões comportamentais da liderança, como exercer poder de influência, capacidade de se comunicar com clareza e empatia, atenção para o propósito do próprio trabalho e do negócio que está construindo. São questões de extrema importância. Contudo, neste e nos próximos capítulos desta parte do livro, quero me dedicar ao que chamo de lado duro da liderança, não no sentido impositivo e autoritário, mas, sim, na implementação de sistemas, regras, padrões de comportamento e responsabilizações.

Quero me dedicar ao papel duro do líder porque, muitas vezes, percebo que são demandas que não recebem a atenção adequada no dia a dia da empresa — e isso gera consequências muito negativas.

Enquanto eu for parte da minha empresa, enquanto eu for CEO, há funções e tarefas que são absolutamente indelegáveis, de responsabilidade do líder, e sou eu quem deve realizá-las.

Vamos a elas.

1ª DEFINIR COM CLAREZA OS PONTOS A (HOJE) E Z (OBJETIVO)

A primeira coisa que o líder de uma empresa não pode delegar é a clareza nos pontos A e Z, sobre os quais já discorremos na **Parte 3** deste livro, *Planejamento efetivo*.

Apenas para reforçar, o ponto A é onde estamos hoje, e o ponto Z é onde queremos estar no futuro. Então, o líder deve ter clareza do objetivo da empresa, daquilo que a empresa se propõe a realizar, com visão de longo prazo.

Não é que não possa discutir todos esses assuntos com a equipe, mas a capacidade de dizer a verdade sobre o ponto atual e sobre onde queremos chegar é responsabilidade do líder, afinal é sua a decisão final.

2ª IDENTIFICAR O CAMINHO A SER PERCORRIDO E OS OBSTÁCULOS ENTRE OS DOIS PONTOS

Outra coisa que acredito que não pode ser delegada é a identificação do espaço entre A e Z, da diferença entre onde estamos e aonde queremos chegar, e dos principais obstáculos que estão no caminho. A avaliação concreta de todo o percurso que a equipe deverá travar, os equipamentos que deverá carregar e os marcos de progresso, ou seja, a estratégia da empresa para chegar ao destino final, é uma tarefa que apenas o comandante pode exercer.

3ª ESTRUTURAR O PLANO PARA QUE TODOS POSSAM EXERCER SEUS PAPÉIS

A terceira coisa que um CEO não pode delegar é a concretização do plano, a garantia de que há um plano que foi pensado e desenhado, do qual já falamos bastante em capítulos anteriores.

Enquanto a equipe tem um papel colaborativo importante no desenho e na discussão do plano, é função do líder estruturar e apresentar como todas essas ideias se encontram num plano único e executável.

A equipe faz parte da construção, ela está totalmente envolvida na sua execução, porém o líder deve assegurar que o plano esteja sendo seguido, deve orientar e ajudar quando houver obstáculos.

O líder, neste ponto, é responsável por gerenciar a sistematização da empresa, a fim de garantir o cumprimento das rotinas necessárias e a consistência na execução do trabalho com o qual todos se comprometeram.

4ª ORGANIZAR OS RECURSOS

Acredito que o líder deve ter alto nível de envolvimento em relação aos recursos da empresa — e aqui estou me referindo não só aos recursos financeiros, mas também a eles. Recursos como os humanos e o tempo que têm à sua disposição também devem ser organizados pelo líder.

Não é que não possa dar poder de decisão para que, cada área, por exemplo, gerencie as próprias despesas. Contudo, a macroalocação, ou seja, o orçamento que cada equipe receberá para suas atividades, é um desenho realizado pelo gestor da empresa.

Esta é uma das tarefas indelegáveis do líder porque, cada vez que definimos algum tipo de mudança na alocação dos recursos, por menor que seja, essa mudança traz implicitamente uma alteração também nas prioridades.

Gestão de recursos e de prioridades são atividades extremamente interdependentes porque o recurso maior vai para as atividades que terão maior potencial de alavancar nossa velocidade de chegada ao ponto Z. Essa análise objetiva e dura deve ser feita por quem está o tempo todo com os olhos direcionados para os grandes resultados que a companhia deve gerar.

5ª RECRUTAR COLABORADORES CLASSE A

É responsabilidade do líder garantir que a empresa está trazendo colaboradores de classe A, ou seja, os melhores talentos para compor a equipe.

As pessoas que formam a equipe são o DNA das empresas. E o DNA define aquilo que uma empresa é capaz de fazer ou não.

O líder é como o técnico de um time de futebol. Ele quer ter os melhores jogadores de cada posição para colocar em prática sua estratégia com o objetivo de vencer o campeonato. Então, precisa avaliar bem os atletas, analisar como cada um contribui para as jogadas defensivas e de ataque.

Essa seleção acontece numa via de mão dupla: *a empresa quer estar com os melhores talentos; os melhores talentos querem estar nas melhores empresas.* Por isso, como líderes, temos que garantir que nossas empresas sejam atrativas para profissionais de alto nível.

6ª CONSTRUIR O ORGANOGRAMA DA EMPRESA

O organograma é a arquitetura social da empresa, é o seu esqueleto. Ele é absolutamente fundamental e deve ser construído pelo CEO porque é uma das ferramentas que tangibiliza a visão do empresário para a empresa.

O organograma traduz como o empresário vê o funcionamento das equipes, a estrutura de poder da companhia e a formação de cada área. Gosto de dizer que o organograma é a visão macro da empresa, de acordo com o que o empresário pensa para o seu negócio.

Por isso, não pode ser um recurso que é desenhado uma vez e depois cai no esquecimento. Pelo contrário, a revisão do organograma faz parte das atividades recorrentes do líder.

7ª CRIAÇÃO E DEFESA DA CULTURA DA EMPRESA

A sétima, e nem por isso menos importante tarefa indelegável do líder, para mim, é a criação e a defesa da cultura da empresa. Ter uma determinada cultura na empresa é absolutamente decisivo nos negócios. Cabe ao líder executivo da empresa definir essa cultura e se certificar de que ela seja cumprida. Cabe ao líder deixar claro para o time quais são os comportamentos aceitos na empresa e aqueles que não são admitidos porque ferem essa cultura. Falaremos mais sobre isso no próximo capítulo.

✳ ✳ ✳

Ao pensar em grandes exemplos de liderança, é comum citarmos Walt Disney por sua capacidade de construir algo absolutamente único. Ele foi um grande visionário como artista e empreendedor, alguém que conseguiu comunicar sua visão com tanta clareza que ainda hoje conseguimos testemunhá-la nas produções Disney, nos parques temáticos e em tudo o que a empresa continua a construir.

Hoje, inclusive, há um braço da Disney dedicado a apresentar os princípios que tornou a marca sinônimo de qualidade, magia e encantamento a outras empresas, o Disney Institute. Eles afirmam que um dos fatores fundamentais para que Walt Disney se tornasse um grande líder foi entender que ele só conseguiria ser bem-sucedido se inspirasse e motivasse a equipe para que todos compartilhassem da mesma visão de futuro que ele.

Acredito que esse grande empreendedor, cujo legado nos impacta até os dias de hoje, é um exemplo de alguém que entendeu as tarefas e responsabilidades que não poderia delegar. Existia clareza de onde o time deveria chegar e como eles trilhariam esse caminho, como cada projeto deveria ser desenvolvido e como os resultados poderiam ser alavancados, de modo que aquele mundo mágico das animações pudesse ser vivido através dos parques e de outros produtos Disney.

Os sete pontos que apresentei a você neste capítulo convergem para o que Walt Disney disse certa vez:

> *"De todas as coisas que fiz, a mais vital foi coordenar aqueles que trabalham comigo e direcionar seus esforços para um determinado objetivo."*

Se eu fosse você, não ignoraria essas ideias. Quem sabe eu tenho razão?

CAPÍTULO 20

"A CULTURA COME A ESTRATÉGIA NO CAFÉ DA MANHÃ"

Em todos esses anos ajudando empresários com a gestão de suas empresas, um dos aspectos que observei ser um dos mais subestimados pelos líderes é a cultura das empresas, sem perceberem que **a cultura é simplesmente um dos aspectos mais fundamentais na gestão**. É tarefa do líder definir, dialogar e orientar o que espera da equipe em termos de cultura, que nada mais é do que os hábitos comportamentais que a equipe tem no ambiente de trabalho. São os rituais. É a forma como as pessoas se comportam quando chegam àquele grupo.

Para explicar a cultura da empresa aos empresários, costumo dizer que nenhum de nós se comporta em casa da mesma maneira que se comporta no trabalho. As conversas não são as mesmas, as piadas não são as mesmas, os rituais não são os mesmos. Nós temos comportamentos diferentes dependendo do ambiente em que estamos.

Se, por exemplo, estiver com meu grupo de amigos, não vou me comportar com eles da mesma maneira que no trabalho, tampouco como me comporto junto à minha família. A quanto mais grupos pertencermos, mais comportamentos diferentes teremos, porque cada grupo terá rituais próprios.

Ora, cultura é isso. São os rituais, os hábitos comportamentais do grupo quando estão juntos. É como o software da empresa. E todas as empresas têm uma cultura. Repito: todas. Pois todos os grupos funcionam por meio de rituais, tenham sido eles criados de maneira intencional ou não.

No caso de nossos grupos de amigos, é comum que os rituais se criem de maneira natural, sem muita reflexão sobre eles. E esse modelo de funcionamento é desejável porque, em nosso momento de lazer, queremos nos encontrar com pessoas com as quais temos afinidade, queremos que a união do grupo aconteça espontaneamente.

Numa empresa já não pode ser assim. **A cultura empresarial, quando criada sem intencionalidade, não cumpre sua principal função: servir ao nosso negócio.** E não se engane, se a cultura não for estabelecida e acompanhada pelo empresário, ela vai se criar sozinha, queira ele ou não. Se a cultura é de chegar cedo ou chegar tarde, de sair cedo ou sair tarde, se o ambiente é mais divertido ou mais formal, se as pessoas se apoiam ou não, tudo isso é reflexo de como a liderança se posiciona em relação aos hábitos e à forma como as coisas devem ser feitas na empresa.

Sempre digo aos empresários que os hábitos comportamentais são tudo dentro de uma empresa. Pois uma empresa vive do seu relacionamento com os stakeholders, ou seja, os clientes, por um lado; os próprios colaboradores, por outro; e os acionistas, os donos da empresa e os fornecedores. Os hábitos comportamentais que fazem parte da empresa e que acabam por ligar todos esses grupos são aquilo que produz os resultados. Se não há intencionalidade em como esses comportamentos são estabelecidos, é muito comum que a cultura se estabeleça em zonas de conforto, em que não há responsabilização, prestação de contas ou engajamento alinhados e que levem a empresa à concretização dos seus objetivos.

Ou seja, são culturas que não privilegiam a performance. Afinal, **qualquer equipe vencedora, seja nos esportes, seja nos negócios, é uma equipe que estabelece uma cultura vencedora, de produtividade, responsabilização e de desafiar-se constantemente.**

Num time de futebol, por exemplo, há uma série de rituais que os atletas devem cumprir para alcançar seus objetivos. Eles precisam ter disciplina no treinamento individual e coletivo, devem entender seu papel como aliado na posição uns dos outros. Em qualquer equipe dentro do campo, os atletas falam uns com os outros, às vezes até de forma agressiva, porque se um companheiro não estiver fazendo bem o próprio trabalho, o outro também não consegue fazer o seu. Não importa se o atacante fizer três gols numa partida, mas o time perder de 5 a 3 porque a defesa não bloqueou nenhum contra-ataque. Nas empresas é a mesma coisa. Temos que defender esse conjunto de comportamentos pensados para servir ao resultado pretendido.

Cabe ao empresário, em primeiro lugar, pensar essa cultura, definir quais devem ser esses comportamentos. Depois vem o mais importante, que é **arbitrar** essa cultura. Porque *uma regra que não é arbitrada não é uma regra, é só uma sugestão.*

COMO ESTABELECER UMA CULTURA VENCEDORA

O primeiro passo na revisão sobre a cultura da empresa é termos claros **quais são os comportamentos nos quais acreditamos** e aqueles que **não acreditamos** que nos levarão ao objetivo maior: a construção de uma empresa forte, longeva e resiliente para todos os ciclos do mercado.

Sempre peço aos líderes que definam os dois ou três comportamentos essenciais a serem valorizados e promovidos na interação da equipe entre si, mais dois ou três pensados nos sentido de servir o(s) dono(s) da empresa e, finalmente, dois ou três pensados no sentido de conduzir o cliente ao que ele deseja. Dessa forma a empresa ficará com seis a nove pontos de cultura que estejam pensados para se alinhar com a sua missão no mercado. É um exercício que pode ser feito junto com outras pessoas-chave da empresa. Esses comportamentos devem ser registrados não para que sejam apenas objeto de decoração, mas porque todas as pessoas da empresa devem conhecê-los e vivê-los no dia a dia do trabalho.

Já disse que, ao definir os comportamentos, precisamos arbitrá-los. Ora, quer dizer que, quando alguém não age de acordo com as regras da cultura, isso não pode ser ignorado. A pessoa deve receber um feedback honesto, e, como líderes, devemos mostrar que não toleramos atitudes que vão contra nossas crenças.

Por isso, quando recebo clientes dizendo que a equipe está desmotivada, e que às vezes pensam que é preciso trocar as pessoas porque elas não estão entregando os resultados, sempre os faço olhar, primeiro, para si mesmos. Sei que é duro, mas **a motivação da equipe é uma resposta direta a como está sendo a atuação do líder.**

Uma liderança forte não significa uma liderança autoritária, mas, sim, uma liderança que inspira, compartilha a visão que tem para o futuro do negócio e do time, que é a primeira defensora e exemplo de quem está comprometida com os comportamentos de uma cultura vencedora.

Se você determina que um dos comportamentos que a cultura prioriza é a integridade, a empresa não pode aceitar colaboradores que num dia digam uma coisa e, no outro, mudem a informação. Inclusive, neste ponto, mais do que apenas definir conceitos para a cultura, é importante incluir como esses conceitos são vividos na prática do dia a dia da empresa.

A Netflix, por exemplo, define nove comportamentos essenciais para promover o ambiente de trabalho em que eles acreditam: uma cultura que busca excelência, coloca pessoas acima de processos e coloca pessoas talentosas para trabalharem juntas de maneira criativa e produtiva. Veja a seguir um desses comportamentos para analisar como eles são estruturados[34]:

CORAGEM

- Você toma decisões difíceis sem sofrer ou demorar muito.
- Você assume riscos analisados e está aberto a possíveis falhas.
- Você questiona as ações dos colegas quando inconsistentes com os comportamentos que defendemos.
- Você está disposto a ser vulnerável, em busca da verdade e da conexão.
- Você dá e recebe feedback de e para colegas em qualquer nível hierárquico.

Na minha empresa, temos uma cultura que se preocupa em ter os objetivos bem definidos e que sejam sempre desafiadores para irmos além do que já construímos. Quando não alcançamos aquilo que nos propomos, ficamos incomodados. E quando somos bem-sucedidos em nossos projetos e até mesmo superamos os resultados que imaginamos, celebramos.

Ter esses comportamentos claros para todos não apenas faz com que o líder e empresário seja aquele que acompanha e exige isso da equipe, como dá autonomia para que os colaboradores exijam isso uns dos outros. Cria-se, assim, uma reação em cadeia que regula o ambiente de trabalho para que a cultura definida prevaleça.

---

34 Netflix Culture — Seeking Excellence. **Netflix**, c2023. Disponível em: *https://jobs.netflix.com/culture*. Acesso em: nov. 2022.

A CULTURA É INEGOCIÁVEL

A cultura é algo muito valioso para a organização. Afinal, ela é a própria organização, seu modo de funcionar, estabelecer as relações entre as pessoas e o que determina quem estará ao nosso lado na construção do negócio. E sempre digo aos empresários que é preciso tomar muito cuidado com quanto toleram comportamentos incoerentes com a cultura que querem ver em suas empresas.

Precisamos estabelecer limites claros quando gerimos uma empresa e, para mim, esses limites são marcados pelos comportamentos que aceitamos na cultura. Neste ponto, entra o que chamo de "poder duro" do líder, quando ele precisa ter posições mais determinantes diante de algumas situações.

O poder duro, na minha visão, refere-se ao momento em que os líderes devem usar os últimos recursos quando uma situação ultrapassa o limite aceitável em relação às atitudes que estão acontecendo na empresa.

Para exemplificar, quero compartilhar uma memória de infância. Quando tinha 12 ou 13 anos, sempre frequentava a casa de um amiguinho bastante próximo. Estudávamos em escolas diferentes, mas, no final do período, nos encontrávamos e costumávamos almoçar e passar toda a tarde brincando.

Este meu amigo tinha uma mãe incrível, no entanto um comportamento dela sempre me assustava. Embora ela recebesse a mim e outros colegas com muita receptividade, em determinado momento da tarde, ela sempre começava a gritar com o filho. Ele dava de ombros e dizia para que não ligasse, era assim mesmo. Do meu lado, nos primeiros dias, assustava-me com aquelas explosões de gritos até que, com o passar do tempo, também acabei me acostumando.

O motivo dos gritos eram coisas comuns de uma casa com adolescentes: o quarto estava desarrumado, alguma nota veio mais baixa, não tirou o prato da mesa depois de comer etc. Aquela mãe tinha uma reação que, do modo que vejo hoje, era exagerada.

Na minha casa, minha mãe era diferente. Em alguns momentos, ela era bem rígida, contudo nunca a vi levantar a voz, nenhuma vez sequer. Até mesmo quando me castigava, o fazia sem elevar o tom de voz.

Estou compartilhando isso porque, para mim, quando uma mãe ou um pai grita, o mundo tem de parar. No entanto, se os pais gritam o tempo todo, a criança não consegue distinguir o peso das situações e, quando algo grave está acontecendo ou prestes a acontecer, a percepção é de que é apenas mais um grito.

Ora, o poder duro nas empresas funciona da mesma maneira. Quando acontece algo na empresa que não é aceito pela cultura e as pessoas envolvidas conhecem as regras, há que se ter consequências. E devemos ser diretos quanto a isso. É óbvio que não estamos falando aqui em gritar ou agir de maneira ofensiva; basta dizer quando alguém infringe as regras da empresa: "Não aceitamos este comportamento porque, ao contrário, nossa cultura é movida por isso e aquilo." Se não há a mudança que a cultura exige, então temos que buscar uma alternativa para a carreira desse profissional, porque ele não se encaixa na empresa que queremos construir.

Fala-se muito em querer trabalhar com os melhores profissionais, os mais talentosos e competentes. Mas, como líderes, devemos nos perguntar: *a cultura da minha empresa reflete um ambiente em que os melhores profissionais vão querer estar? Como líder, estou agindo de acordo com a cultura que quero promover?*

As respostas a essas perguntas nos direcionam para sabermos o que precisamos fazer agora. A cultura é inegociável e, como líder, é nosso papel ser os seus primeiros defensores. Por isso, refletir sobre a cultura e arbitrar os comportamentos esperados é algo que deve ser feito de maneira intencional e constante.

As pessoas que fazem parte da empresa devem verdadeiramente conhecer e entender o que cada pilar da cultura representa. O time deve ser capaz de reconhecer, entre si, como as atitudes dos colegas contribuem ou prejudicam o fortalecimento da cultura. Como disse: **a cultura é a organização.** E se estamos numa jornada para transformar os resultados para melhor, a base dessa revolução empresarial está na cultura.

*Se eu fosse você,
não ignoraria essas ideias.
Quem sabe eu tenho razão?*

CAPÍTULO 21

TENHA UM TIME CLASSE A NA SUA EMPRESA

Como líder e empresário, há uma verdade que você nunca pode esquecer: **os resultados da empresa são gerados através das atividades desempenhadas pela equipe**. Então, se os resultados dependem diretamente do desempenho da equipe, você precisa de um time que consiga entregar o que é esperado.

No entanto, quando analiso a maior parte das pequenas e médias empresas, percebo que esse fator não recebe a atenção que deveria. Então temos dois problemas:

1. Empresários confundem a própria performance como se esta fosse a regra para o desempenho da empresa. E se frustram porque percebem que os outros não obtêm o que eles esperavam, não entregam as atividades tal como os próprios empresários fariam. Vejo isso recorrentemente em líderes técnicos que não conseguem delegar.
2. O segundo problema é que, pela falta de estrutura e maturidade do processo seletivo, os empresários contratam pessoas que não têm alinhamento com a empresa ou não têm as competências necessárias para desempenhar as funções para as quais foram contratadas.

Esses problemas tendem a aparecer especialmente quando o processo seletivo é feito rápido demais, sem que o empresário e nem mesmo a pessoa contratada tenham clareza de quais são os objetivos daquela função.

E, como bem sabemos, o custo de ter a pessoa errada é enorme para a organização. Há custo financeiro e de tempo para realizar o recrutamento, treinamento e, quando as coisas não funcionam, o desligamento daquele profissional caso não seja possível encontrar outra atividade para a qual estaria mais apto.

Na minha empresa e também com os meus clientes, reforço que o processo seletivo é uma decisão crucial em nossa atuação como líderes. Por isso, quando estou em busca de um profissional para determinada função, tomo todo o tempo necessário para encontrar a pessoa certa. Se entrevisto dez pessoas e ainda não me sinto seguro de que encontrei quem a organização precisa, entrevisto outras dez. **Se quero resultados extraordinários, preciso de uma equipe capaz de entregá-los.**

E não sou apenas eu quem diz isso. Quando estava fazendo os estudos para seu livro *Empresas feitas para vencer*, Jim Collins identificou que as maiores empresas do mundo, aquelas que se tornaram referências em seus mercados, compartilhavam de uma mesma estratégia: elas sempre priorizavam as *pessoas* antes de definir *o que* fariam ou para *onde* iriam. Ele diz que essas empresas "*primeiro* puseram as pessoas certas no barco, tiraram as pessoas erradas, e colocaram as pessoas certas nos lugares certos. Só *depois* decidiram para onde o barco deveria rumar. [...] As pessoas *não* são o seu ativo mais importante. As pessoas *certas* é que são".[35]

Quando temos as pessoas certas a bordo, fica muito mais fácil encontrar resposta para todas as outras questões da nossa empresa. Os colaboradores certos são a nossa maior vantagem frente à concorrência. E os colaboradores certos são os colaboradores que chamei de classe A.

O QUE SIGNIFICA ENCONTRAR UM COLABORADOR CLASSE A?

Quando falamos "colaboradores classe A", nos referimos a colaboradores de ponta, que estão no top 10% dos profissionais do mercado para ocupar as posições que temos em nossa empresa.

---

[35] COLLINS, J.; BRANDT, M. (Trad.) **Empresas feitas para vencer**. Rio de Janeiro: Alta Books, 2018.

E, na construção de um time classe A, há três coisas que procuramos:

- **Talento**: potencial e capacidade daquela pessoa para desempenhar a função para a qual está sendo contratada.
- **Competência**: capacidade de ter disciplina, fazer as coisas até o fim e apresentar os resultados esperados, com postura engajada e responsável.
- **Comportamento alinhado à cultura:** atitudes e posicionamento adequados ao ambiente da organização, que respeitem as regras da cultura que se está tentando promover e tenha integração com a equipe.

Desses três pontos, o alinhamento à cultura é provavelmente o aspecto mais difícil de avaliar quando estamos realizando um processo seletivo. Por isso, quero ressaltar seis qualidades que valorizo e, para mim, são características de profissionais classe A, profissionais que quero ter comigo para ajudar a empresa a ter uma performance cada vez melhor.

1ª QUALIDADE: ENTREGA DE ALTA QUALIDADE

Colaboradores classe A são pessoas com vontade de fazer o que fazem com cuidado. São pessoas que não aceitam fazer seu trabalho em um nível abaixo do que são capazes de entregar. E não são assim porque são cobradas; fazem isso por si mesmas.

Um colaborador de classe A é alguém que, sabendo que pode fazer melhor, não aceita entregar menos do que isso. E mais ainda, é alguém que trabalha em função do resultado, ao contrário de alguém que apenas cumpre tarefas. Esse profissional entende a ligação entre o cumprimento da tarefa e o resultado que é esperado dela.

2ª QUALIDADE: DISPOSIÇÃO PARA APRENDER

O colaborador da classe A é alguém que possui as melhores competências técnicas dentro da sua área e nunca se acomoda. Ou seja, está sempre em busca de novos aprendizados e estratégias para aprimorar as habilidades que já possui.

Quando trago alguém para minha equipe, mostro o plano de carreira que imagino para a pessoa que irá ocupar a posição que estou buscando. Se essa pessoa for capaz de entregar o que esperamos, pode aspirar tornar-se sócia da empresa algum dia. Para isso, costumo dizer que duas coisas são necessárias: 1) nível de envolvimento e compromisso com os resultados da empresa; e 2) quantos livros ela está disposta a ler. Ou seja, não apenas o seu compromisso com os resultados que têm como meta, mas também com o próprio crescimento pessoal, pois isso com certeza também acrescentará aos resultados do negócio.

3ª QUALIDADE: HUMILDADE

Esta, para mim, é a qualidade mais inteligente que um ser humano pode ter: a humildade. E o que é, para mim, humildade? É a capacidade de entender que há algo que eu não sei. Entender que talvez alguém saiba mais do que eu. É a minha capacidade de perceber que há sempre outras perspectivas além da minha, e, quem sabe, uma delas é melhor do que a minha. Dizendo de outra maneira, é a minha falta de vontade de ter razão o tempo todo.

Um colaborador de classe A é alguém que não está preocupado em ter razão. É alguém que está mais interessado em aprender com as diferentes contribuições que as outras pessoas podem lhe trazer.

Há quem confunda humildade com autodepreciação, mas, para mim, isso é um erro. A pessoa pode ser extremamente autoconfiante e ser muito humilde. É alguém que escuta, é alguém que pergunta e que está sempre à procura de como pode melhorar. Aliás, algumas das perguntas típicas que uma pessoa humilde faz são: "como posso melhorar?", "o que poderia fazer melhor?", "o que poderia fazer mais?".

4ª QUALIDADE: GOSTA DE ANALISAR O PRÓPRIO DESEMPENHO

São pessoas que gostam de medir aquilo que fazem. Ou seja, pessoas que não apenas não têm problemas em trabalhar seguindo indicadores e em ter sua performance analisada e acompanhada, como também fazem essa autoanálise por conta própria, pois entendem que a melhor maneira de progredir e de serem mais eficientes é através da análise contínua. Como já disse, é isso o que separa um profissional de um amador, em qualquer área.

5ª QUALIDADE: RESPONSABILIDADE COM OS RESULTADOS

Colaboradores classe A são pessoas que, voluntariamente, gostam de prestar contas, compartilhar aquilo que fizeram, mas também de ter o mesmo retorno dos outros. Ou seja, se responsabilizam pelo resultado e por isso prestam e pedem contas. Não são o tipo de pessoa que vê um colega fazendo algo errado, cruza os braços e diz: "não é problema meu, é problema dele". Eles estão presentes, exigem performance dos colegas, porque sabem que nunca poderão fazer o seu trabalho no nível que desejam fazer se os outros à sua volta não estiverem fazendo o melhor possível também.

Então, são profissionais que exigem bastante de si mesmos e esperam o mesmo dos parceiros. Não é que sejam autoritários ou qualquer coisa do tipo; a abordagem dos profissionais classe A é sempre positiva, contribuindo para a cultura da empresa no processo em que estimula a melhora contínua, a colaboração e o relacionamento transparente entre os pares.

6ª QUALIDADE: BUSCA CONSTANTEMENTE POR OPORTUNIDADES

Mentalidade de abundância, atitude positiva diante dos desafios e um olhar que busca oportunidades mesmo quando algo não sai como era esperado são características esperadas de colaboradores classe A. Eles enxergam soluções para os problemas.

Quando algum imprevisto negativo acontece, embora queiram entender qual foi a falha no processo que gerou a situação, não se deixam perder nessa investigação. Ao contrário, colocam a maior parte de seus esforços em descobrir *como reverter* uma situação ruim em algo que possa gerar *novos resultados*.

✳ ✳ ✳

Ao ver todas essas qualidades, tenho certeza de que você pensou em diversas pessoas: aquelas que se encaixam perfeitamente nessas características e têm uma entrega de altíssimo nível; mas é provável que também tenha pensado em outros profissionais que, por alguma razão, não estão apresentando esse padrão de comportamento, e, como líder, é seu papel investigar.

É importante retomar o que disse Jim Collins: as pessoas certas são o ativo mais importante das empresas. São elas que constroem o resultado e a cultura da empresa. São elas que acionam as alavancas necessárias para o crescimento; portanto, estar perto da equipe e dedicar tempo de qualidade na gestão dos talentos da sua organização faz toda a diferença na busca dos objetivos.

Se eu fosse você, não ignoraria essas ideias. Quem sabe eu tenho razão?

CAPÍTULO 22

COMO ENCONTRAR OS TALENTOS CLASSE A

No capítulo anterior, falamos sobre as seis qualidades comuns aos profissionais de alta performance, mas pode ser que esteja se perguntando: na hora de recrutar, como um líder consegue detectar os profissionais certos, que tenham talento, competência e alinhamento com a cultura da empresa?

Recrutar bons colaboradores é uma das coisas mais difíceis que existem. No entanto, o líder precisa descobrir, por meio de perguntas, qual é a mentalidade e a atitude das pessoas que estão se candidatando a uma posição na empresa. Através do currículo, normalmente, conseguimos fazer uma boa avaliação das competências técnicas do profissional, especialmente se cruzarmos o currículo com alguma referência dos lugares onde ela trabalhou. Mas descobrir qual é a sua mentalidade é mais difícil. Um processo seletivo bem estruturado, com perguntas bem direcionadas, nos ajuda a enxergar com um pouco mais de profundidade algo que será comprovado ou não quando essa pessoa estiver na nossa empresa.

É como dizem: **o nosso currículo nos consegue o trabalho, mas a nossa atitude é o que nos mantém nele e nos faz progredir profissionalmente.** Então, reconheço que esta é uma das coisas mais difíceis, que se aprendem com o tempo, através de erros e acertos. Nunca chegaremos a um método infalível para isso, infelizmente. Mesmo após 20 anos de experiência, ainda vamos nos decepcionar com alguém que chamamos para a nossa equipe, e às vezes ficamos muito felizes com o que a pessoa traz para a empresa. Contudo, apurando o olhar, esses erros passam a ocorrer com muito menos frequência, enquanto os acertos, com muito mais.

E, claro, como disse anteriormente, esse processo seletivo acontece em via de mão dupla. Se queremos ter um time de excelência, temos que nos tornar o tipo de líder e de empresa que atrai esses colaboradores classe A. Se a empresa não for suficientemente atrativa e oferecer uma oportunidade de crescimento real para os talentos, provavelmente eles nem sequer se candidatarão às posições que temos disponíveis.

UM MODELO SELETIVO PARA VOCÊ SE INSPIRAR

Embora não exista um método infalível para encontrar os melhores profissionais do mercado, acredito que existem estruturas para que você cometa mais acertos na hora de fazer a seleção dos talentos que estarão ao seu lado na empresa. Lembrando sempre que, quando digo, melhores talentos, me refiro às *pessoas certas para ocupar cada posição do negócio*.

Na minha empresa e com nossos clientes, aplico uma metodologia em quatro fases para realizar nossos processos seletivos. Quero compartilhá-la com você, para que sirva de inspiração e sugestão para que veja como pode melhorar e lapidar os processos que você conduz.

1ª FASE: CLAREZA DA FUNÇÃO E DAS COMPETÊNCIAS NECESSÁRIAS PARA EXECUTÁ-LA

Nesta primeira fase, o líder faz um exercício para ter clareza sobre a atividade que deseja que este novo profissional desempenhe na empresa e que, ao mesmo tempo, permita ao novo funcionário reconhecer quando estiver na direção certa ou não do que a empresa espera como resultado do seu trabalho.

Este exercício nada mais é do que escrever um quadro com todas as características para aquela função: quais são as tarefas de rotina, quais são os resultados (se possível, em números) que a posição deve entregar para a companhia, quais são as responsabilidades, a quem esse profissional responderá etc. É fundamental que seja, realmente, um documento escrito e acessível entre líder e colaborador, pois ele servirá como referência em toda a jornada de avaliação de desempenho do profissional.

Esse descritivo entrega para o empresário e para a pessoa candidata um guia que destrincha as atividades e responsabilidades da função. Assim, todos ficam alinhados desde o primeiro momento sobre o que é esperado para o desempenho naquela posição.

Sempre digo aos empresários: nunca comecem um processo seletivo sem, antes, saber exatamente o que precisa ser feito, quais serão as atribuições desta nova contratação. Assim, terão mais recursos para encontrar alguém que já seja especialista na função ou alguém que tenha as competências necessárias para se tornar especialista.

2ª FASE: FONTES PARA ENCONTRAR OS CANDIDATOS

Tendo clareza do escopo da posição, é hora de buscar os candidatos. Na minha experiência, o melhor jeito de fazer é estando *sempre* com processos seletivos abertos. O que quero dizer com isso é que estimulo não só os líderes, mas também minhas equipes, a estarem constantemente avaliando as pessoas em seus círculos pessoais e profissionais para identificar aqueles que poderiam fazer parte da nossa organização em algum momento. Assim, quando temos uma vaga formalmente aberta, alguns nomes interessantes já virão à mente como indicação da própria equipe ou mesmo do seu acervo de contatos.

Além das indicações, outro caminho bastante utilizado é através de recrutadores externos ou headhunters, empresas que cuidam das primeiras etapas do processo seletivo e entregam ao empresário algumas recomendações, que seriam os candidatos finalistas. Este modelo, na minha visão, só é eficiente quando empresários e recrutadores entendem em profundidade todas as necessidades e características para que um profissional desempenhe bem a função para a qual se está contratando — e esta não é uma tarefa fácil. O briefing para uma empresa recrutadora deve ser extremamente completo, incluindo no processo etapas que validem não só competências técnicas como também comportamentais dos candidatos.

Por fim, temos os anúncios de vagas em sites especializados e nas redes sociais. O desafio nesta opção é ue tende a ser um processo que gera bastante ruído, pelo alto volume de candidaturas. É preciso, então, ter um bom mecanismo de análise de todos os currículos para não deixar nenhum talento potencial passar despercebido.

3ª FASE: CICLO DE ENTREVISTAS

Feita a seleção dos candidatos que, através de seus currículos, acreditamos terem perfil adequado para a posição, entramos na rodada de entrevistas, que eu estruturo em cinco etapas:

Entrevista de triagem: digamos que tenha feito a seleção de 15 candidatos que me parecem ter todas as competências para a vaga que tenho a preencher. Então, faço uma primeira entrevista rápida, com duração de cerca de 20 minutos, com o objetivo de realmente identificar quais, dentre os 15 candidatos, realmente são os profissionais com maior potencial de alinhamento com nossa empresa.

Nesta primeira conversa, faço três perguntas:

- Quais são as atividades que ela melhor desempenha?
- Quais são as atividades que ela pior desempenha?
- Como foi o relacionamento com seus líderes anteriores?

Com essas três respostas, já é possível identificar os candidatos que seguirão para a próxima etapa.

Entrevista de seleção: com os candidatos que avançam para a segunda entrevista, faço a discussão curricular e de performance que tiveram nos lugares por onde passou. Esta é uma conversa para nos aprofundarmos nos talentos e nas competências que cada candidato possui. A etapa demanda um pouco mais de tempo, para que possamos conversar sobre os principais projetos em que cada pessoa atuou e analisar como as experiências anteriores a qualificam para o desafio que temos em mãos. A entrevista é totalmente focada no histórico dos seus resultados profissionais.

Entrevista de aprofundamento: a cada nova rodada de entrevista, vamos afunilando os candidatos para a função. Por exemplo, se comecei as entrevistas com 15 candidatos, é provável que nesta etapa já esteja com os 4 finalistas. Os finalistas participarão desta e das próximas duas rodadas.

Na entrevista de aprofundamento, o objetivo é conversar sobre os traços comportamentais de cada candidato e identificar o alinhamento cultural de cada um com a empresa.

São conversas em que falamos muito sobre os valores e as regras de conduta da organização. E quando também peço as referências de cada candidato para conhecê-los melhor através da perspectiva de ex-colegas.

Entrevistas de referência: conversar com outros profissionais que trabalharam com aquela pessoa que está participando do processo seletivo é algo que valorizo muito. Quero entender o motivo de a pessoa ter deixado a empresa e principalmente saber se, caso tivesse uma oportunidade, aquela empresa voltaria a contratá-la.

Sempre peço aos finalistas que me tragam o contato preferencialmente de algum líder anterior e, na ligação, que tende a ser bastante breve, sempre digo: "Por favor, quero me diga apenas a verdade sobre esta pessoa, da mesma maneira que, caso estivéssemos em posição oposto, você também gostaria de ouvir a respeito sobre o trabalho de alguém que está considerando ter na sua empresa." Essa troca é extremamente relevante.

Escolha: por fim, é hora de analisar o desempenho de cada candidato nas entrevistas e fazer a escolha de quem receberá a oferta para a vaga. Nesta última análise, é muito importante que as perguntas feitas para as pessoas que estão se candidatando e para as referências que elas indicaram sejam as mesmas. Assim, temos uma análise objetiva e comparamos as diferentes respostas para as mesmas perguntas.

4ª FASE: VENDER O PROJETO

Chegamos à última fase. O momento de fazer a oferta e convidar aquele profissional que mais se destacou durante todo o processo para fazer parte da empresa. Aqui, é o momento de nós, líderes e empresários, mostrarmos a esse talento que a nossa empresa é uma empresa classe A.

Afinal, os melhores profissionais querem estar nas melhores empresas. Nesta conversa, é preciso discutir não apenas valores financeiros, mas como a experiência na nova empresa trará oportunidades de crescimento pessoal e profissional para essa pessoa, as possibilidades para assumir novos desafios e responsabilidades ao longo do tempo, conquistando uma verdadeira evolução na carreira.

O profissional provavelmente também está avaliando outras propostas, então nossa missão é mostrar as vantagens de dizer "sim" à nossa.

REUNIÕES DE ACOMPANHAMENTO E CONVERSAS CRÍTICAS

Recrutar esses colaboradores de classe A, claro, é apenas o início do nosso trabalho como gestores. O mundo empresarial seria muito mais fácil se pudéssemos apenas colocar as pessoas para trabalharem, darmos os pontos A e Z e disséssemos: "nos vemos no final do ano". Mas, como já disse, isso é uma fantasia, uma utopia que não acontece. Como gestores, precisamos acompanhar o que está sendo feito em nossas empresas. É o famoso ditado: "O olho do dono é que engorda a boiada."

Uma parte essencial disso são as reuniões de acompanhamento de performance. Nelas, teremos o que chamo de "conversas críticas": sempre que houver desvios em relação ao que está planejado ou aos padrões que definimos para os indicadores, precisamos dizer o que precisa ser dito e fazer ajustes.

Essas conversas são realizadas no intuito de incentivar, de mostrar às pessoas que podem fazer melhor, que têm condições de fazer melhor e que é preciso fazer melhor. Ou, se estiverem indo bem, dar esse retorno de que os indicadores do seu trabalho estão ótimos. Mesmo os colaboradores de classe A às vezes precisam ouvir que ficaram abaixo ou acima do esperado, pois isso vai garantir que a performance siga em ritmo de melhora e crescimento.

COM O MELHOR ELENCO, AS CHANCES DE GANHO A LONGO PRAZO AUMENTAM

Seja nos esportes de alta performance, seja nas empresas, quase sempre as equipes que ganham são aquelas que reúnem o melhor elenco de pessoas. Assim como no esporte, os times que costumam se fixar como líderes são aqueles com os melhores técnicos e atletas. Quem tiver os melhores colaboradores tem, pelo menos, uma enorme vantagem no mundo empresarial. E o melhor elenco quer trabalhar com os melhores gestores, com as melhores empresas, tendo melhores estruturas para desempenhar suas atividades.

Uma das estratégias de alavancagem das empresas que vimos em capítulos anteriores é a capacidade dos líderes de executar por intermédio dos outros. Se trabalhamos com uma equipe classe A, temos que ser capazes de ter tamanho alinhamento que não precisemos controlá-la, que possamos dar-lhe autonomia e apenas façamos o acompanhamento dos processos e indicadores.

Esse acompanhamento, tendo sempre conversas honestas a respeito de como o trabalho está sendo executado, não apenas aumenta o engajamento do colaborador como também oferece mais segurança. Afinal, ele sente que foi preparado para fazer aquilo e tem apoio sempre que necessário, sem ter alguém vigiando seu trabalho o tempo todo.

Se contratamos as melhores pessoas, temos que confiar no trabalho delas. Devemos deixá-las nos mostrar pontos de melhoria e oportunidade para que o tempo em que trabalharem juntas seja de crescimento contínuo para os dois lados: o profissional e a empresa.

Se eu fosse você, não ignoraria essas ideias. Quem sabe eu tenho razão?

CAPÍTULO 23

A ARQUITETURA SOCIAL DA EMPRESA

Neste capítulo quero falar com você sobre a arquitetura social da empresa, ou seja, a forma como as pessoas se organizam no negócio, como é a relação entre cada uma, quem reporta para quem, quem trata do quê.

Gosto muito dos exemplos do esporte porque facilitam a compreensão de certos conceitos. No caso da arquitetura social, imagine que você seja o técnico de um time de futebol. Uma de suas funções é armar o time, portanto definir quem é que joga, quem não joga, quem estará em cada posição, quais serão as jogadas entre todos em campo etc. Nas empresas, o gestor faz exatamente isso ao definir a posição que cada função e colaborador ocupam na empresa.

A arquitetura social é a organização das pessoas no ambiente de trabalho.

ORGANOGRAMA: O ESQUELETO DA EMPRESA

A base da arquitetura social é o organograma, que, na minha visão, é um dos aspectos mais subavaliados pela maior parte dos empresários.

Em primeiro lugar, porque a maior parte deles não reconhece e não entende a importância do organograma. Por outro lado, porque muitos empresários gostam de estar em todas as posições e em todas as funções ou, por ainda terem poucas pessoas na equipe, acreditam que não há necessidade de se dedicar a isso porque "todo mundo faz um pouco de tudo".

Para mim, no entanto, a empresa deve ter um organograma desde a sua fundação, mesmo que tenha apenas uma pessoa trabalhando nela. Assim o empresário saberá quais são as funções que deve desempenhar, como deve desempenhá-las e quanto tempo precisa dedicar a cada uma delas. Se não tiver um organograma, algumas coisas ficarão esquecidas, inevitavelmente.

Outro problema recorrente que vejo nas empresas é que o organograma é desenhado, porém ou as pessoas não o conhecem, ou o deixam desatualizado e incompleto.

Nessas situações gosto de propor a seguinte reflexão: se o organograma é praticamente o esqueleto da empresa, quando este está enfraquecido, com problemas na composição, é muito mais difícil ter um bom desempenho frente à concorrência.

Em um ser vivo vertebrado, o esqueleto mantém tudo no lugar, garante que o corpo suporta o próprio peso, tenha equilíbrio e resiliência, consiga articular bem os seus membros. O mesmo acontece nas empresas.

Todas precisam de um esqueleto para ter melhor eficiência, articular os sistemas e processos, garantir uma boa comunicação entre todas as partes do negócio.

Então, enquanto não houver um organograma bem desenhado e compartilhado entre todos, não há arquitetura social, e sem isso, mesmo que as pessoas estejam realizando seus esforços, é muito provável que estejam desorganizadas.

O organograma é um documento que deve estar acessível a todos. Todo mundo deve saber onde encontrar o organograma, qual é o descritivo de funções, como essas funções se posicionam hierarquicamente, ou seja, a forma de organização da própria empresa é um conhecimento que deve estar aberto.

E digo que este é um desenho a ser feito desde o início do negócio porque o empresário tem que desenhar o organograma para a empresa que ele quer construir. **O empresário deve colocar no organograma a visão que tem do que a empresa virá a ser no futuro.**

Agora, é importante, também, entender que o organograma é uma coisa viva, que se transforma com o tempo, por isso deve estar constantemente atualizado. Afinal, há alterações estratégicas que implicam alterações de recursos, que implicam alterações no organograma.

COMO ESTRUTURAR O ORGANOGRAMA

Se você ainda não tem o organograma estruturado ou se precisa rever o modelo atual, a primeira coisa a ser feita é imaginar como gostaria que a empresa estivesse quando todas as áreas de atuação estivessem preenchidas.

Qual seria a melhor organização para o mercado? O melhor fluxo de atendimento aos clientes? Ou seja, o organograma não deve ser desenhado com base nas pessoas que estão à nossa disposição. Ele não deve ser a alocação das pessoas que já fazem parte da equipe. Deve, sim, ser a organização a partir das necessidades e da visão de mercado que o empresário tem. Depois, analisam-se as pessoas e onde elas estarão posicionadas na estrutura.

O fato de ver o organograma como uma ferramenta que serve à missão da empresa e não às pessoas pode causar algum estranhamento. Porém, quando o desenhamos em função das pessoas, corremos o risco de ter desequilíbrio na arquitetura social, pois podem faltar profissionais com determinadas competências para ocupar certas posições. Ou podem faltar áreas para que o negócio possa ter a estrutura mais adequada. Quando tentamos moldar o organograma em função das pessoas que já estão na equipe, tendemos a forçar que elas ocupem posições que não são as melhores para o seu desempenho.

Mesmo que a empresa já esteja operando e tenha uma equipe construída, se precisa revisar o organograma, tente se afastar da visão de como as coisas funcionam hoje e se concentre em como elas *deveriam funcionar* para a empresa alcançar mais produtividade.

Recentemente, tive essa experiência com o presidente de uma empresa no Brasil, um negócio com faturamento anual de quase 1 bilhão de reais, portanto uma estrutura bastante robusta. No processo, vimos que o organograma estava totalmente desatualizado, e mais ainda: o desenho dele não recebeu a atenção e o cuidado que necessitava desde o início da empresa. Junto com esse cliente, trabalhamos no redesenho do esqueleto da empresa. No início, foi uma tarefa muito difícil, porque o empresário estava fixo nas pessoas que já estavam trabalhando na empresa e no modo como elas trabalhavam. Até que resolvemos dar um passo atrás e esquecer as pessoas por um momento para fazer o desenho ideal. O resultado final era um organograma completamente diferente, de modo que a equipe teria um fluxo muito mais funcional e objetivo.

O impacto que o novo organograma teve nos resultados da empresa foi inacreditável, exatamente porque organizou os recursos humanos de uma forma muito mais efetiva e produtiva. Além disso, ao desenharmos o organograma, percebemos que a empresa precisava trazer algumas competências novas, o que a levou a ir para o mercado e contratar profissionais que acrescentaram valor às áreas que a empresa precisava desenvolver.

Neste modo de trabalhar — ou seja, desenhando as atividades e áreas necessárias para cumprir a missão da empresa e ter a melhor organização para atender ao mercado e, depois, analisando o perfil comportamental e técnico dos colaboradores —, conseguimos efetivamente colocar as *pessoas certas nos lugares certos.*

Nas últimas empresas que montei, o organograma sempre foi a primeira coisa que eu desenhei, mesmo quando eu era a única pessoa a trabalhar no negócio inicialmente. Antes de ter a empresa pronta e ter os primeiros colaboradores, já defini o organograma. No início, meu nome estava em todas as caixinhas, para ter certeza de que nada deixaria de ser feito, fosse cuidar da limpeza do escritório, atender o telefone ou fazer o acompanhamento das propostas para potenciais clientes.

Ter essa visão ampla de tudo o que é necessário para a empresa funcionar bem garantiu que tivesse direcionamento no momento de realizar as contratações, com clareza de como cada função contribui para o todo, quais contratações eram prioritárias e quais competências complementares precisava encontrar nos novos colaboradores.

CUIDADOS AO MONTAR O ORGANOGRAMA DA EMPRESA

Na minha experiência, vejo que há dois fatores que costumam atrapalhar os líderes na construção do organograma.

O primeiro é o fato de ser uma tarefa burocrática e que, especialmente em pequenas empresas, gera algum desconforto quando o empresário percebe que nem todas as pessoas precisarão responder a ele. O organograma faz com que o empresário perceba claramente que é preciso sair do operacional e se dedicar à estratégia.

O segundo fator é o que chamo de "luta pelas caixinhas". Ou seja, o desenho do organograma muitas vezes nos obriga a lidar com algumas lutas pelo poder dentro da empresa. Gera o dilema de quem responde para quem, quem está hierarquicamente acima de quem. São situações que tiram o empresário da zona de conforto, contudo são decisões que cabem ao líder e não podem ser delegadas ou ignoradas. Cabe ao líder ter sensibilidade, além de domínio de comunicação para conduzir essa transformação da melhor maneira possível.

O ORGANOGRAMA TAMBÉM É UMA FERRAMENTA DE ALAVANCAGEM

O organograma também é uma ferramenta de alavancagem porque, para assegurar o crescimento sustentável de uma empresa, nós precisamos essencialmente de duas coisas: **estrutura** e **consistência na execução**.

A estrutura, numa primeira fase, é garantida pelo organograma, o esqueleto, o alicerce para que a empresa tenha condições de aproveitar as oportunidades de crescimento. Quando a empresa tem uma boa arquitetura social, encontra condições para poder crescer e sustentar o seu crescimento.

Um caso típico no mercado é vermos empresas crescerem de modo que a estrutura existente não dê conta. Para exemplificar isso, muitas vezes, até digo aos empresários: imagine que você tem uma BMW, mas tem as rodas de uma bicicleta, ou seja, na primeira curva que fizer a sério, corre o risco de ter um grave acidente porque as rodas não suportam a potência, o peso e a dimensão do carro. Esse é um risco que muitas pequenas e médias empresas correm, porque as vendas, em determinado momento, atingem um grande volume, mas a estrutura não acompanha a demanda, fazendo com que a sobrecarga seja generalizada.

Então, é fundamental termos a noção de que o crescimento da empresa precisa ser acompanhado pelo crescimento e amadurecimento do organograma, da arquitetura social, e o papel do empresário não é o de se distribuir pelo organograma, ou seja, o de ocupar todas as caixinhas. O empresário deve subir no organograma e articular. Depois, tudo precisa acontecer na empresa por intermédio das outras pessoas.

Se o organograma estiver bem montado, ele há de suportar, com ajustes muito simples, o crescimento a longo prazo da empresa. Um bom organograma, uma boa arquitetura social, permite-nos "automatizar" uma série de tarefas e procedimentos que precisam acontecer na empresa de maneira recorrente. O que normalmente chamo de "a máquina": as coisas acontecem sem que o empresário tenha que tomar decisões ou fazer escolhas. O organograma dá a direção para que as pessoas saibam o que fazer e como negociar com outras áreas em determinadas situações, pois já há um caminho previsto a ser percorrido desenhado no fluxo do organograma.

A arquitetura social da empresa nasce no organograma, mas não se esgota nele. A partir do organograma, nasce a necessidade de criar os processos e registrá-los; nasce a dinâmica entre as áreas e a base para a elaboração dos manuais e treinamentos para que a execução seja a melhor dentro de toda a cadeia que existe no negócio desde o planejamento estratégico até a entrega para o cliente final, passando por todos os stakeholders.

Essa visão dá clareza e autonomia para fazer a máquina empresarial funcionar na máxima eficiência possível. E é exatamente isso o que uma equipe classe A em uma empresa classe A busca encontrar.

Se eu fosse você, não ignoraria essas ideias. Quem sabe eu tenho razão?

CAPÍTULO 24

PRODUTIVIDADE E GESTÃO DO TEMPO

Para encerrar esta parte do livro, falaremos agora sobre outro fator que está diretamente ligado à dinâmica da liderança e da equipe: **produtividade**.

Tanto para nós, gestores, como para a equipe, este é um tema de suma importância porque tem impacto no que conseguimos alcançar em termos de resultado. E aqui há uma questão primordial: nunca nos ensinaram a ser produtivos. Nas escolas, nas faculdades, nas empresas, nunca houve o elogio, o reforço positivo da produtividade, apenas o elogio e o reforço diante do esforço. Só nos ensinaram a sermos esforçados, reforçando em inúmeros contextos que o esforço é o que gera resultados. Mas, nos últimos quase 20 anos do meu trabalho de mentoria, o que vi é o oposto.

Meu ponto é que o esforço não é um diferencial de sucesso na atividade empresarial, apesar de muitas empresas celebrarem isso, gerando pessoas cansadas que produzem resultados também inferiores ao esperado. Não quero que, com isso, você me interprete mal. Temos que partir do princípio de que esforço é aquilo que todos nós colocamos no nosso trabalho, seja ele qual for. É o mínimo, é o catalisador que põe tudo em ação. No entanto, raramente consigo resolver com mais esforço uma coisa que não estou conseguindo resolver com menos esforço. Vou explicar:

Na minha visão, o fator que garante resultados é como tornamos as nossas horas de trabalho mais produtivas, gerando mais resultados a partir do mesmo tempo dedicado.

Nesse sentido, não gosto muito da expressão "gestão do tempo", porque acredito que todos nós temos as mesmas 24 horas por dia, 7 dias por semana, 52 semanas por ano. **O que precisamos gerir são as escolhas que fazemos sobre a forma de usar esse tempo**: como você e a equipe podem obter um melhor resultado no tempo a que se dedicam ao trabalho?

A resposta é enganosamente simples, tanto que, nas minhas palestras, costumo brincar dizendo que tenho 3 versões do meu curso de produtividade. A versão de 30 segundos, a de 45 minutos e a de 6 horas. Claro que a de 6 horas e a de 45 minutos são mais detalhadas, mas bastam 30 segundos para passar o conteúdo principal que impactará de forma positiva a produtividade de qualquer empresário. São duas decisões que o empresário deve tomar, que chamo de **as duas leis da produtividade**.

A primeira lei da produtividade é decidir o que fazer e o que não fazer. A segunda lei da produtividade é priorizar o que será feito.

1ª LEI DA PRODUTIVIDADE: DECIDIR O QUE FAZER E O QUE NÃO FAZER

Nos meus cursos e palestras, costumo perguntar aos empresários se eles conhecem alguém que elaborou uma lista do que precisava ser feito, a execução das atividades da lista parecia possível no momento em que ela foi escrita, porém, conforme o dia foi passando, quase nada foi completado. A resposta a essa pergunta é sempre "sim", sendo que, na maioria dos casos, eles são essa pessoa.

A verdade é que isso acontece com todos nós. Fazemos um planejamento para cada dia ou semana, que parece totalmente realizável, mas não conseguimos cumpri-lo. Isto acontece porque fizemos uma lista quando deveríamos ter feito duas:

1. uma lista das coisas que **preciso** fazer; e
2. uma lista das coisas que **não posso** fazer.

Uma é tão importante quanto a outra. A razão para não cumprirmos com o que havíamos planejado, na maioria dos casos, é consequência de coisas que não poderíamos fazer ter bagunçado o andamento do nosso trabalho. Elas são os ladrões de tempo que roubam nossa produtividade e nos tiram o foco das prioridades, como excesso de interrupções, muitas reuniões sem ter uma agenda definida para garantir que sejam eficazes, incêndios que surgem a todo momento pela falta de planejamento ou ainda realizar tarefas que sejam de outras pessoas.

Se quero ser produtivo, preciso ter uma dieta de produtividade. E essa dieta, como qualquer outra, se baseia numa lista do que devo comer e do que não devo comer. Se eu souber o que tenho que evitar, minha atenção estará apenas no que posso consumir. ***E produtividade é saber o que precisamos evitar para ter tempo para o que devemos fazer.*** Isso significa abrir mão das distrações e deixar que cada pessoa da equipe assuma seu papel na execução do que precisa ser feito.

2ª LEI DA PRODUTIVIDADE: PRIORIZAR O QUE SERÁ FEITO

A segunda lei da produtividade, tendo definido o que cada pessoa precisa fazer, é entender a prioridade das tarefas.

A regra simples é: comece fazendo as coisas mais importantes. A tendência é que comecemos pelas coisas mais fáceis, mais rápidas, mas estas raramente são as mais importantes. À medida que vamos nos concentrando em fazer as coisas mais importantes primeiro, aparecem menos problemas para serem resolvidos, menos incêndios para serem apagados. É como costumo dizer: ***o bom tempo esvazia o mau tempo.***

Geralmente, quando as pessoas estão passando a maior parte do seu tempo apagando incêndios, é porque não estão preenchendo suas agendas com as coisas mais importantes.

DUAS PERCEPÇÕES SOBRE O TEMPO: TEMPO HORIZONTAL E TEMPO VERTICAL

O maior desafio nas organizações é focar o esforço nas coisas mais importantes que, por não serem urgentes, raramente são feitas.

Todos sabem que definir objetivos é uma boa ideia, mas grande parte das pessoas não está definido objetivos, pois é algo que podem fazer amanhã, não há pressa. Por parecer que é algo que não vai impactar o resultado imediato, definir os objetivos nesta ou na próxima semana é "indiferente". Contudo, esse empurrar para depois acaba fazendo com que a tarefa não seja feita.

Enquanto isso, embora o trabalho mais importante do empresário seja ter tempo para pensar e ajudar a equipe a encontrar formas de alavancagem, a maior parte deles não tem tempo para isso. Por isso é fundamental esse exercício de priorização. Como líderes de equipes, quando temos essa ordem de atividades clara, conseguimos desempenhar melhor nosso papel para que elas coloquem seu esforço também nas demandas certas.

Por isso, gosto de compartilhar duas percepções sobre o tempo: o tempo horizontal e o tempo vertical.

TEMPO HORIZONTAL

Por exemplo, imagine que nossa missão é plantar alfaces. Digamos que as alfaces levam 30 dias para crescer, mas não as plantamos no primeiro dia e aparecemos no último para colhê-las. Durante esses 30 dias, havia uma série de tarefas que tinham que ter sido desempenhadas. Eram tarefas simples, mas diárias, como regá-las, retirar pragas, que talvez fossem feitas em apenas uma hora. Seria uma hora por dia, ao longo de 30 dias, totalizando 30 horas.

Se não tivermos cumprido essas tarefas, no dia em que aparecermos para colher, não teremos nada. Por mais esforço que coloquemos, não conseguiremos plantar e colher no mesmo dia aquilo que precisa de 30 dias para ser realizado.

Há coisas que levam tempo; a alface tem o seu ciclo de crescimento e, por mais que desejemos, não há como acelerá-lo. Nas empresas, é igual: há rituais básicos que sustentam o crescimento e são de extrema importância; se não forem feitos, chegaremos ao último dia sem encontrar o resultado que desejávamos.

Chamo isso de *tempo horizontal*, que é o tempo entre plantar uma ideia e colher um resultado, e o processo de trabalhar nessa ideia disciplinadamente e todos os dias, realizando as tarefas necessárias para chegar a esse resultado. É necessário, então, ter disciplina com as tarefas importantes, pois, assim como as alfaces, uma empresa só cresce nesse tempo horizontal.

TEMPO VERTICAL

Agora vamos imaginar outro cenário. Imagine que você tem um grande sítio, com uma linda plantação de árvores e flores. Um belo dia, você acorda e vê que duas árvores estão pegando fogo. Você liga para os bombeiros e eles dizem: "Temos duas alternativas, a primeira é mandar dois dos nossos engenheiros para analisar o terreno por trinta minutos diários, durante um mês, e no final desse período eles nos entregarão um dossiê de recomendações para não ter problemas com incêndios futuros; a segunda opção é mandar 50 brigadistas, 5 carros e 2 helicópteros, que só deixarão o espaço quando o incêndio estiver apagado." Qual das duas você vai escolher? A segunda, obviamente, pois, numa emergência, o tempo horizontal não vai ajudar.

Nesse caso, precisamos do que chamo de *tempo vertical*, que é colocar todos os recursos para resolver uma crise. Isso se faz necessário em alguns momentos. É normal. A grande questão é que, quando temos uma crise dessa magnitude, ela é causada porque as atividades importantes não foram feitas no tempo horizontal.

Em muitas empresas às quais chego, encontro equipes inteiras atuando como se fossem grupos de bombeiros. Nem apagaram um incêndio, já tem dois ou três se formando ao redor, e vivem apagando-os. A questão é que sempre haverá incêndios — não se engane, não há nada que os evite nas empresas, mas a priorização de tarefas importantes, ou seja, fazer uso do tempo horizontal, evita que eles continuem acontecendo o tempo todo.

OS 20% QUE CAUSAM O MAIOR IMPACTO

O matemático italiano Vilfredo Pareto percebeu que havia uma relação de 80/20 em quase tudo no Universo. Esse princípio significa que 20% do esforço gera 80% dos resultados. Seguindo essa lógica, 20% das tarefas que desempenhamos impactam 80% do resultado total da empresa; 20% dos clientes geram 80% do faturamento, e assim por diante. Você pode fazer essa análise nos seus indicadores e ver se a relação se prova verdadeira ou não.

Entender essa lei permite que a usemos a nosso favor. Em relação ao nosso tempo, a lei de Pareto mostra que, no período ao qual nos dedicamos ao trabalho, estamos mais produtivos em 20% dele. Digamos que você trabalhe dez horas por dia. Segundo essa regra simples, quer dizer que em duas horas você produz o que é necessário para gerar 80% do seu resultado diário.

Além disso, dentro das duas horas de alta produtividade, você deve replicar a lógica de Pareto, pois em 20% do tempo delas você produz a fatia mais relevante do resultado. Portanto, os primeiros 4% do seu tempo total de trabalho são os mais valiosos para você determinar qual será o desfecho daquele dia. Aplicando esse equilíbrio reiteradamente, você descobrirá que, em alguns minutos, produz a maior parte dos seus resultados. Então, começará a organizar as suas prioridades de modo a ordená-las pelas ações mais produtivas e menos produtivas.

Se toda a equipe trabalhar compartilhando essa visão, buscando aprimorar cada vez mais os seus 20% que geram maior resultado, e com uma visão clara do que precisa ser feito para chegar ao destino que a empresa busca, tudo isso somado a um time classe A, temos todos os elementos para potencializar o crescimento de qualquer negócio.

PRODUTIVIDADE E ALAVANCAGEM

A produtividade tem tudo a ver com o conceito de alavancagem, pois o que desejamos é multiplicar o resultado do nosso esforço, fazendo com que nossas horas de trabalho rendam sempre mais.

Ao delegar as tarefas operacionais a seus funcionários e a se restringir a realizar somente as tarefas que ele pode fazer, o empresário dedica suas horas de forma muito mais produtiva, utilizando seu esforço de forma alavancada, retirando mais valor das suas horas de trabalho e tendo um impacto maior no resultado produzido. Ou seja, produzindo mais com cada vez menos tempo.

Atuando de maneira bem direcionada, buscando oportunidades de melhoria contínua e tendo consistência no que é função de cada um, os colaboradores produzem mais. Quando todos sabem o que devem fazer, o que não devem fazer e priorizam o que deve ser feito de modo a dar a devida atenção e foco ao que gera a maior parte dos resultados, todos ganham em termos de eficiência e eficácia.

Como disse, os nossos resultados dependem de como gerimos as escolhas que fazemos sobre a forma de usar o tempo que temos disponível para fazer aquilo com o que nos comprometemos.

Se eu fosse você, não ignoraria essas ideias. Quem sabe eu tenho razão?

PARTE 5
VANTAGEM COMPETITIVA

Em seu ninho, próximo de uma lagoa, uma pata estava sentada chocando os seus ovos. Não demorou, os filhotes começaram a nascer, um após o outro, e cada um mais amarelo e bonito do que o anterior. Por fim, sobrou apenas um ovo a ser rachado, mas o patinho que estava lá dentro parecia não ter pressa alguma. A mãe esperou, esperou, esperou, até que, finalmente, a casca se quebrou, e de lá saiu um patinho diferente de todos os outros. Era grande, pescoçudo e com penas cinzentas. "Como é feio!", disse a mãe. "Como é feio!", disseram os irmãos e irmãs. "Como é feio!", disseram os outros patos que vieram visitar, enxotando-o aos risos.

Triste e solitário, o patinho feio teve que aprender a fazer tudo sozinho: nadar, comer e se virar no mundo, sendo rechaçado por todos que o encontravam e diziam que ele era um pato muito feio. Assim, ele cresceu, trocou as penas cinzas por penas brancas, até que, enfim, sua jornada o levou a uma outra lagoa, próxima daquela onde nasceu. Lá, ele viu aves como nunca tinha visto: grandes, pescoçudas, de penas brancas como as dele, e extremamente elegantes. Eram cisnes. Ele se aproximou, cauteloso, esperando ser rejeitado como havia sido pelos patos, mas os cisnes o receberam de braços abertos, dizendo: "Como você é lindo!"; "O cisne mais bonito de todos!" Ele, então, percebeu que nunca fora um pato. Ele sempre fora, na verdade, um cisne. E, como cisne, foi feliz pelo resto da vida.

✖ ✖ ✖

A história do Patinho Feio é um conto clássico da infância. Todos nós o conhecemos. No entanto, a interpretação mais comum o resume à lição de que não devemos julgar os outros pela aparência, de que devemos aceitar quem somos e aqueles que são diferentes de nós.

Contudo, aqui, quero provocar você a pensar nessa história da perspectiva do patinho, o protagonista. Quando ele parou de lutar contra aquilo que o tornava único e abraçou essas características, pôde desbloquear infinitas possibilidades em seu novo meio de relacionamentos, nas coisas que ele, agora reconhecidamente cisne, poderia fazer.

Trazendo essa analogia para as empresas, o que quero dizer é que, quando encontramos vantagem competitiva, deixamos de ser patinhos feios e nos tornamos cisnes elegantes. Passamos a ser admirados justamente por aquilo que somos e temos. Passamos a nos destacar de maneira definitiva.

Nesta parte do livro, vamos nos debruçar sobre um dos pilares fundamentais para a alavancagem: **a diferenciação do seu negócio.**

CAPÍTULO 25

O MODELO DE NEGÓCIO CERTO PARA VOCÊ

Uma das decisões intrínsecas ao empresário é definir que tipo de negócio será sua empresa e, no caso das empresas já abertas, qual será a evolução do modelo de negócio nos próximos anos. Nas conversas com líderes e empresários, muitos me perguntam: "Paulo, existem negócios melhores do que outros?"

A resposta que costumo dar é um pouco polêmica, pois acredito que *sim* e que *não*.

Digo isso porque há modelos de negócios mais atrativos do que outros. Negócios ligados à prestação de serviços tendem a entregar margens de lucro mais elevadas, enquanto venda de produtos costuma ter margens menores, que devem ser ajustadas de acordo com o segmento de mercado, além de demandarem investimentos maiores para a produção e gestão do estoque. Por outro lado, a venda de produtos por vezes permite escala e expansão para outros territórios que nem sempre a prestação de serviços consegue alcançar.

Portanto, cada modelo de negócio tem níveis de atratividade diferentes para cada empresário. Há negócios nos quais é um pouco mais fácil criar uma vantagem competitiva, enquanto, em outros, isso já se torna mais difícil porque são considerados produtos ou serviços básicos, em que o preço, devido à alta concorrência, é o fator decisivo para o cliente final.

Por isso, digo aos empresários que duas questões são fundamentais. A primeira é se questionar *como imagina criar uma vantagem competitiva para o seu negócio*; a segunda, que deve ser respondida com total honestidade, é definir se realmente tem um interesse forte para se desenvolver no mercado em questão.

Isso porque há negócios extremamente atrativos, no entanto talvez você não tenha interesse em dedicar toda sua energia como empreendedor e gestor a eles. **Ou seja, muito mais importante do que dizer a você qual o negócio mais atrativo para obter crescimento neste novo cenário é analisar quem vai geri-lo.**

Com muita frequência, nos meus cursos e palestras, as pessoas me perguntam quais negócios estão em alta, quais são uma boa oportunidade. E a minha resposta é quase sempre a mesma: **quem ganha a corrida é o jóquei, não é o cavalo.**

Quem me disse isso foi Keith Cunningham, uma das maiores referências internacionais em gestão de negócios e carrego esse aprendizado em todos os meus negócios e nas conversas com outros empresários. O que faz a diferença, o fator que determina a escolha do modelo ideal para cada negócio, é quem fará a gestão. Se analisarmos todos os segmentos de mercado, em todos os territórios do mundo, teremos empresas que se destacam, tornam-se negócios milionários, e muitas outras que quebram. Seja qual for a área, todos os modelos de negócio já geraram pessoas altamente bem-sucedidas e outras que se frustraram. Então, na minha visão, **devemos procurar não apenas os modelos de negócio mais interessantes para nossas empresas; devemos também nos preocupar em sermos gestores capazes de fazer os negócios prosperarem.**

Depois da decisão pela preferência do tipo de negócio que quer construir, vem o fator expertise, domínio das habilidades que farão esse negócio ser possível. Meu amigo Brad Sugars, com quem trabalhei alguns anos atrás e outra grande referência internacional como coach de negócios, defendia energicamente a ideia de que nós nunca deveríamos montar um negócio na área técnica que dominamos. Dizia: "Se você é chef de cozinha, não monte um restaurante; se você é cabeleireiro, não vá montar um salão." E por quê? Exatamente pela tendência a fazermos o trabalho técnico quando o negócio estiver aberto.

Não sou tão radical quanto a isso, acredito que é importante um domínio técnico da atividade subjacente ao negócio, mas é fundamental entendermos que, a partir do momento em que decidimos nos tornar empresários, nós devemos trabalhar nas nossas competências como gestores do negócio. Passa a ser mais importante sabermos vender a atividade técnica e gerar margens de lucro a partir dela do que a realizarmos.

Nos negócios, a paixão é sempre uma coisa perigosa. O leitor pode estar estranhando: "Como assim uma paixão pode ser uma coisa perigosa para os negócios?" Como digo com muita frequência, os negócios são um esporte intelectual, e os esportes intelectuais não costumam responder muito bem às emoções.

Então, é óbvio que pessoas apaixonadas pela sua atividade profissional são importantes, pessoas com paixão pelos seus objetivos têm um trunfo porque tendem a ser mais resilientes e persistentes. Contudo, é preciso aceitar que é perigoso porque, num esporte intelectual, a paixão, muitas vezes, nos tira a clareza, a objetividade, e nos causa um tipo de miopia.

Muitos negócios abrem porque alguém teve uma grande ideia e está apaixonado de tal maneira por ela que perde a capacidade de escutar o mercado, de escutar os clientes e de se adaptar àquilo que o mercado quer — que pode ser diferente do que a pessoa imaginou quando decidiu dar o primeiro passo.

Então, diria que é mais importante ser apaixonado por servir ao cliente, estar focado em escutá-lo e, de alguma maneira, entender o que ele precisa.

A fixação por colocar o cliente no centro faz toda a diferença para você descobrir uma maneira única de atendê-lo, seja porque quer aliviar alguma dor ou porque tem algum desejo para os quais você tem uma solução. Não faz mais sentido tentar impor o modelo de negócio que o empreendedor concebeu inicialmente e lhe pareceu uma ótima ideia na época, se os indicadores do negócio não mostrarem que é algo que vale a pena ser perseguido. Talvez essa grande ideia seja uma boa solução, porém o mercado ainda não esteja pronto para ela.

Keith Cunningham, grande empresário e escritor norte-ameriacano e uma das maiores influências que tive, costumava dar o exemplo do seu casamento para explicar como uma empresa deveria se organizar. Ele e a mulher se conheceram aos 50 anos, uma idade já de certa maturidade. Naquele momento, sua maior preocupação quando começaram a namorar era saber o que ela queria, quais eram as suas expectativas, o que esperava de uma relação, de um casamento. Ele conta que ela fez uma lista, dizendo em detalhes tudo o que queria.

Ele anotou todos os pontos num papel e, desde então, a história de seu casamento é baseada na tentativa dele de se aproximar o máximo possível da lista que a esposa lhe fez, a fim de que a relação a satisfaça em todos os níveis listados. Me lembro de que, em sua fala, ele até ilustrou: "Uma das coisas que ela me disse é que queria um bilhete todos os dias. E desde o primeiro dia que nós ficamos juntos, lhe escrevo um bilhete diariamente." Há bilhetes mais simpáticos que outros, alguns mais carinhosos do que outros, mas todos os dias ela recebe um bilhete do marido.

Então, montar uma empresa para que seja bem-sucedida começa por este caminho: tentar entender quais são as expectativas do nosso mercado, pois há razão para um negócio existir é a busca por atender a alguma necessidade que ainda frustra os clientes.

Basicamente, temos três grandes desafios para quando estamos elaborando nosso modelo de negócio:

- Descobrir qual é a dor, a frustração ou o desejo que precisamos resolver para o nosso nicho.
- Organizar o modo como atenderemos a essa frustração.
- Levar essa solução até as pessoas.

DESCOBRIR QUAL É A DOR, FRUSTRAÇÃO OU DESEJO QUE O NEGÓCIO RESOLVERÁ

Há um nicho no mercado, um grupo de pessoas ou um grupo de entidades, que tem uma dor concreta que precisa de ser aliviada ou um desejo muito forte, e o negócio aparece justamente para atender a essa necessidade.

Quando pensamos em *dores*, não significa uma dor física, mas um incômodo relacionado a determinado contexto, seja ele pessoal ou profissional, em que as pessoas gostariam que sua experiência fosse diferente do que é atualmente.

Para essa necessidade ser forte e com alto potencial para se construir um negócio ao redor, ela precisa se relacionar com aspectos emocionais do nicho que será atendido. Algo que lhes faça agir.

Enquanto escrevo este livro, há um furor a respeito das viagens espaciais para milionários. A viagem espacial não representa nenhuma dor latente, no entanto há um nicho de pessoas que pode pagar por uma experiência fora de série, que adoraria fazer parte dos primeiros a desbravar novos horizontes literalmente. São pessoas apaixonadas por inovação e tecnologia e que querem estar o mais próximo possível do futuro, e elas sentem urgência nisso.

Esses desejos são fortes. O negócio que quer investir nisso mapeou com bastante objetividade quem são as pessoas que têm os recursos e os interesses para embarcar nesse projeto. E todo o foco estará na combinação desses dois elementos.

Outro exemplo interessante, no Brasil, é uma marca de roupas focada em ciclistas que surgiu em 2021, a IQcykel. Os fundadores perceberam um aumento de profissionais e empreendedores que estavam aderindo ao ciclismo como prática diária e hobby, pessoas que estavam adquirindo bicicletas mais sofisticadas e também eram adeptas à tecnologia. Então, construíram uma linha de roupas esportivas com foco nesses novos atletas do cotidiano. As peças podem ser personalizadas, os materiais são de alta qualidade, e a marca entrega uma série de inovações nos formatos das roupas, além de outros benefícios que são valorizados por esse público. A IQcykel percebeu que havia uma comunidade muito engajada e que até então não era atendida de maneira segmentada e personalizada por empresas de vestuário e partiu disso para construir um negócio.[36]

ORGANIZAR O MODO COMO ATENDEREMOS A ESSA FRUSTRAÇÃO

Se há uma oportunidade de atender a uma dor ou desejo de determinado público, como é possível persegui-la, a partir das capacidades internas da empresa?

É muito importante identificarmos quais as nossas competências, pois só poderemos resolver aquilo que podemos resolver. Por exemplo, quando apareceu a pandemia, de repente houve a necessidade de uma vacina. A minha empresa não tinha competência para fazer uma vacina, então a

---

[36] JUSTUM, S. Ciclismo urbano ganha roupas à altura das bikes sofisticadas. **Exame**, 2021. Disponível em: https://exame.com/casual/ciclismo-urbano-ganha-roupas-a-altura-das-bikes-sofisticadas/. Acesso em: nov. 2022.

necessidade está identificada, a frustração está identificada, mas não tenho competência. Precisamos saber quais são as competências que nós temos, internamente, na empresa, que podem ser usadas para diluir essa frustração que exista no mercado.

Ainda no meu caso, outra necessidade era continuar oferecendo treinamento e acompanhamento para líderes e empresários. Nós já fazíamos isso de maneira presencial. Na pandemia, precisamos pensar: "Como podemos levar nosso conhecimento para nossos clientes sem precisarmos estar fisicamente com eles? Temos competência para fazer de maneira on-line?" Sim, tínhamos competência. Só precisávamos nos dedicar a nos adaptarmos e a entendermos melhor as novas ferramentas. Quando fizemos isso, um novo negócio nasceu.

LEVAR ESSA SOLUÇÃO ATÉ AS PESSOAS

Encontrar a forma para comercializar e entregar a solução para o público que queremos impactar é pensar nos meios de comunicação e relacionamento aos quais conseguimos acessar para as pessoas conseguirem conhecer nossas ofertas e fazerem suas aquisições.

No caso da IQcykel, desde a fundação, eles se posicionaram como uma empresa nativa do digital. O atendimento e todo o serviço de compra é feito on-line.

Para mim, antes de 2020, era difícil dar cursos do outro lado do mundo, na Austrália, por exemplo, porque teria que ir até lá. Hoje não. Se tivermos alguém que queira estudar na Austrália, em língua portuguesa, ele poderá fazê-lo através de um dos nossos cursos on-line.

HABILIDADES DE EXECUÇÃO E ALTA CAPACIDADE DE OUVIR

Na Parte 3 deste livro, quando trabalhamos a definição do planejamento e dos objetivos do negócio, você refletiu sobre a visão de futuro da sua empresa. Agora estou lhe convidando a dar um passo além dessa decisão e olhar para si, como gestor, e para o seu time de modo a fazer uma investigação crítica: já somos as pessoas que poderão transformar essa visão em realidade? Estamos comprometidos em aprimorar nossas habilidades para atender as frustrações que identificamos no público que queremos atender? Estamos administrando bem nossa paixão com as expectativas do mercado?

Costumo dizer que **escutar é a chave das vendas**. Tanto quando estou na função de vendedor e preciso vender alguma coisa para alguém, mas também quando sou o empreendedor e preciso criar uma máquina de crescimento para meu negócio.

Quando ministrava cursos de vendas, dizia aos vendedores: "Querem vender o dobro?" E todos diziam que sim. Respondia: "Falem a metade", e depois perguntava: "Querem vender o triplo?" E eles obviamente diziam que sim, e eu respondia: "Falem um terço." Ou seja, a maioria dos vendedores com os quais cruzei falava muito mais do que escutava, mas deveria escutar muito mais do que falava.

Costumo dizer que, se o vendedor fala mais de 20% do tempo da reunião de vendas, está fazendo besteira, porque não está escutando, não está deixando que o cliente seja a coisa mais importante e mais valorizada da relação. Se deixar o cliente falar, ele explicará como é que tenho que lhe vender. Mas se eu estiver apenas focado em enaltecer as qualidades daquilo que vendo, apaixonado, talvez, pelo produto, não farei a coisa certa.

Para os empresários é a mesma coisa. Temos que ser capazes de escutar o que vem dos outros não apenas na hora das vendas, que fique claro, mas também para identificar como podemos continuar a servir nossos clientes da melhor forma possível.

A atividade empresarial é sempre sobre usar nossas capacidades para servir aos outros. Isso nos dá condições de organizar as nossas soluções da maneira adequada para levá-las ao nosso público.

Se eu fosse você, não ignoraria essas ideias. Quem sabe eu tenho razão?

CAPÍTULO 26

CONSTRUA UM FOSSO EM TORNO DO SEU CASTELO

Vamos voltar no tempo rapidamente, para a época medieval. Pense num castelo, daqueles mais típicos, como vemos nos filmes de época. Imagine que há um exército inimigo se aproximando do lado de fora e o castelo precisa se defender. Quais as formas de proteção que o castelo possui? Talvez, imediatamente, você pense nos muros e no exército que se organiza para a chegada dos ataques, mas antes de tudo isso há uma primeira linha de defesa, que impede que o exército inimigo invada ou se aproxime: o fosso. Se imaginarmos que a nossa empresa é um castelo, podemos ter nossos muros e nosso exército ali, mas tão importante quanto isso é construir o fosso ao redor. Para isso, precisamos de uma vantagem competitiva forte.

Em resumo, **a vantagem competitiva é aquilo que me defende da concorrência, uma característica do negócio que garanta ou aumente a probabilidade de gerar mais vendas, com lucro e fluxo de caixa no futuro.** Quanto maior o fosso, ou melhor, quanto mais relevante e única for essa vantagem, mais seguro o seu castelo, ou seja, o seu negócio, estará.

Michael Porter, considerado por muitos o pai da estratégia empresarial, foi quem mais famosamente desenvolveu conteúdo sobre vantagem competitiva. Na visão dele, e com a qual eu concordo, só é possível termos vantagem competitiva a partir de dois fatores:

1. Liderança em custo.
2. Diferenciação.

A **liderança em custo** significa ter um modelo de negócio que produza o mesmo produto ou serviço que os concorrentes por um custo mais baixo. Tendo custos menores, é possível ter preços mais atrativos para os clientes. E devemos conseguir isso, obviamente, sem comprometer a qualidade da entrega final.

A liderança em custo é desafiadora porque é muito provável que, ao longo do tempo, a concorrência consiga replicar os mesmos mecanismos para uma produção mais baixa, tornando a guerra de preços cada vez mais acirrada. Isso faz com que essa estratégia dificilmente se prove o caminho mais sustentável para o futuro do negócio.

Especialmente porque uma das práticas mais recorrentes no dia a dia das empresas é o benchmarking, ou seja, a análise do modelo de negócio, da estratégia e das eficiências de empresas similares e/ou que atendam o mesmo público que determinado empreendimento quer atender, de modo que o objetivo é replicar ou adaptar ações semelhantes em favor do próprio crescimento.

Atualmente algumas das poucas lideranças de custo que se mantêm no mercado são modelos de negócio que dependem essencialmente da escala da empresa. A liderança em custo é encontrada em algumas das maiores empresas do mundo que, pela sua dimensão, conseguem produzir a um custo mais barato que os outros concorrentes. É o caso da IKEA, empresa de móveis e decoração com lojas espalhadas pelo mundo, com altos volumes de produção, que se destacou por combinar produtos de qualidade com design moderno e preços baixos.

Nas pequenas e médias empresas, dificilmente teremos alguma liderança de custos, pelo menos de forma sustentável. Então só nos resta a segunda forma de obter vantagem competitiva: **a diferenciação.**

Depois de ter definido o modelo de negócio e o segmento de mercado que você atenderá, precisa analisar qual a frustração sentida por esse público de maneira recorrente. Encontrando-a, você deve buscar uma solução para essa frustração que seja vista pelo público como uma solução melhor do que as já existentes.

E você pode me perguntar: "Como fazemos para a concorrência também não replicar a nossa diferenciação?"

É sempre mais fácil na teoria do que na prática, mas existem várias formas de diferenciação para construir uma vantagem competitiva. Uma delas é a **reputação.**

A reputação sempre foi um fator importante para o mercado, mas acredito que alcançou uma relevância ainda maior no século XXI justamente pela velocidade e pelo alcance da comunicação, graças ao crescimento das redes sociais.

Hoje, se um cliente fica satisfeito ou insatisfeito com o nosso atendimento, ele não fala sobre nossa empresa apenas para meia dúzia de pessoas. Ele passa a publicar nas redes sociais, e centenas ou milhares de pessoas ficam sabendo da sua experiência. Se for negativa, ele a publica com ainda mais empenho do que o faria se fosse positiva, gerando mais engajamento e levando essa imagem ainda mais adiante.

Então nossa reputação é essencial. Neste ponto, quero que você entenda que estamos falando de **força da marca**.

Marcas como McDonald's, Disney, Ferrari, Chanel, Dior, Louis Vuitton são marcas que, só por serem citadas ou terem seu logo em algum lugar, já oferecem uma credibilidade acrescida para fazer o cliente final tomar a decisão de compra. Essas empresas conseguiram tornar o seu nome um substituto para o nome do produto que vendem. Você não diz "vou comprar um carro da Ferrari" ou "vou beber um refrigerante de cola da Coca-Cola"; ao contrário, diz "vou comprar uma Ferrari" ou "vou beber Coca-Cola". Essa mudança é resultado de um longo processo de construção de marca para que esses negócios se tornassem líderes de mercado, de tal modo que as marcas passaram a carregar mensagens implícitas e compreendidas por qualquer pessoa.

A reputação dessa marca, seja pela confiabilidade, pelo sabor, pela qualidade, é uma vantagem competitiva enorme.

Não importa se você é a Meta (que é a dona das redes sociais Facebook, Instagram e WhatsApp), o Google ou uma empresa com apenas dois funcionários: todos estão constantemente preocupados em como aumentar as vantagens competitivas e tornar a marca sinônimo de um diferencial em relação à concorrência.

Outro tipo de vantagem competitiva, mais moderna, são as vantagens competitivas obtidas através dos **efeitos da rede.** Facebook, Instagram e Whatsapp são exemplos deste modelo. Eles se tornam tão fortes e populares que, para novas redes sociais se tornarem tão grandes ou maiores, será necessário muito esforço e investimento. Hoje, por exemplo, temos o TikTok como forte concorrente do Instagram, mas ainda não ao ponto de provocar uma migração dos usuários.

E não estou falando apenas de redes sociais. Quando pensamos em marketplaces como Ebay, e Mercado Livre, ou mesmo Airbnb e Uber, estamos nos referindo a modelos de negócio em rede, nos quais as empresas criam uma estrutura para que os usuários se tornem consumidores e prestadores de serviço ao mesmo tempo: posso alugar um imóvel ou colocar meu próprio para locação no Airbnb; posso fazer anúncios no Mercado Livre ou escolher a plataforma para adquirir o que preciso... Esses negócios funcionam, portanto, como redes que se autoalimentam e, quanto mais são alimentadas, mais relevantes se tornam. Nós, como empresários, não podemos ignorar esses negócios que têm potencial, inclusive, de ser uma vitrine para apresentarmos nossos diferenciais.

Depois, temos a vantagem pelo **custo de mudança**.

Quando tenho um contrato de trabalho longo com determinada empresa e resolvo mudar de fornecedor, além dos acordos financeiros, há um custo embutido. Digamos, por exemplo, que você tenha um escritório de contabilidade como prestador de serviço e, por alguma razão, deseja buscar outro. O processo de substituição é bastante chato e trabalhoso porque, além de não ser uma escolha simples, aquele primeiro fornecedor tem um histórico da empresa que pode se perder na transição.

Se trabalhar com um software da Microsoft e, de repente, quiser migrar para um concorrente, dará trabalho. Haverá o custo de tempo para que a equipe aprenda a trabalhar com as novas ferramentas, reescreva fluxos de trabalho etc. Então, muitas vezes, ao mensurar todos esses custos, além da despesa mensal, mas especialmente em perda de produtividade, histórico e integração de fluxo de trabalho, trocar uma empresa por outra se torna caro demais.

PEQUENAS E MÉDIAS EMPRESAS TAMBÉM PODEM DESENVOLVER TODOS ESSES TIPOS DE VANTAGENS COMPETITIVAS

Usei nomes de grandes marcas para falar sobre diferenciação através da reputação, do efeito de rede e dos custos de mudança porque são exemplos fáceis de associarmos, no entanto acredito que mesmo um pequeno e médio empresário deve buscar esses fatores. Afinal, na minha visão, essas marcas se tornaram gigantes justamente por trabalharem essas vantagens competitivas.

Você pode desenvolver força de marca e uma rede que o ajuda a crescer a partir da segmentação do nicho em que escolheu trabalhar. Gosto de acreditar, por exemplo, que, em treinamentos para empresários em língua portuguesa, o meu nome e a minha empresa são bastante reconhecidos. Pelo menos não conheço outras empresas que façam o que nós fazemos com a mesma expressão que temos em termos de clientes no mundo lusófono. Temos clientes no Brasil, em Portugal, na África e espalhados pela Europa, então, dentro desse segmento, construímos nossa rede de conexões, nossa reputação, através dos resultados que nossos treinamentos e mentorias geraram para os negócios que atendemos, e assim por diante.

São duas décadas de experiência, testes e projetos realizados de modo que, embora outros concorrentes possam surgir, nós temos uma bagagem de informação que outra empresa demorará para construir e, quando chegar ao nosso nível, já estaremos em outro patamar porque a busca pela vantagem competitiva é uma constante. Se pararmos de nos preocupar com os mecanismos para nos diferenciarmos através de nossa marca, da maneira como atendemos nossos clientes e fortalecemos nosso nome no ecossistema em que estamos inseridos, perderemos espaço.

A vantagem competitiva é algo que podemos conquistar, mas que também podemos perder. Portanto, temos que aperfeiçoá-la sempre. Tendo em mente que esses elementos servem para que nos aproximemos do nosso nicho, são estratégias que aumentam a probabilidade de materializarmos vendas, lucros e fluxos de caixa futuros.

Se eu fosse você, não ignoraria essas ideias. Quem sabe eu tenho razão?

CAPÍTULO 27

A CAUDA LONGA

CONCENTRE-SE EM QUEM VOCÊ VAI ATENDER

Brad Sugars, um amigo australiano com quem aprendi muito e tive o privilégio de trabalhar, dizia: *niche rhymes with rich*. Em português, perdemos a rima, mas significa "nicho rima com rico". Essa afirmação se torna cada vez mais verdadeira conforme acompanhamos o desenvolvimento da tecnologia e dos canais para nos relacionarmos com o público.

Para entender isso, primeiro é preciso entender que, no século XX, vivemos uma economia de massas, na qual o consumidor procurava a solução mais popular porque havia inúmeras limitações na economia. Os custos de produção, de comunicação e de distribuição eram muito mais elevados do que hoje, mas, acima de tudo, as pessoas tinham muito menos acesso à informação.

A falta de acesso à informação causa medo. E como é que o consumidor lidava com o medo? Fazendo a escolha que todas as outras pessoas próximas a ele faziam. Hoje, porém, a situação não é a mesma. O acesso à informação é amplamente disponível, e o consumidor, em 30 minutos, busca todas as soluções do mercado para a sua necessidade, compara preços, avaliações de outros compradores, prazo de entrega etc.

Quando uma empresa conquista um nicho, isso quase sempre vem associado a uma vantagem competitiva. Lembro-me, por exemplo, do Jack Welch, que é considerado por muitos o melhor gestor de empresas da história. Quando Jack Welch chegou à General Electric, ele tomou uma decisão estratégica fundamental: "a partir de hoje, não nos interessa estar em nenhum negócio onde não sejamos número um ou número dois". Portanto, eles encerraram todas as atividades nas quais não estavam na liderança ou não poderiam alcançar a liderança rapidamente.

Ou seja, a primeira coisa que ele fez foi concentrar-se nos nichos. Uma decisão baseada no fato de que, se eles estavam entre as duas empresas líderes daquele segmento, é porque havia uma vantagem competitiva muito relevante que assegurava vendas, lucro e fluxo de caixa.

Hoje, uma atitude como essa que Welch tomou se torna ainda mais importante para os negócios que estão na jornada pelo crescimento, em busca da alavancagem. Tornar-se especialista no atendimento de determinado público é o caminho mais certeiro. Pois, já que o cliente pode acessar toda a informação sobre produtos e serviços concorrentes, a sua escolha tenderá para aquela empresa que conseguir se posicionar e comunicar de modo que ele tenha certeza de que aquele produto ou serviço foi *pensado para ele*. É o que os economistas chamam de economia de cauda longa, a qual se baseia em buscar demandas menores, mas especializadas e personalizadas para cada tipo de público.

Enquanto, numa economia de massas, havia apetite por poucas soluções, as mais seguras, neste novo cenário, a melhor escolha é aquela que se adequa a cada consumidor, suas preferências, hábitos, visão de mundo.

Portanto, definir um nicho é encontrar um grupo no mercado que tenha uma frustração que não está sendo atendida da melhor maneira possível pelas ofertas que estão à disposição, e que você, pela expertise e know-how adquiridos ao longo de tempo e com a análise das competências internas que tem na empresa, poderia resolver.

Quando identifico uma situação dessas, começo a construir o meu nicho de mercado e a testar quais tipos de soluções ou de que forma poderia organizar minhas competências até encontrar um produto ou um serviço que conquiste esse grupo de pessoas.

Embora muitos empresários ainda relutem em nichar seus negócios, quanto menor for o nicho, mais fácil é uma empresa se tornar líder daquele grupo; mais fácil é encontrar uma vantagem competitiva e fidelizar os clientes para que eles não comprem dela apenas uma vez, mas comprem sempre e fortaleçam a reputação da marca, para outras pessoas que também se identificarão com as mesmas frustrações que o negócio resolve. Como vimos no capítulo anterior, a reputação é um dos aspectos que fortalecem uma vantagem competitiva.

Essa especialização permite que o empresário modele a sua proposta de valor, sobre a qual falaremos em detalhe no Capítulo 28, para aquele grupo de clientes a ponto de que não haja concorrentes que os satisfaçam melhor.

Para entender a importância do que estou falando, vamos fazer uma rápida análise tomando como ponto de referência a indústria musical.

Um dos álbuns mais vendidos de todos os tempos é *The dark side of the moon*, de Pink Floyd. O álbum foi lançado em 1973 e estima-se que até 2005 tenha vendido 30 milhões de cópias no mundo todo. Ficou mais de 700 semanas nas listas de álbuns mais vendidos dos Estados Unidos e se tornou uma obra capaz de atravessar gerações.[37]

Os artistas, hoje, têm um desafio muito maior para alcançar essa marca. A maneira como o mercado funciona se transformou, a maneira como consumimos música se transformou e, no meio de tudo isso, há muito mais escolha do que encontrávamos há 50 anos.

Produzir música se tornou algo mais fácil do que era antes. Hoje, os artistas não dependem mais das gravadoras como acontecia lá atrás. E, por terem meios de encontrar o público que mais apreciará o que produzem, cada vez mais os mais diversos segmentos vão se especializando.

Essa transformação com o acesso a conteúdo e informação fez com que o consumidor começasse a lidar com o medo de errar na compra não escolhendo aquilo que todo mundo escolhia, mas procurando qual seria a melhor solução para si. Então, das massas, nós passamos para os nichos.

Precisamos tirar nossa visão intuitiva da economia do século XX e passar a usar os olhos do século XXI. Se quisermos vender, não temos que

---

[37] Disponível em: *https://gauchazh.clicrbs.com.br/cultura-e-lazer/musica/noticia/2023/02/the-dark-side-of-the-moon-do-pink-floyd-completa-50-anos-ainda-surpreendendo-ouvintes-clen8cqka006r016mvg7n8kne.html#:~:text=Segundo%20informa%C3%A7%C3%B5es%20do%20livro%20The,mais%20vendidos%20dos%20Estados%20Unidos.*

abrir o leque. Pelo contrário. É como uma galinha, que põe os ovos num único lugar, pois é onde ela pode guardá-los bem. Ela não espalha seus ovos, por mais que o sítio em que viva tenha espaço. Alguém até pode tentar explicar para a galinha que, estatisticamente, do ponto de vista da diversificação, faz mais sentido colocar seus ovos em lugares diferentes para que nenhum outro animal possa encontrá-los. Mas ela não fará isso porque, se não consegue sentar em cima de todos os ovos ao mesmo tempo, ela não poderá chocá-los para que os filhotes nasçam. Então, ela fica no nicho, e tem muito mais sucesso justamente por isso.

A partir do momento em que ganhamos acesso a toda essa gama de informações, nós nos tornamos consumidores mais sofisticados e exigentes.

EM BUSCA DE UMA SOLUÇÃO PERSONALIZADA

Então, a economia de nicho é esta na qual consumidor, inconscientemente, substituiu a decisão de comprar influenciado pelas massas, com medo de cometer um erro por desconhecer o produto, pela compra de nicho, a compra personalizada, definida pela sua capacidade de reconhecer o que é a melhor decisão para si mesmo, usando a internet, por exemplo, para pesquisar durante o tempo que for necessário, qual a melhor opção, com melhor preço e tempo de entrega para ter o que precisa, sem a pressão de um vendedor.

E podemos fazer isso com a palma da mão, através dos nossos smartphones. Hoje, temos em nossas mãos o poder de encontrar a solução para qualquer problema. Por isso, em estratégia empresarial, falamos tanto sobre os empresários reduzirem os seus nichos. Queremos ganhar volume de vendas no estreitamento da relação com o nicho, oferecendo cada vez mais e mais soluções para o cliente que entrou em nosso funil (como já vimos anteriormente).

Quanto melhor segmentado é o nosso nicho, mais fácil para liderarmos e nos tornarmos a referência para esse público.

Quando nos especializamos, modelamos nossa proposta de valor de maneira que não exista outro concorrente que satisfaça o nosso cliente melhor que nós mesmos. E aqui não podemos nos enganar: sempre teremos competidores correndo atrás dos mesmos clientes que nós, que também estão de olho para encontrar estratégias que possam replicar.

Então, preocupe-se com seu nicho, um segmento que lhe permita construir uma reputação de liderança e permita que você tenha um crescimento sustentável.

No próximo capítulo, aprofundaremos a construção da sua proposta de valor, mas ela só é possível depois que você tiver clareza sobre qual o seu nicho!

Se eu fosse você, não ignoraria essas ideias. Quem sabe eu tenho razão?

CAPÍTULO 28

PREÇO É O QUE O SEU CLIENTE PAGA, VALOR É O QUE ELE COMPRA

Neste capítulo, vamos nos focar a proposta de valor. Uma proposta de valor é a oferta que você fará ao cliente para que ele possa adquirir o seu produto ou serviço e ter a sua frustração resolvida. Aqui está toda a estratégia de como comunicar a solução que desenvolveu, qual o investimento necessário para que o cliente faça a aquisição e, ao final, essa aquisição gere retorno financeiro para o seu negócio.

Ao trabalharmos em nossa proposta de valor, precisamos considerar dois aspectos: o **valor acrescentado** e o **valor criado.** Essa análise permitirá que não apenas desenvolvamos uma solução que vá atender ao nosso nicho de maneira satisfatória como também vai analisar se o mercado está, de fato, percebendo esse valor.

VALOR ACRESCENTADO

Como o mercado percebe aquilo que a nossa oferta acrescenta à vida dos nossos clientes é o que chamamos de **valor acrescentado**. Em outras palavras: **valor acrescentado é a percepção do cliente de que aquilo que está adquirindo vale mais do que o preço que vai pagar.** Portanto, *o preço é o que a pessoa paga, valor é o que ela leva.*

Podemos ver, assim, que a percepção do valor é a perspectiva do cliente sobre o conjunto de benefícios que o produto ou serviço tem a lhe oferecer. E o trabalho da empresa — desde os anúncios, a abordagem do time de vendas até a entrega final — é assegurar que esse valor acrescentado seja percebido no preço. Em todos os pontos de comunicação, deve ficar claro para o cliente qual é o valor do que ele está adquirindo, e, mais ainda, como esse valor se difere do valor que a concorrência entrega.

Costumo dizer que é a seguinte razão: $\frac{b}{p}$, ou seja, benefícios *(b)* sobre o preço *(p)*. E *b/p* tem de ser maior do que 1. Os benefícios percebidos têm que maiores do que o preço que a pessoa está pagando.

É muito comum os vendedores pedirem à sua hierarquia que baixe um determinado preço para fazerem uma venda, aumentem as margens de desconto etc. Agora, esta não é a melhor estratégia para um time comercial eficiente. Ao contrário, a área comercial precisa mostrar o valor dos nossos produtos e serviços para o cliente e conseguir realizar a venda sem a necessidade de baixar o preço. Então, o trabalho da empresa, da estratégia, do marketing até o vendedor na ponta, é exatamente enaltecer *b* para que, quando se compare com *p*, isso não passe de uma formalidade, porque *b* parece muito maior do que *p*.

Temos essa preocupação na minha empresa. Se cobrarmos 1.000 euros ou 5 mil reais por um curso, queremos que a pessoa reconheça que cobramos um valor muito inferior a todos os benefícios que ela recebe. Queremos que, ao ver a experiência que temos a lhe oferecer, tenha a convicção de que, se aplicar tudo o que aprenderá conosco, poderá ter um retorno 100x maior do que o investimento realizado. Ou seja, o resultado vai valer muito mais do que o valor que ela pagou.

VALOR CRIADO

O valor criado é a perspectiva do investidor, a perspectiva do lucro. Em outras palavras: **valor criado é onde se cria o lucro para a empresa.** Ele está mais próximo do valor financeiro; é a nossa margem *(m)*, que nada mais é do que o valor acrescentado *(va)* menos o custo de criar esse valor *(vc)*.

$$m = va - vc$$

Do ponto de vista do investidor, o conjunto de benefícios que nós conseguimos criar a um determinado preço para o produto precisa se tornar rentável precisa justificar a sua comercialização. Ou seja, o valor que é percebido, e pelo qual o cliente paga um preço, deve ser maior do que o custo de criação desse valor.

Deve haver um equilíbrio entre o custo de criar valor para o cliente e o conjunto de benefícios que conseguimos oferecer através daquele custo, que é onde geramos, de fato, a rentabilidade para o negócio.

Então, como a criação do valor é a minha capacidade de produzir um conjunto de benefícios com um custo menor do que a percepção desses benefícios, é aqui que crio o lucro para o meu acionista, para o meu investidor.

Nesse sentido, temos três alavancas que atendem aos interesses do investidor:

A primeira ferramenta principal é a eficiência operacional. Procuramos ser o mais eficiente possível, ou seja, eliminar todas as ineficiências que podem haver, para ficar com o mínimo de custos desnecessários. **A eficiência operacional é fazer a coisa o mais rápido possível, com a máxima qualidade possível, com o mínimo desperdício possível.** E este é um dos aspectos nos quais todas as empresas fazem algum esforço, embora nas pequenas e médias empresas raramente esse esforço seja suficiente. Em nossos programas de acompanhamento, conseguimos eliminar, em média, 4 a 5% dos custos em quase todas as empresas que atendemos.

Temos uma segunda ferramenta, que é o processo de inovação, algo que todos os negócios buscam incessantemente. Gosto de dizer que não podemos confundir inovação com invenção. **A invenção é aquilo que fazemos em laboratório, inovação é processo de gestão.**

Inovação é fazermos alguma coisa que já existe de uma forma melhor. Temos o exemplo do McDonald's: já se vendia hambúrgueres havia muito tempo, e não há nada de novo no hambúrguer do McDonald's; a grande inovação foi a forma de vender hambúrguer, foi a rapidez na venda do hambúrguer, a consistência na venda e o preço a que conseguiram fazer isso. O custo da criação do valor, nesse caso, permitiu (e permite até hoje) um preço altamente competitivo.

E a terceira ferramenta é no processo de gestão do cliente. Desde que surge a primeira conexão com um potencial cliente até a chegada da venda, há um longo percurso que pode ser trabalhado e, com isso, aumentar a geração de valor através de um relacionamento de longo prazo com os seus clientes.

Acredito que o melhor exemplo de atendimento ao cliente seja a Zappos. Foi fundada por Tony Hsieh, um grande empresário que, infelizmente, faleceu ainda jovem, mas deixou uma importante lição como direcionadora para outros empreendedores: é possível promover felicidade e resultado nos negócios e na vida.

Ele é autor do livro *Satisfação garantida*[38], no qual compartilha muito da visão da empresa e sua própria como empresário. Em 1999, ele se juntou à Zappos, uma loja online que, na época, só vendia sapatos, e decidiu que ela seria a empresa com a melhor experiência de cliente do mercado. Algo que era pouquíssimo provável, afinal, como oferecer uma experiência incrível quando todo o seu atendimento é online e não há qualquer contato com outra pessoa?

No livro, ele conta que perceberam que uma das principais oportunidades de estabelecer esse vínculo com os clientes era quando estes ligavam para o call center, algo que, em média, os clientes fariam apenas uma única vez na vida. Quando essa ligação acontecia, era porque o cliente tinha algum problema.

Então, Hsieh treinou toda a equipe de call center (até hoje ainda é treinada assim) com uma missão muito simples: "Esta é a única vez na vida que vamos falar com a pessoa. Cada telefonema que vocês atendem é a única vez na vida que teremos a oportunidade de falar com aquela pessoa; a sua missão é que, no final da chamada, a pessoa diga: 'Uau! Tinha de ser maluca para comprar sapatos em outro lugar.'"

Então aquele call center tem coisas incríveis, desde pessoas que ligam para lá para pedir pizzas, e eles respondem dizendo: "Olha, como sabe, nós aqui não vendemos pizzas, mas se me der 30 segundos, encontro todos os restaurantes num raio de 500 metros à sua volta que lhe sirvam pizza a essa hora." E fazem a recomendação. Isso é eficiente? Não; é simplesmente o melhor serviço ao cliente possível.

Ele vendeu a empresa à Amazon por 1 bilhão de dólares, e hoje é uma das empresas mais rentáveis da Amazon. E mais: quando a vendeu, deixou claro que a empresa passaria a ser da Amazon, mas há uma coisa na qual

---

38 Publicado pela Harper Collins, em 2019.

eles não tocariam — a cultura da Zappos, a maneira de fazer as coisas. Essas foram as condições para vender a empresa.

A gestão do cliente de modo a garantir o encantamento, somada à eficiência operacional e à busca por inovar fazendo melhor algo que já existe, cria valor e nos possibilita criar um fluxo positivo contínuo entre valor criado e valor acrescentado.

Como empresários, criamos um conjunto de benefícios, em termos de apreciação para o cliente, que ele percebe tendo um valor maior do que aquilo que nos custou para criar estes benefícios, e que nos permite, assim, ter margem e gerar lucro para a empresa.

O mercado enxerga uma diferenciação na nossa oferta que é difícil de ser replicada pela concorrência. Porém, mais uma vez, gosto de lembrar: a diferenciação pode existir e não ser percebida. Se isso acontece, há um desafio de alavancar a percepção do cliente.

AS ALAVANCAS PARA A PERCEPÇÃO DE VALOR

No nível da percepção de valor, temos, essencialmente, três alavancas:

- Reputação da empresa ou do produto e serviço.
- Qualidade do produto e/ou serviço oferecido.
- Experiência e transformação.

REPUTAÇÃO DA EMPRESA OU DO PRODUTO E SERVIÇO

A primeira forma como o mercado percebe valor é através da reputação da empresa ou do produto/serviço que comercializa. Essa reputação é que dá confiança ao cliente para realizar a compra, pois a marca por si só já carrega a história, o posicionamento e as memórias para confirmar se aquele produto ou serviço traz a experiência procurada. É o caso de produtos de marcas como Louis Vuitton, Chanel, Dior, que automaticamente são percebidos como de luxo e, portanto, são voltados a pessoas com alto poder aquisitivo.

Há marcas que são sinônimo de confiança e durabilidade. Normalmente, as marcas japonesas são vistas como produtos fiáveis, produzidos com alta tecnologia e precisão. A Semp Toshiba, por exemplo, lançou em 2005 uma campanha publicitária em que anunciava 50 meses de garantia para televisões. O comercial apresentava uma cliente que chegava a uma loja autorizada afirmando que a sua TV estava quebrada. A notícia causava um furor nos estabelecimentos e várias pessoas apareciam para ver essa anomalia, uma Semp Toshiba quebrada. Todos estão admirados, até que o dono do estabelecimento abre o controle e vê que, na verdade, a cliente colocou as pilhas do controle remoto ao contrário.[39]

Há marcas associadas à economia, então, quando as vemos, já sabemos que pagaremos menos do que se comprarmos do concorrente. E há muita gente que prefere essas marcas por isso; outras pessoas vão preferir a concorrência porque, apesar de mais cara, a credibilidade é maior. Então, nós associamos à marca uma determinada percepção de características que esperamos encontrar na oferta. E isso é feito pela comunicação da empresa, seu posicionamento no mercado, no nicho.

QUALIDADE DO PRODUTO E/OU SERVIÇO OFERECIDO

A segunda alavanca que nós temos é a qualidade do produto ou serviço propriamente ditos. Neste aspecto, consideramos todas as características de como o produto será utilizado, como atende às necessidades do cliente, como o produto ou serviço foi elaborado etc.

Essa oferta de qualidade ou eficácia é percebida, na maioria das vezes, pelo testemunho de outros clientes da empresa, através de comentários nas redes sociais, em sites que a empresa está divulgando suas ofertas e, é claro, por recomendações diretas.

Todas as empresas se preocupam com estas duas primeiras alavancas: ter o melhor produto e ter as melhores avaliações. Mas há a terceira alavanca, e ela, para mim, é a que proporciona a maior oportunidade de evidenciar nossa diferenciação e entregar valor para o cliente.

---

39 Canal Fiel VHS. Comercial Semp Toshiba '50 meses de garantia'. **YouTube**, 2022. Disponível em: *https://www.youtube.com/watch?v=yW_oH-kikCU*. Acesso em: dez. 2022.

EXPERIÊNCIA E TRANSFORMAÇÃO

A terceira alavanca é o impacto emocional que o seu produto ou serviço pode gerar no cliente. Acredito que estamos na economia da transformação. As pessoas buscam um vínculo mais profundo com as empresas, e estas com os clientes e parceiros.

Em meio a tantas opções, é papel da empresa entregar uma "experiência uau" para os consumidores, e essa resposta é justamente o impacto emocional, aquela sensação de bem-estar e satisfação ao comprar de uma empresa com a qual se identifica por todo o atendimento oferecido e o posicionamento no mercado, tal como vimos na história da Zappos.

Nesse sentido, gosto também de compartilhar uma história de quando meus filhos eram pequenos. Um dia, fomos jantar em um restaurante numa das praias do Algarve, no sul de Portugal. A comida era boa, mas não tinha nada que a destacasse. No entanto, o ambiente era muito bonito, o restaurante ficava numa marina, o cais do Porto onde ficam vários bares com atrativos diversos, e, em determinada altura do jantar, nós vimos um dos garçons parar numa mesa próxima à nossa com um carrinho com *rechaud*. Ele colocou uma chapa e começou a preparar alguns crepes Suzette, uma sobremesa francesa em que o crepe é preparado com manteiga perfumada, licor de laranja e raspas de tangerina. É uma delícia.

As crianças eram pequenas e nunca tinham visto algo como aquilo. Ficaram encantadas com a maneira como o garçom fazia a sobremesa, atirando os crepes ao ar, regando com o licor e colocando fogo para o doce flamejar. Quando fomos pedir a sobremesa, é claro que elas quiseram os crepes Suzette.

Ninguém lembra se o crepe era, de fato, saboroso ou não. Para elas, o espetáculo é que foi marcante, uma experiência incrível com fogo, malabarismo e aroma. E, para nós, como pais, a refeição valeu a pena justamente por vermos o encantamento nos olhares de nossos filhos.

Depois desse jantar, todas as vezes que voltávamos ao Algarve para as férias, tínhamos que ir ao mesmo restaurante. Não importava se estávamos hospedados próximos ou não, quando chegava o jantar, as crianças sempre perguntavam: "Podemos ir ao restaurante dos crepes?".

Passados alguns anos, o garçom que fazia aquele espetáculo com os crepes se aposentou e o restaurante deixou de servir a sobremesa. Foi a última vez que fomos lá. Exatamente porque o vínculo com o restaurante era a experiência dos crepes.

A experiência uau é o que nos faz voltar a comprar de uma empresa. Não só porque o que ela vende atende à nossa necessidade, mas porque a forma de nos atender surpreende. Havia inúmeros restaurantes naquela marina. Muitos com ambientes agradáveis e refeições que nos satisfariam. Mas só aquele realizava o espetáculo que meus filhos adoravam rever. Por isso, sempre queríamos ver outra vez.

Além da experiência emocional, há ainda o desejo de que aquele produto ou serviço que compramos nos ajude a nos tornarmos pessoas melhores, ou seja, uma transformação.

Se falamos de uma academia, por exemplo, os clientes fazem suas matrículas porque querem se tornar mais saudáveis, querem mudar a relação com o corpo e aumentar a autoestima. Adquirimos cursos on-line porque acreditamos que estaremos mais preparados para lidar com os desafios do mercado e, como teremos liberdade para definir o ritmo e quando estudaremos, conseguiremos nos dedicar a eles de acordo com nossa rotina. Você está lendo este livro porque essas reflexões o ajudarão a ser um empresário melhor — e realmente acredito nisso também.

A terceira alavanca, portanto, é combinar uma experiência uau com uma transformação para nossos clientes. A partir disso, a relação se tornará tão forte que o próprio cliente se tornará um divulgador da empresa, alguém que não apenas compra de novo e de novo da sua empresa, como compartilhará seus resultados com outras pessoas.

✖ ✖ ✖

Essas três alavancas são estratégias para ampliar o reconhecimento do valor que a sua empresa entrega para o mercado. Um valor que já existe, mas que precisa ser percebido e comunicado.

Não adianta trabalhar nas alavancas se a solução não for realmente efetiva para o nicho que você está atendendo. Os benefícios precisam ser verdadeiros. Mas a comunicação do valor é feita essencialmente pelo marketing, a área do negócio que nos permite potencializar o alcance de nossas soluções e sobre a qual nos aprofundaremos na Parte 6 do livro.

**Se eu fosse você,
não ignoraria essas ideias.
Quem sabe eu tenho razão?**

PARTE 6

CRESCIMENTO DAS VENDAS

Havia um casal que vivia sempre reclamando da pobreza. Tinham uma fazenda, mas, por mais que tentassem, acabavam todos os meses no prejuízo. Eis que o marido comprou algumas galinhas chocadeiras e um dia, pela manhã, descobriu que uma delas colocara um ovo de ouro. O marido foi correndo avisar a mulher da sorte que tiveram. Ficariam ricos!

Mas eis que a galinha demorou mais uma semana para botar outro ovo e talvez demorasse mais outra para botar um terceiro. Os dois estavam tão cheios de dívidas que o marido ficou impaciente, queria pegar todos os ovos no mesmo instante. Então, como tinha ouvido dizer que as galinhas traziam dentro delas todos os ovos que iriam botar durante a vida, ele matou a galinha e lhe abriu a barriga.

Qual não foi a decepção ao descobrir que a galinha não tinha nenhum ovo dentro dela, muito menos de ouro! Assim, o casal voltou à pobreza, sem um tostão no bolso, chorando as mágoas pela galinha que perdeu.

※ ※ ※

A fábula da galinha dos ovos de ouro é bastante popular. Todos a conhecemos e refletimos sobre como a ganância fez com que aquele casal perdesse algo extremamente valioso. Gosto de trazer esse conto para os empresários porque a empresa é a nossa galinha dos ovos de ouro, é onde nós conseguimos a remuneração que todos — empreendedor e colaboradores — levamos para casa. Então é preciso cuidarmos dela para que continue a gerar riqueza.

Mas a galinha, neste exemplo, pode ser também as estratégias que temos usado para gerar as vendas, prover nosso negócio com clientes que se identificam com nossa proposta e nos escolhem. Se nos concentramos apenas em uma única fonte para nossas necessidades financeiras, caso algo aconteça, ficamos de mãos vazias.

Nesta seção, quero lhe falar sobre como a sua empresa pode ter várias galinhas de ovos de ouro usando o poder do marketing e das alavancas para as vendas.

CAPÍTULO 29

ABANDONE A CAÇA E DEDIQUE-SE À PESCA

As redes sociais, a comunicação ininterrupta e todos aqueles fatores que influenciam a decisão de compra do nosso consumidor (reputação, confiabilidade, comparação de preço vs. benefícios) tornaram fundamentais que passássemos a pensar a jornada do cliente de um jeito diferente.

Já falamos no Capítulo 28 que, além de ter um produto ou serviço que entregue um valor real para o cliente, também precisamos assegurar que este valor está sendo comunicado. Para termos resultados exponenciais, precisamos cuidar dessa comunicação para que alcance o nosso nicho e seja de fato impactante.

Nos capítulos desta parte do livro, nos aprofundaremos nas questões relativas ao marketing que, como você verá mais à frente, cada vez mais se fundem com a área comercial.

Até o final do século passado, antes da internet, os smartphones e as redes sociais invadirem nossa rotina, as pessoas já sabiam que seriam interrompidas, no dia a dia, por alguém que lhes tentaria vender algo. Era o marketing da interrupção.

Quando estávamos vendo televisão, de tempos em tempos, nosso programa favorito era interrompido pelos comerciais. Pelo telefone, na rua, tocando a campainha, algum vendedor iria nos abordar, e tendíamos a ser mais receptivos a essas apresentações de produtos e serviços do que somos hoje. Afinal, precisávamos dessa atividade ativa, pois era o único jeito de conhecermos novos produtos.

No entanto, especialmente a partir dos anos 2000, com a comunicação aberta para todas as pessoas, a todo momento e de maneira instantânea, inconscientemente, passamos a repudiar essas interrupções porque sabemos que elas não são mais o único jeito de conhecer um produto ou serviço que poderá atender nossas necessidades. Não queremos mais ser abordados do jeito tradicional porque, se realmente quisermos algo, pesquisaremos sobre isso em casa, no nosso tempo, sem ninguém estar nos pressionando por uma resposta.

Com a internet, podemos pesquisar não apenas qual o melhor produto, mas também de quem podemos comprar com a melhor oferta. Ou seja, esse novo contexto nos permite ter mais informações e tempo para amadurecer nossas decisões, com acesso à opinião de outras pessoas que buscaram a mesma coisa que nós.

Estamos passando pela transição do marketing baseado em persuasão para o marketing baseado em influência.

Enquanto o marketing de persuasão tenta realizar uma venda pelo convencimento, oferecendo inúmeros argumentos para fazê-lo romper as barreiras da decisão para forçar o consumidor a tomar uma decisão favorável ao nosso objetivo, o marketing de influência atrai o consumidor e a venda é um resultado quase natural.

Alguém ainda pode se tornar um bom vendedor sendo persuasivo, um departamento de vendas pode ter sucesso através da persuasão. Mas a persuasão não nos leva à excelência. Se quisermos ter empresas que sejam excelentes em vendas, temos que ir além. Temos que trabalhar nossa capacidade de influência.

Para mim, a persuasão está ligada à forma clássica de venda, na qual perseguíamos os clientes e tentávamos convencer uma parte deles a comprar. É o que chamo de **abordagem do caçador**, que é mais agressiva e invasiva.

Numa abordagem de influência, deixamos de ser caçadores e nos tornamos **pescadores de anzol**: atraímos a presa, deixamos que ela morda o anzol e, no momento exato, nós a puxamos para o barco. Hoje, conseguimos avaliar com muito mais recursos se nos tornamos atrativos e despertamos o desejo de compra em nossos clientes.

Não é que a persuasão não funcione, apenas é muito mais vantajoso ser influente, porque a nossa influência vem da construção da nossa reputação.

Tornou-se mais fácil criar condições para que as pessoas nos sigam, fiquem sabendo dos nossos produtos e até nos comprem, mesmo estando distantes. Na minha empresa, por exemplo, temos diversos seguidores e clientes no Brasil, mesmo estando do outro lado do Atlântico. As redes sociais anabolizam a nossa influência. Quando fazemos um trabalho de qualidade em um determinado nicho, é muito mais fácil que a nossa reputação seja espalhada e atraiamos mais clientes. Dificilmente o ritmo de crescimento de hoje seria atingido no século passado.

A COMUNICAÇÃO PRECISA SER MEMORÁVEL

É decisivo que as empresas tenham uma boa estratégia de marketing adaptada às redes sociais, pois estas são o veículo de comunicação no qual as pessoas estão 24 horas por dia, 7 dias por semana, independentemente de ser feriado ou final de semana. Além disso, sabemos que o consumidor criou uma cegueira em relação à publicidade tradicional, então precisamos reaprender a nos comunicar com ele.

Quando escreveu *A vaca roxa*, um dos livros de marketing mais famosos dos últimos 20 anos, Seth Godin contou que, certo dia, quando estava hospedado num bom hotel, resolveu abordar algumas pessoas que estavam lendo *Wall Street Journal* durante o café da manhã. Ele esperou até que essas pessoas finalizassem a primeira seção do jornal e pediu que elas citassem duas empresas que tinham anúncios de página inteira naquela edição. Ninguém se lembrava dos anúncios. Depois, ele pegou um anúncio, dobrou a página para esconder o logo da empresa e perguntou se as pessoas conseguiam identificar de quem era aquele anúncio. De novo, a resposta foi zero. Ou seja, aquelas empresas investiram milhares de dólares para estar num dos veículos mais caros e não teriam resultado.

Aqueles anúncios não eram segmentados; ao contrário, eram feitos para o maior número de pessoas possível, e a maior parte delas não se interessava por aquilo nem percebia um diferencial. O mesmo acontece hoje, quando muitas empresas apenas mudaram o veículo, mas continuam se comunicando de maneira genérica.

A teoria de Godin é que, para ser efetiva, uma comunicação deve ser marcante, interessante e digna de ser comentada. Como uma vaca roxa na estrada. Algo inédito e surpreendente.

O que acontece, na maior parte das pequenas e médias empresas, no entanto, é que investem por uma presença nas redes sociais (seja por técnicos de marketing que contratam ou por anúncios patrocinados), mas continuam sem uma estratégia segmentada, como se fazia no século XX, colocando apenas fotos bonitas e esperando que os clientes venham. É uma mera transposição de um meio para o outro, sem nenhuma estratégia por trás, e esperam que essas campanhas gerem potenciais clientes — que, em marketing, chamamos de leads.

Tem que se fazer marketing nas redes sociais com a mente do século XXI. A estratégia é diferente porque a jornada do consumidor é diferente. E, se estamos falando de marketing pela influência, então o primeiro passo é fazer com que o seu nicho confie na sua empresa. Portanto, a sua comunicação precisa destacar a vantagem competitiva, o valor único que o seu negócio gera para o nicho o qual está disposto a atender.

A JORNADA PARA A CONSTRUÇÃO DA CONFIANÇA

Numa economia cada vez mais reputacional, precisamos merecer a confiança dos consumidores. Isso demanda muito mais esforço do que antes, porque a competitividade e a busca pela atenção desse potencial cliente são ainda mais acirradas.

No livro *A velocidade da confiança*,[40] Stephen M. R. Covey, filho de Stephen R. Covey (o autor do best-seller *Os 7 hábitos das pessoas altamente eficazes*), faz uma investigação profunda para mostrar que, ao confiar em alguém ou mesmo em uma empresa, na verdade confiamos nas suas competências e na sua integridade.

---

40 COVEY, S. M. R.; VENETIANER, T. (Trad.). **A velocidade da confiança: o elemento que faz toda a diferença**. Rio de Janeiro: Alta Books, 2007.

Em relação à competência, significa que precisamos mostrar que somos realmente muito bons e capazes de realizar a entrega que estamos prometendo. Se tivermos a oportunidade de mostrar que somos os mais competentes do mercado, melhor ainda.

Nós confiamos em pessoas que normalmente são capazes de resolver coisas que nós não conseguimos fazer. Tendemos a confiar em pessoas que nos levarão a um destino melhor do que se fôssemos sozinhos. Se você tiver uma dor no joelho, por exemplo, e o melhor ortopedista do mundo lhe disser o que deve fazer para tratá-lo, vai confiar nele, pois ele entende do assunto e é muito bom no que faz.

Assim, as redes sociais podem funcionar como uma maneira de demonstrar a sua competência, não só através de um discurso sólido, mas também por meio de testemunhos de pessoas que se beneficiaram da sua solução.

Isso normalmente se faz com o marketing educacional, no qual não estamos tentando vender nada, mas construir um relacionamento e reputação com o público. Nesse tipo de comunicação, mostramos nossa solução gratuitamente para que, quando as pessoas precisarem de ajuda para implementá-la, lembrem-se de nós.

O segundo fator fundamental para a confiança é a integridade. Se alguém for competente, mas tiver uma agenda de valores pessoais com os quais não concordamos, o que comprometerá a reputação não é a capacidade de entrega, mas o seu caráter.

Senti isso na pele há alguns anos, no Brasil, quando estava negociando com um cliente. Tivemos uma reunião e o presidente da empresa pediu alguns dias para refletir sobre a nossa proposta. Tinha uma amiga que era relativamente próxima ao presidente e essa pessoa me disse: "Ele foi pesquisar sobre você na internet." Naquele momento, lembro que a minha reação foi: "Ótimo." Porque eu sabia que ele não encontraria nada de ruim. Sempre cuidei da minha competência e dos meus valores, então sabia que não havia nada que ele pudesse encontrar que fosse me prejudicar. Isso é diferente de dizer que tudo o que ele encontraria seria bom. Não há nenhuma empresa que tenha 100% de avaliações positivas, e se tiver, não é crível, pois pode estar apagando as opiniões ruins dos clientes. Nós deixamos todas lá, mas precisamos que as boas sejam mais numerosas que as ruins.

Quanto mais cuidamos da construção de uma relação de confiança e credibilidade com o público para o qual queremos vender, mais seremos pescadores em vez de caçadores. Essa visão do marketing pela influência fortalece nossa autoridade naquele determinado segmento. E, enquanto fazemos isso, treinamos nosso nicho a comprar o que vendemos.

Não há nada de mágico nisso. É apenas o poder da influência, que é mais poderoso do que o da persuasão. Conseguiremos vender muito mais se os clientes quiserem comprar do que se tivermos que os convencer a comprar.

Se eu fosse você, não ignoraria essas ideias. Quem sabe eu tenho razão?

CAPÍTULO 30

DESPEÇA A SUA EQUIPE DE VENDAS... E RECONTRATE-OS COMO GESTORES DE CLIENTE

Toda estratégia de marketing deve considerar dois resultados: entregar uma comunicação constante com determinado nicho de mercado para transformarmos pessoas que se identificam com a nossa solução (suspeitos) em contatos (leads) e, mais à frente, clientes; e antecipar toda a organização necessária para que essa comunicação ocorra.

Nesses 20 anos trabalhando especialmente com pequenas e médias empresas, o mais comum é me deparar com negócios que entregam táticas de marketing, mas o fazem sem estratégia. E, como vimos no Capítulo 11, tática sem estratégia não entrega todo o potencial de resultado de um negócio.

O marketing tem um peso enorme na capacidade de uma empresa crescer ao longo do tempo. Peter Drucker já dizia que o "objetivo do marketing é tornar a venda supérflua, é conhecer e entender tão bem o consumidor que o produto ou o serviço se adapte a ele e se venda sozinho"[41].

Muitas empresas, inclusive, estão deixando de ter áreas de marketing e vendas separadas, porque entenderam que essas duas frentes devem

---

41   DRUCKER, Peter. **A Nova Era da Administração**. São Paulo: Pioneira, 1992.

funcionar como uma máquina única, na qual os processos se sobrepõem. **_Acredito que um bom vendedor tem que entender de marketing, e hoje nenhum marqueteiro pode deixar de ser um vendedor._**

A fusão entre essas duas frentes dos negócios cria o que chamamos de o *funil de vendas moderno*.

O FUNIL DE VENDAS MODERNO

No capítulo anterior, falamos que este novo jeito de pensar o marketing é baseado em influência. E existe um método para que você possa alavancar esse relacionamento com o seu nicho de mercado.

Para isso, precisamos entender o conceito de funil de vendas.

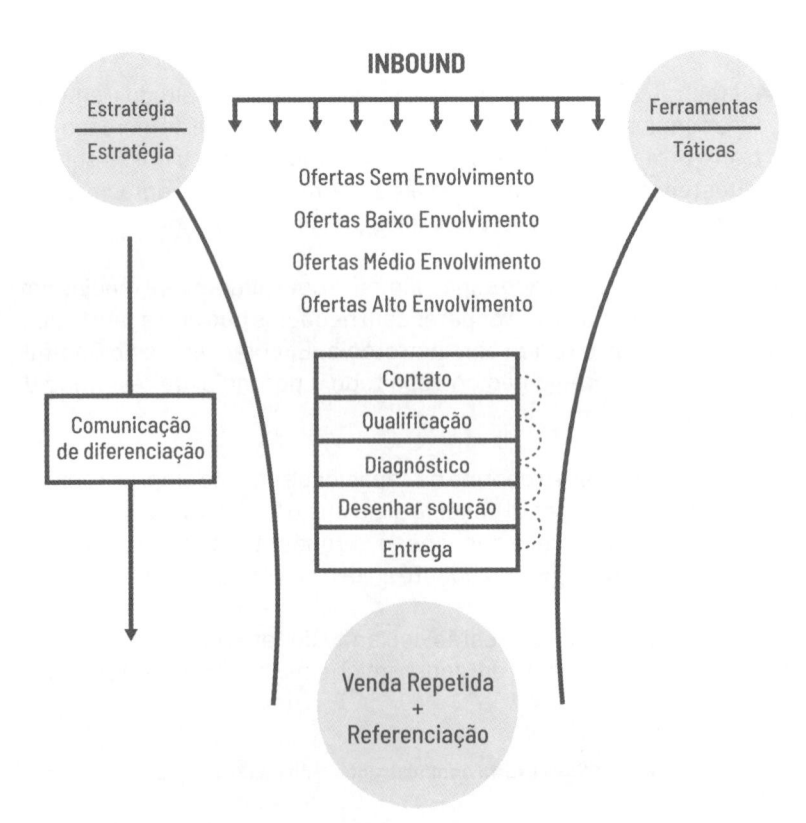

INBOUND

Estratégia
Estratégia

Ferramentas
Táticas

Ofertas Sem Envolvimento
Ofertas Baixo Envolvimento
Ofertas Médio Envolvimento
Ofertas Alto Envolvimento

Comunicação de diferenciação

Contato
Qualificação
Diagnóstico
Desenhar solução
Entrega

Venda Repetida
+
Referenciação

O funil é a lógica para entendermos o caminho que leva alguém a se tornar nosso cliente. Precisamos atrair o máximo de pessoas que se enquadram em nosso nicho de atuação e estabelecer uma série de táticas para que elas permaneçam engajadas até o momento em que se tornam clientes.

O funil clássico que a maioria das empresas aprendeu a praticar é aquele chamado de *outbound*, no qual o marketing vai ativamente atrás de potenciais clientes numa abordagem que tende a ser focada na interrupção (os anúncios na TV ou no meio de um vídeo do YouTube, por exemplo). No outbound, a pessoa impactada pela peça de comunicação não necessariamente estava buscando por aquilo. Por isso, a tendência é que muitas pessoas entrem no topo do funil, mas poucas cheguem ao status de clientes.

Já o funil moderno é focado numa abordagem *inbound*, ou seja, a pessoa estava procurando a solução que oferecemos e escolhe entrar no nosso fluxo de comunicação porque quer saber mais, quer ser parte da nossa comunidade. É um funil que parece um tubo, porque as taxas de conversão em cada fase são muito maiores, já que todas as decisões são confirmações que cada contato nos dá para seguirmos com a próxima tática. Este é um processo em que nós envolvemos o cliente e o tornamos parte da construção da nossa solução. E é muito difícil um cliente dizer não a uma solução que ele ajudou a desenhar.

Na minha empresa, por exemplo, não fazemos trabalho frio há anos. Não colocamos ninguém no funil; são as pessoas que escolhem entrar.

O FUNIL DE VENDAS MODERNO NA PRÁTICA

Isso quer dizer que, em primeiro lugar, a atração do seu nicho parte de uma câmara reputacional. Hoje, não é possível estar fora das redes sociais, pois é lá que *todos* os públicos estão. Então, a primeira preocupação do funil moderno de vendas é gerar seguidores. Talvez alguns gurus do marketing fiquem chocados ao ler que seguidores não contam e apenas leads importam, mas a verdade é que um número relevante de seguidores conta, sim, se fizerem parte do seu nicho de mercado.

É como se essa câmara reputacional fosse um barril de seguidores, com pessoas que atendem aos requisitos do nicho que sua empresa vai atender.

E você há de concordar comigo que pescar num barril é muito mais fácil do que pescar num lago. Portanto, nossa missão é trazermos esse peixe para o nosso barril com a nossa reputação; colocamos as iscas, e eles decidirão quando mordê-las ou não.

A reputação da empresa começa a ser construída com esses seguidores. Num primeiro momento, nossa preocupação é em alimentar esses seguidores com conteúdos e provas de que podem confiar em nossa empresa. Assim, no tempo e conveniência deles, escolherão deixar de serem seguidores para se tornarem *leads*.

Nesta primeira etapa do funil, queremos manter os seguidores quentes, ou seja, engajados e interessados no que temos a oferecer. Para isso, temos que ter qualidade com o conteúdo que entregamos, sem interromper as pessoas com chamadas de venda. Ao contrário, o foco é ensiná-las sobre nossa solução e diferencial.

Nosso objetivo é criar uma dívida emocional. Oferecer tanto gratuitamente que essas pessoas sentirão como se nos devessem algo, gratas por tudo o que aprenderam e evoluíram conosco. Em português, nós agradecemos com "obrigado", ou seja, a pessoa se sente obrigada a nos dar algo em troca como agradecimento. E isso, mais à frente, será a venda propriamente dita.

Temos que entender que o cliente parou de confiar no marketing tradicional, e uma das razões é que muitas empresas fazem comunicação como se estivessem vendendo a fotografia de seus filhos para outras pessoas.

Imagine que eu tente lhe vender a foto dos meus filhos. Por mais que tenha certeza de que é a fotografia mais linda do mundo, você não vai querer comprá-la. Você vai querer comprar apenas se a foto que eu lhe mostrar for a dos seus filhos ou do seu bichinho de estimação. Ou seja, **o consumidor quer ser impactado por mensagens que mostrem como a empresa resolve o problema que ele tem.** E quer fazer isso sem se sentir manipulado, pressionado e, se possível, tendo o direito de ter uma amostra antes de tomar a decisão final.

ESTRUTURA DE OFERTAS

Talvez você esteja se perguntando: "Ok, Paulo, muito bom. Mas como coloco esse plano de funil em prática?" Bem, a resposta é entender que você precisa criar uma jornada que englobe quatro níveis de oferta: sem envolvimento, com baixo, médio e alto envolvimento.

OFERTA SEM ENVOLVIMENTO

A primeira parte é a oferta sem envolvimento, pois, na maioria das vezes, estamos pedindo apenas tempo do nosso cliente. Tempo que ele nos dedica ao consumir nosso conteúdo, o qual disponibilizamos sem pedir nenhuma contrapartida em troca. Como vimos, o objetivo é criarmos reciprocidade porque lhe entregamos uma solução relevante, de maneira gratuita.

OFERTA COM BAIXO ENVOLVIMENTO

Depois, damos a oportunidade a esse seguidor de se tornar um lead, ou seja, pedimos que ele nos dê um meio mais próximo e direto para continuarmos a lhe entregar conteúdo relevante, seja o seu e-mail, telefone, participar de alguma pesquisa rápida, deixar uma avaliação etc. Pedimos algo pequeno como troca por oferecer outra coisa com valor percebido muito maior.

OFERTA COM MÉDIO ENVOLVIMENTO

Após engajar esse potencial cliente numa oferta com baixo envolvimento, seguimos para o próximo nível, no qual essa pessoa, pela primeira vez, realizará algum investimento financeiro em nossa solução. Não é o tipo de venda com a qual a empresa vai ganhar alguma margem, mas inicia um relacionamento comercial e possibilita mostrar a qualidade do que fazemos para os clientes mais próximos.

Por exemplo, este livro em suas mãos não gerou um retorno monetário muito expressivo para mim, mas o fato de você ter realizado a compra e ter chegado até esta página mostra que a minha solução o atraiu, o conteúdo o prendeu. Se, ao colocar em prática todos esses insights, você perceber a mudança nos resultados no seu negócio, a probabilidade de se interessar por outros produtos e programas que ofereço é muito maior do que se você não tivesse dado o passo de adquirir o livro e dedicar tempo a fazer esta leitura.

OFERTA COM ALTO ENVOLVIMENTO

Finalmente, aparece a oferta de alto envolvimento, que é a que, de fato, queremos fazer para as pessoas: o nosso produto ou serviço principal, que gera o retorno mais relevante para a saúde financeira do nosso negócio. O curioso é que não precisamos interromper ninguém com essas ofertas de alto envolvimento. É a pessoa quem decide quando está pronta para dar esse passo, ela é quem lhe pede esse produto, busca por mais informações, se cadastra para receber o anúncio de quando você estiver aberto a novos clientes.

✖ ✖ ✖

Esta nova lógica do funil de vendas moderno faz com que cada oferta seja uma facilitadora para a oferta seguinte. Temos que criar atalhos mentais que nos favoreçam no processo decisório do consumidor. E se mantermos a alta qualidade de entrega em cada nível desse funil, aumentamos as chances de as pessoas nos acompanharem nos próximos produtos porque querem continuar a evoluir conosco.

E tudo começa pela construção da nossa reputação através do conteúdo que oferecemos sem pedir nada em troca de nossos potenciais clientes. Tudo começa por educar os consumidores a respeito da nossa solução.

Jeffrey Gitomer, em seu best-seller *O livro vermelho das vendas*, disse que "as pessoas não gostam que você venda algo para elas, mas adoram comprar", uma verdade que ele carrega como mantra.

Quando incorporamos isso em nossa estratégia de inbound, aprendemos a focar nossa comunicação nos benefícios, em como nossa solução resolve os problemas que os nossos seguidores possuem; assim, eles passam a se interessar cada vez mais pelo que temos a oferecer. Porque, como vimos, as pessoas confiam em quem pode levá-las mais longe do que chegariam se estivessem sozinhas.

*Se eu fosse você,
não ignoraria essas ideias.
Quem sabe eu tenho razão?*

CAPÍTULO 31

MARKETING DE GUERRILHA

É muito importante termos clareza de que as decisões de marketing são rigorosamente matemáticas, porque estamos falando de uma frente do negócio que deve ser encarada como investimento. Portanto, tudo o que fazemos em marketing precisa gerar métrica de resultado.

As grandes empresas competem pelas mesmas fatias de mercado. Voltadas para a massa, seu diferencial é justamente o tamanho de sua demanda. Bancos, por exemplo, competem pelos mesmos clientes, assim como as grandes redes de supermercados ou concessionárias. Mas, quando nos referimos a pequenas e médias empresas, estamos focando um nicho de mercado que não está sendo bem atendido ou não é atendido de maneira nenhuma. E como nessas empresas os recursos são limitados, temos que ter o máximo de informação e de indicadores possíveis para que sejam bem investidos.

Porém, antes de entrarmos nos indicadores específicos, preciso lhe dizer que, embora tenhamos uma estratégia principal que se refere ao objetivo que temos para os resultados da empresa, precisamos ter diversas táticas para aumentar nossas chances de atingir as metas e trazer o maior número de pessoas para o nosso funil de vendas moderno, visto no capítulo anterior.

A REGRA DOS 10

Esta regra significa que, em determinado momento, não podemos ter menos do que 10 táticas de marketing para atrair potenciais clientes. Dez é a quantidade mínima, fazendo com que todo o time se obrigue a pensar em muitas ideias e ferramentas que ajudem a alcançar o público para o qual temos uma solução fantástica.

Precisamos ter diversas ações acontecendo simultaneamente porque, ao longo do tempo, algumas vão parar de funcionar e precisaremos ter alternativas para substituí-las. Em marketing digital, ações que funcionam de maneira excelente agora, na próxima semana, podem simplesmente parar de gerar as conversões que precisamos. Então, se diversificamos, diminuímos o risco caso algo pare de gerar resultado.

Às vezes, encontro empresários que têm apenas duas ou três fontes de entrada de potenciais clientes: indicação e uma ou duas campanhas nas redes sociais que são replicadas sempre do mesmo jeito. Quando algo sofre uma ruptura no fluxo que estavam acostumados a receber, começam a pensar que a sua área de atuação está em "crise". Não é isso. A verdade é que apenas têm poucas ferramentas para gerar novos clientes.

Essa diversificação de táticas é fundamental para garantir a sobrevivência da sua empresa no século XXI. Para reforçar a importância do que estou lhe dizendo, quero lhe contar a experiência que tive com uma empresa que fundei em 2005.

No nosso primeiro ano de atividade, 70% das vendas vinham da tática de marketing que usava a ferramenta mais barata que tínhamos à disposição, cujo custo era quase irrisório. Faturamos cerca de 700 mil euros naquele ano, a maior parte desse resultado com uma ação que nos demandava pouco trabalho e ainda tinha um custo baixo. Diante disso, alguns empresários, quando fossem fazer o planejamento do ano seguinte, poderiam decidir que o melhor seria aumentarmos o foco nessa ferramenta e concentrar nossas ações apenas na melhor fonte de clientes... Ainda bem que este não foi o caminho que escolhemos.

No segundo ano, ainda tínhamos o mesmo resultado do faturamento anual, mas o retorno daquela estratégia começou a cair. A ferramenta passou a representar 50% dos nossos resultados. No terceiro ano, 30%. No quarto, 0. No quinto ano, voltamos a colocar a ferramenta para rodar novamente.

Talvez você se pergunte: por que voltar a usar uma ferramenta que havia chegado a 0 de participação nos resultados?

Pode parecer uma decisão contraditória, mas a nossa análise era a de que a ferramenta já tinha nos dado muito resultado no passado e o investimento nela era baixo. Se funcionou anteriormente, quais são as chances de voltar a ser eficiente? Naquele ano, essa ferramenta representou cerca de 15% do faturamento.

Se tivéssemos parado com as outras táticas e ferramentas para apostar naquela que parecia ser a mina de ouro, a empresa teria falido antes de chegar ao terceiro ano. Então, a grande lição é que, quanto mais ideias tivermos e quanto mais ideias desenvolvermos constantemente, maiores as nossas chances de aumentar o número de leads e, consequentemente, de clientes para o nosso negócio.

E com o marketing digital, podemos ter mais de cem táticas de atração acontecendo simultaneamente. Ferramentas como Google e Facebook nos permitem criar dezenas de táticas para cada campanha de anúncios que queremos implementar: variando a imagem de um anúncio, mas mantendo o mesmo texto (que chamamos de copy); usando a mesma imagem, mas com variações do texto ou da chamada para a ação; ou mesmo anúncios completamente diferentes que direcionem os leads para a mesma página, na qual terão todas as informações sobre a oferta que temos.

COMO CRIAR UM PLANO DE MARKETING?

É bastante comum que os especialistas em marketing apresentem suas visões a partir dos conceitos de Philip Kotler, um dos maiores nomes do mundo neste tema. Contudo, embora a obra de Kotler seja formidável, ela retrata uma realidade muito mais característica das grandes empresas, de modo que alguns conceitos não sejam replicáveis para os pequenos e médios empresários.

Um nome, porém, que é pouco citado, traz as maiores lições para que possamos ter resultados imediatos: Jay Conrad Levinson, o criador do conceito de *marketing de guerrilha*, baseado em estratégias para que pequenos negócios pudessem ter impactos imediatos implementando ações com o mínimo de recursos. Um grande publicitário, ele foi um dos criadores da campanha Marlboro Man, que concebeu o que se tornaria o símbolo da marca de cigarros: o cowboy americano, a representação do homem másculo que fuma Marlboro.

Em 2008, tive a oportunidade de fazer um curso com Jay e ele nos ensinou a criar um plano de marketing respondendo a apenas sete perguntas:

1. **Para quem é este plano ou campanha?**

No seu nicho de atuação, você pode identificar diversos subnichos. Por exemplo, vou fazer uma campanha para donos de pequenos restaurantes na região da Vila Madalena, em São Paulo, e outra para aqueles que estão em Copacabana, no Rio de Janeiro. Hoje, as ferramentas de marketing digital permitem segmentar o público de maneira cada vez mais específica, cruzando interesses, comportamentos semelhantes, dados demográficos e qualquer outra informação que possa ser identificada e é relevante para a sua estratégia.

2. **Qual a proposta única de venda que vamos oferecer?**

Já falamos em capítulos anteriores sobre a importância de construir um diferencial que seja valorizado pelo seu público. Esse diferencial será a base para atrair os potenciais clientes; é a mensagem que mostra por que a sua solução é eficiente e por que as pessoas devem confiar em você (algo que pode ser reforçado através de alguma garantia ou depoimento de outros clientes, por exemplo).

3. **Qual a ação que queremos que o potencial cliente realize?**

Não existe campanha sem antes definir qual ação você quer que o potencial cliente faça. É preciso definir o que o seu público deve fazer depois de ver a sua peça de comunicação: se inscrever num formulário, começar a seguir o seu perfil nas redes sociais, entrar para um grupo fechado no Whatsapp ou no Telegram?

Essa ação é fundamental porque ela será o fator de confirmação do interesse desse lead em seguir com você para os próximos níveis do seu funil.

4. **Quais são as ferramentas e os veículos a serem utilizados para comunicar a nossa mensagem?**

Neste item, já entramos nas questões operacionais da campanha: será feita por e-mail, no Instagram, Facebook, YouTube, em todas as redes sociais ou apenas algumas? Vocês precisarão de outras ferramentas e parceiros para executar as ações? Terá alguma estratégia off-line?

5. Qual a nossa identidade como empresa?

Ter clara a identidade da empresa é fundamental para que a comunicação seja consistente e coerente em todos os canais. O objetivo é que, enquanto instigue o seu potencial cliente, cada peça de comunicação também faça parte de uma estratégia que comunique os valores, a missão e o propósito da empresa, mostre quais são as associações que queremos que os clientes façam ao serem impactados por nós. Essa identidade tem de estar presente em tudo.

Para você entender a importância de refletir sobre isso, quero contar uma experiência pessoal. Em 2010, lancei minha primeira obra, *O livro secreto das vendas*. Havia muito tempo, já pensava em escrever um livro, mas até então não fazia nada ativamente para isso. Até que conheci o dono de uma editora que queria que eu divulgasse seus livros. Nossa conversa foi boa e ele me pediu um livro meu. Era maio, e em 31 de dezembro do mesmo ano entreguei o livro baseado num treinamento que havia desenvolvido.

A obra se tornou uma bênção e uma maldição para mim e minha empresa. Em menos de dois meses, tornou-se o livro de vendas mais vendido em Portugal e, obviamente, criou um movimento muito interessante, com cada vez mais pedidos de treinamentos, palestras e consultorias em vendas. Por esse lado, foi uma bênção.

No entanto, e aqui vem a maldição, o livro distorceu nossa identidade. Passei a ser lido pelo mercado como um especialista em vendas, palestrante de vendas... Mas sempre fomos especialistas em mentoria empresarial. Embora o livro tenha dado muitos resultados, ele nos atrasou do ponto de vista da estratégia principal e levamos dez anos para fazer a virada completa.

Se, naquela época, já tivesse a visão que tenho compartilhado com você neste livro, com certeza o tema do primeiro livro teria sido outro.

6. Quais os benefícios que oferecemos ao mercado?

No **Capítulo 29** falamos sobre a importância da percepção de valor para o cliente que, inconscientemente, compara o preço da nossa oferta aos benefícios que estamos lhe entregando. Um dos segredos para uma comunicação eficiente é focar os benefícios em vez das características do nosso produto ou serviço. **As pessoas não compram características, elas compram benefícios, a transformação do seu estado emocional depois de terem a sua frustração resolvida.**

Então, quando definimos o nicho ou subnicho de cada campanha, também temos que ressaltar o benefício que esse público valoriza.

7. Por fim, qual o nosso orçamento para esta campanha?

Na minha visão, o orçamento é definido pela expectativa de retorno que temos para cada ação. Se entendemos que marketing é investimento, então deve ser baseado na evidência matemática do retorno. Se não temos isso, então é apenas especulação.

Para responder a essa questão, temos que levar em consideração algumas métricas essenciais para a análise e acompanhamento da estratégia de marketing, que são: o CPL, o CAC e o LTV.

CPL é a sigla para *cost per lead* ou, em português, *custo por lead*. Ou seja, quanto precisamos investir para gerar cada contato que entrará no funil para potenciais clientes. Digamos, por exemplo, que você vá dar uma aula online gratuita para todas as pessoas que se inscreverem num formulário que você preparou. Você então patrocina diversas peças de comunicação nas redes sociais para que as pessoas que têm todas as características do seu nicho as vejam, e aquelas que se interessarem vão se cadastrar.

Vamos usar valores simples para facilitar o entendimento deste cálculo. Digamos que você investiu 1.000 reais e a campanha entregou 100 leads (contatos). Portanto, o CPL dessa campanha foi de 10 reais.

Porém, dessas 100 pessoas que se cadastraram, nem todas irão comprar o produto ou serviço que você vai oferecer. Então, precisamos descobrir o nosso CAC, sigla para *customer acquisition cost*, em português, *custo para aquisição de cliente*.

Voltando ao nosso exemplo, digamos que, daqueles 100 leads, 10 se tornaram clientes. Cada cliente, então, custou 100 reais. Antes de decidir se este é um custo alto ou baixo, você precisa analisar quanto esses clientes poderão gerar de retorno.

Digamos então que o produto que eles compraram foi de 1.000 reais e cada venda gere 100 reais de lucro. Neste cálculo hipotético, você investiu 1.000 reais e isso gerou 1.000 reais de lucro, então a campanha alcançou o breakeven — embora por si só não tenha gerado lucro, apenas empatou o investimento.

Mas aí é que a análise fica interessante. Você lembra que, no capítulo anterior, falamos sobre uma estrutura de ofertas na qual a cada nova oferta o envolvimento dos clientes se torna maior e, portanto, passamos a oferecer produtos mais caros e que nos gerarão mais lucro?

Neste ponto é que observamos a terceira métrica, o LTV, que significa *lifetime value*, ou seja, o valor do cliente ao longo do tempo. Quantas vezes esses mesmos clientes vão comprar de você? Qual é o potencial de receita que cada cliente pode gerar para o seu negócio? Depois desse primeiro treinamento, quantos outros produtos seu cliente pode comprar? Assim, você pode desenhar uma jornada, para que o custo de 100 de reais para a aquisição de cada cliente se transforme num valor absolutamente baixo em comparação ao valor médio que cada cliente investe na sua empresa.

Esses números precisam ser analisados consistentemente na rotina do marketing, porque, a partir disso, vocês começarão a ter como estimar o retorno de cada campanha. Portanto, terão mais clareza na hora de definir o orçamento e, com as diversas táticas em andamento, verificar quais estão dando mais resultados e por quê.

Cada empresa terá o seu próprio CPL, CAC e LTV e é com essas métricas que definirá qual será o investimento para cada campanha e qual o resultado esperado de cada uma.

✖ ✖ ✖

A partir desse roteiro com sete questões, é possível definir qualquer campanha para qualquer produto ou serviço. Tudo, é claro, respondendo à estratégia maior, que foi definida para os objetivos de curto, médio e longo prazo do negócio.

O marketing que funciona, no qual eu acredito e vejo na prática nos meus negócios e dos nossos clientes, é o marketing matemático, em que tudo é testado e medido o tempo todo para validar e ajustar as táticas que estão funcionando, para avaliar se o nosso investimento em tempo, esforço e dinheiro está gerando o retorno que precisamos para ter fluxo de caixa e longevidade no negócio.

Esta é uma das razões pelas quais não acredito que seja possível terceirizar a responsabilidade pelo marketing. Se o marketing é uma área tão estratégica, o carro-chefe para atrair nossos potenciais clientes e facilitar o processo de vendas, tem que estar totalmente integrado ao negócio. A estratégia de marketing é uma das funções indelegáveis.

É possível, sim, terceirizar etapas operacionais, como as atividades de criação das peças de comunicação e até mesmo a gestão de anúncios, por exemplo, mas a definição da estratégia, o acompanhamento das métricas, a provocação para novas ideias, tudo isso tem que estar dentro de casa. Tem que estar na rotina do empresário e dos gestores que lhe respondam diretamente.

Em seu livro *Marketing de Guerrilha*, Jay Conrad Levinson deixa claro, e concordo plenamente com ele, que o fator crucial para que o marketing dê resultado é ter comprometimento. Não dá para esperar que as coisas vão explodir e alcançar escala exponencial da noite para o dia se cada ação não for executada com seriedade. Mesmo tendo recursos limitados, é preciso testar e colocar esse plano em prática.

Quando o marketing é executado de maneira a priorizar a entrega das métricas, os processos para as tomadas de decisão também se tornam mais simples e objetivos. Afinal, cada ação traz informações relevantes que ajudam o empresário e a equipe a melhorarem sua abordagem com os potenciais clientes e construírem um modelo de negócio que cresce de maneira consistente.

Se eu fosse você, não ignoraria essas ideias. Quem sabe eu tenho razão?

CAPÍTULO 32

SÓ HÁ QUATRO FORMAS DE FAZER AS VENDAS CRESCEREM

É possível ter uma abordagem sistemática e consistente para as vendas de uma empresa? Diria que não apenas é possível como é altamente desejável.

Como qualquer outra coisa numa empresa, as vendas precisam de um processo. Vimos nos capítulos anteriores desta seção do livro que, na primeira fase, desenhamos como potenciais clientes devem ser atraídos para nosso funil; depois, quais serão as fases para que o relacionamento com a nossa base de seguidores e leads se fortaleça para que se tornem clientes; e, por fim, qual será a jornada de ofertas para que esses clientes gerem o máximo de valor para o negócio ao longo do tempo.

Então, para que exista consistência no crescimento do volume de vendas, precisamos de processos e sistemas que assegurem a definição e execução dos objetivos e planos da estratégia comercial. Nós queremos a máxima consistência possível em vendas, lucro e fluxo de caixa e, se não tivermos nas vendas, seguramente não teremos consistência nos outros dois.

Costumo simplificar a vida para os empresários, no sentido de lhes dar objetividade de ação e, sendo objetivo, só há quatro alavancas que podemos utilizar para aumentar as vendas numa empresa: *ou geramos mais leads; ou aumentamos a taxa de conversão dos leads em clientes; ou aumentamos o número de vezes que vendemos para cada cliente; ou aumentamos o valor médio de cada uma das vendas.* Não há outra coisa que se possa fazer para aumentar as vendas que não seja uma dessas.

GERAR MAIS LEADS

Todos os negócios precisam gerar *leads*, contatos que, de alguma forma, permitam que estabeleçamos relações comerciais. Ou seja, é alguém que, no mínimo, deixou o nome, telefone ou e-mail para que possamos entrar em contato para uma abordagem de venda.

Então, a primeira preocupação de um negócio é gerar leads: pessoas a quem ainda não vendemos, mas que fazem parte do nosso nicho de mercado e cujo contato ainda não temos. Precisamos ter alguma ferramenta para atraí-las e estabelecer o primeiro nível de envolvimento conosco para que possamos dar início à estratégia do funil.

AUMENTAR A TAXA DE CONVERSÃO DOS LEADS EM CLIENTES

Depois, sabemos que nem todas as pessoas que se tornam leads comprarão. Então a segunda alavanca é aumentar o percentual de pessoas que seguem conosco a cada etapa do funil, aumentando as nossas taxas de conversão de leads em clientes.

AUMENTAR O NÚMERO DE VENDAS PARA CADA CLIENTE

Ao se tornarem clientes, precisamos ter cada vez mais táticas para que voltem a comprar de nós. Se conseguimos aumentar o número médio de vezes que cada cliente realiza novas compras e contratações em intervalos menores, aumentamos o valor desses clientes ao longo do tempo, e isso nos ajuda a ter mais previsibilidade.

AUMENTAR O VALOR MÉDIO DE CADA VENDA

A quarta alavanca é aumentar o valor médio das nossas vendas. Isso porque alguns clientes fazem compras de valores maiores, e outros, de valores menores. Quanto maior é a média, mais interessante nosso sistema de vendas se torna.

COMO UTILIZAR AS QUATRO ALAVANCAS DAS VENDAS

Para que nós, objetivamente, possamos estimular o crescimento das vendas, precisamos medir esses indicadores constantemente: saber quantos leads são gerados a cada semana, qual é a taxa de conversão no funil, o número médio de transações e o valor médio dessas vendas. Depois, comparar os números semanais com os números do mês, com os números do semestre, do ano, do ano anterior etc. E, de maneira recorrente, monitorar esses quatro indicadores para ativar o nosso cérebro com a pergunta "como podemos melhorar esses números?".

Os empresários tendem a se preocupar em gerar mais clientes e mais vendas, mas é importante que entendam que clientes e vendas não são mais do que o resultado da interação dos outros dois indicadores. Não dá para aumentar o número de clientes se não aumentarmos o número de contatos, assim como não dá para aumentar o valor médio das vendas sem aumentar a taxa de conversão e o número de vendas para cada cliente. Portanto, as quatro alavancas precisam ser aprimoradas como um processo completo, em que os resultados dependem desses quatro fatores.

Essa abordagem parece óbvia, mas, antes de vê-las sistematizadas assim, é comum que muitos empresários coloquem esforço em ações que não geram mais leads, não melhoram as taxas de conversão ou qualquer uma das quatro alavancas.

O que essas quatro alavancas trazem, acima de tudo, é objetividade para concentrarmos recursos e energia naquilo que, de fato, vai produzir resultado.

O IMPACTO DAS ALAVANCAS DE VENDAS

Vamos imaginar que uma empresa pequena gera 1.000 contatos num ano e que, desses, 10% se tornem clientes; portanto, 100 clientes por ano. Além disso, digamos que cada cliente compre, em média, duas vezes e que o valor médio de cada venda seja de 1.000 reais. Portanto, o faturamento anual do negócio é de 200 mil reais. Este é o nosso ponto de partida para pensar "como podemos melhorar esses números?".

O jeito mais fácil é aumentar o número de contatos, pois isso vai repercutir ao longo de todo o fluxo de relacionamento com os leads da empresa. Se queremos aumentar, por exemplo, em 10% o número de contatos, passando para 1.100 leads anuais, vamos afinar a estratégia de atração e aumentar o número de contatos. Digamos que esses contatos se tornem leads depois de uma ligação do time comercial, então, ao longo do ano, significa que precisamos fazer apenas duas ligações a mais por semana e isso já trará o crescimento que queremos.

Agora que já sabemos como aumentar a base de leads anual, vamos pensar em como aumentar a taxa de conversão, passando de 10% para 11%, revisando, por exemplo, três modelos de peças de comunicação que tiveram pouco engajamento. Com dois ajustes (mais ligações e a revisão do que não estava funcionando), neste exemplo, já tivemos um aumento de 21% no número de clientes.

Passemos então para a terceira alavanca, aumentar o número vendas para cada cliente, saltando de 2 para 2,2. Se queremos que nossos clientes comprem mais vezes, precisamos diagnosticar quais outras necessidades nós podemos atender. Então, precisamos encontrar formas melhores de servir a quem já compra de nós, pensando em como podemos estar mais próximos e gerar ainda mais valor para esses clientes. Às vezes, basta implementarmos um sistema de reativação de contato depois de determinado tempo da primeira compra. Talvez, depois de 30 dias da primeira compra, possamos enviar uma comunicação por e-mail ou outro canal direto com uma oferta personalizada.

Por fim, vamos pensar em como aumentar o valor médio de cada venda, que estava em 1.000 reais, e passá-lo para 1.100 reais. Às vezes digo que, se quiser um curso expresso de como aumentar o valor médio de vendas, vá comer um hambúrguer no McDonald's. Ao chegar a uma loja do McDonald's, se você pedir, por exemplo, um cheeseburger, o atendente rapidamente perguntará se você não prefere o combo do lanche. Ao dizer sim, ele perguntará se, por um valor muito pequeno, não quer trocar a batata média pela batata grande; depois, se deseja alguma sobremesa.

Ou seja, os atendentes estão treinados a fazerem essas propostas, e o McDonald's sabe que, a cada proposta que fazem aos clientes, um percentual vai aceitar. Poucas pessoas sairão do McDonald's apenas com o lanche, sem nenhum acompanhamento. Então, quando pensamos em maneiras de adicionar complementos à nossa oferta quando o cliente está no fechamento da compra, seja fisicamente ou on-line, a tendência é que um número relevante aumente o valor da compra. Afinal, a abordagem é feita quando os clientes já estão dispostos a comprar. Como gostamos de dizer: eles já abriram a carteira e estão com o cartão na mão.

Nesse exemplo, com mudanças simples no processo de venda considerando as quatro alavancas, já conseguimos aumentar o número de clientes em 21%. Se multiplicarmos o número total de clientes por 2,2 vendas por 1.100 reais cada, passaremos de um faturamento anual de 200 mil reais para para 292.820 reais, ou seja, um crescimento 46% em relação ao primeiro ano.

A partir do momento em que começamos a medir esses indicadores semanalmente, ativando o "como melhoramos cada um deles" de forma consistente, impulsionaremos o crescimento das vendas. Depois, o desafio será: quanto nossa estrutura suporta crescer? Como farei para que o crescimento das vendas seja acompanhado do crescimento da estrutura?

Então, quero que você tenha clareza de que, dentre essas alavancas, não há uma que seja mais relevante do que a outra. Queremos trabalhar em todas elas, porque possuem um efeito multiplicador quando trabalhadas em conjunto: 10% em uma e 10% na outra não resultam em 20%, mas em 21%; 10% nas quatro não dá 40%, e sim 46%.

Cada alavanca influencia a outra e, é claro, se não estivermos atentos, pode também gerar resultados negativos. Por exemplo, podemos trazer mais clientes e eles comprarem menos vezes, afetando a média de compras, que precisará ser ainda mais estimulada. Então, no dia a dia, deve haver uma sensibilidade no ajuste das alavancas até otimizar o resultado, e essa busca nunca termina.

Aqui, também, há fatores nos quais o nosso esforço terá maior impacto imediato do que em outros. Então, quando precisamos produzir um resultado rápido, o número médio de vendas por cliente pode ser a primeira alavanca a ser trabalhada.

Em primeiro lugar, porque vender para quem já compra de nós é mais barato, eficiente e rentável do que tentar gerar um novo cliente. Segundo Kotler, vender para quem já é seu cliente é de cinco a sete vezes mais barato.

Geralmente, no nosso trabalho de consultoria, chegam clientes que precisam de vendas rapidamente e quase sempre a nossa resposta é: vamos cavar a mina de ouro. E a mina de ouro é o número de vendas por cliente. O resultado é sempre impressionante, pois, ao mostrar o que mais a empresa pode oferecer, encontramos produtos que já poderiam estar sendo vendidos. E esse é o esforço que costuma trazer resultados mais imediatos. Na verdade, juntaria esse esforço àquele de estimular as indicações, ou seja, não apenas servir melhor os clientes, mas pedir que eles lhe indiquem a seus amigos. E, quando um lead chega até nós por meio de indicação, este tenderá a ter uma taxa de conversão superior a um lead que começa o relacionamento com a empresa sem nenhuma referência.

A segunda prioridade é aumentar o valor médio de cada transação. E normalmente isso é algo fácil de se fazer, através da orientação para que o time comercial encontre mais necessidades dos clientes e passe a oferecer upgrades nas propostas, incluindo mais entregas, por exemplo.

Em terceiro lugar, direcionamos nossa análise para as taxas de conversão, o que se torna um bom treino para os vendedores, confirmando se eles estão conseguindo identificar as dores dos clientes, se sabem abrir e fechar a venda, se os leads permanecem engajados com os conteúdos da empresa etc.

E apenas como última prioridade (não em último lugar), buscamos o aumento na geração de leads. Seguimos essa sequência com nossos clientes por uma questão de eficiência: afinal, se aumentarmos o número de leads antes de melhorar as taxas de conversão ao longo do funil, corremos o risco de ter um grande esforço que, depois, será perdido. Então, se conseguirmos mostrar aos nossos times como eles podem ser mais eficientes com toda a base que já está interessada no que eles têm a oferecer, num segundo momento, quando passarem a captar novos leads, a engrenagem comercial já estará operando com grande eficiência, tornando os resultados cada vez melhores.

Um ponto de atenção que sempre trago é a própria análise da precificação. Pois, não raro, encontramos empresas que não reajustam a tabela de preços há anos, com a justificativa de que praticam os mesmos preços da concorrência. E aqui provoco duas reflexões:

- Se temos uma solução superior à concorrência, se aprendermos a comunicá-la com mais eficiência, fazendo com que os clientes percebam o valor que podemos gerar, paramos de competir por preço, pois estamos entregando uma transformação que o cliente valoriza.
- Acredito que é melhor não vender do que vender um produto que faz a empresa perder dinheiro. Se o produto ou serviço que a empresa oferece não gera o resultado esperado, é preciso voltar alguns passos e reestruturar a solução que queremos entregar.

Nenhuma empresa vive sem vendas. E como você viu: só existem quatro maneiras de fazer as vendas do seu negócio crescerem.

Se eu fosse você, não ignoraria essas ideias. Quem sabe eu tenho razão?

CAPÍTULO 33

O EFEITO BOLA DE NEVE

No capítulo anterior, vimos quatro alavancas para impulsionar os resultados das vendas, e uma delas é aumentar o número de clientes. Vamos nos aprofundar nesse fator que é absolutamente importante para assegurar que a empresa não fique refém, por exemplo, de uma carteira limitada de clientes que, a qualquer momento, poderão deixar de comprar.

Já falamos sobre a importância de acompanhar as métricas de conversão e ter táticas de atração que se renovam ao longo do tempo. Aqui, veremos rotinas comerciais para potencializar o fechamento de novos clientes.

Durante muito tempo, partilhei o que o Jim Rohn ensinava ser "a fórmula do sucesso". Até aqui você já sabe que sou contra fórmulas e soluções mágicas, mas esta nós chamamos de "fórmula" no sentido figurado, para dar mais força à ideia subjacente. Ele dizia que a fórmula do sucesso, fosse para cuidar da saúde ou dos negócios, é baseada em algumas práticas simples repetidas diariamente com disciplina, como uma relação de causa e consequência. Por exemplo, a nossa alimentação diária e a nossa rotina de exercícios são causas; ao termos uma boa disciplina em relação a esses dois fatores, as consequências são uma melhora na saúde e na forma física. Nos negócios, não é diferente.

É claro que o processo comercial de cada empresa é adaptado àquilo que vende, à forma como vende, ao setor de atividade etc. Mas, normalmente, por trás do fechamento de um novo cliente, há uma série de etapas a serem cumpridas, sobre as quais o time comercial precisa trabalhar consistentemente.

No início do século XX, um senhor chamado Frederick Taylor se debruçou sobre a divisão do trabalho e os princípios do que ele chamou de gestão científica, conhecidos hoje como taylorismo.

Ele entendeu que era possível aumentar a produtividade e eficiência dos negócios se o fluxo do trabalho fosse otimizado a partir de rotinas e processos bem demarcados. Um exemplo clássico para entendermos o conceito de Taylor é imaginarmos uma fábrica de sapatos. No princípio, cada sapateiro, sozinho, produzia um calçado cuidando de todas as etapas do começo ao fim. Segundo Taylor, a fábrica se tornaria mais eficiente se a construção dos calçados fosse dividida em algumas etapas realizadas por várias pessoas, sendo que cada uma delas se especializaria numa das fases de elaboração do mesmo sapato: uma faria o cadarço, outra o salto, outra a sola e assim por diante. Ao fazer isso, a equipe conseguiria produzir muito mais sapatos, com mais velocidade e seguindo um mesmo padrão de qualidade.

Hoje, podemos aplicar a mesma lógica não apenas para a produção de uma fábrica, mas para a rotina das áreas da empresa, assegurando que os processos serão executados do começo ao fim.

Qualquer que seja o seu nicho de atuação, o processo comercial terá minimamente três etapas: **contatar o cliente**, **diagnosticar sua necessidade** e **enviar uma proposta.** Para saber quantas pessoas precisamos atrair para gerar novos clientes, precisamos fazer uma análise reversa.

Nos capítulos anteriores, já falamos sobre o conceito de funil e como ajustar cada etapa dele faz com que tenhamos retornos exponenciais. Aqui, não será diferente.

Digamos que, ao analisar os resultados da sua empresa, você perceba que a cada dez propostas enviadas, três são fechadas. Portanto, há uma taxa de conversão de 30%. Logo, para aumentar as vendas, a primeira necessidade é aumentar o número de propostas enviadas. Para fazer isso, o time de atendimento precisa diagnosticar uma necessidade do potencial cliente, afinal é isso que dá origem à proposta.

Normalmente, a necessidade é encontrada através de interações diretas com os potenciais clientes, talvez por meio de reuniões. Então, você irá verificar toda a rotina do time comercial nessas reuniões e poderá descobrir que, por exemplo, antes de cada proposta, são necessárias pelo menos duas reuniões. Temos, então, mais um dado importante: para aumentar o número de propostas é preciso aumentar o número de reuniões. Para 10 propostas, foram necessárias 20 reuniões. Se queremos, por exemplo, dobrar o número de propostas, precisamos ou melhorar a taxa de conversão das propostas ou dobrar o número de reuniões para 40.

Mas essas reuniões não surgem por acaso. Antes delas, o seu time precisa fazer um contato com as pessoas interessadas, com os leads. E é normal que nem todos os contatos resultem em reuniões, então voltamos a ter outra taxa de conversão. Vamos supor que, em média, a cada 5 contatos feitos, uma reunião seja marcada. Para conseguir 40 reuniões, portanto, o time precisa conseguir pelo menos 200 contatos.

Este é um exemplo dos princípios da gestão científica aplicados à atividade comercial. É um exemplo da identificação das relações de causa e efeito em que cada departamento de vendas precisa trabalhar diariamente para produzir o resultado desejado.

Acompanhar essas métricas é o que diferencia profissionais de amadores. Não é algo que toma muito tempo, mas é extremamente importante para as áreas responsáveis por trazer os clientes para a empresa, de modo que tenham metas específicas e consigam monitorar as oportunidades de alavancagem.

No capítulo anterior, vimos as quatro alavancas das vendas. Aqui, na conquista de novos clientes, estamos acionando as duas primeiras: número de contatos e taxa de conversão dos contatos em clientes. Temos, da mesma maneira, o efeito incremental entre as etapas, pois se conseguir aumentar em 5% o número de contatos e conseguir aumentar em 3% o número de reuniões marcadas, e conseguir aumentar em 4% o número de propostas que apresento, além de conseguir aumentar em 1% a minha taxa de fechamento, esses números se multiplicam uns pelos outros. Ao fim de seis meses ou de um ano, o resultado tende a ser significativamente superior à base de referência inicial.

Foram esses estudos de Frederick Taylor, realizados há mais de 100 anos, que deram origem à visão para o que hoje chamamos de funil de vendas.

CÍRCULO VIRTUOSO DE VENDAS: A BOLA DE NEVE

Tenho a convicção de que, na nossa vida, se estabelecem círculos viciosos e virtuosos. Os viciosos acontecem quando algo ruim ganha *momentum* e afeta outras coisas, desencadeando uma série de consequências ruins, como faltar um dia na academia e, no seguinte, decidir que só irá retomar a atividade física na próxima semana. Como a rotina esportiva foi comprometida, acabamos relaxando também com a alimentação, horário de sono... adiando tudo para a semana que ainda chegará. Uma decisão ruim desencadeou diversas outras decisões ruins.

Da mesma forma, muitas vezes acontece o contrário: uma coisa boa afeta positivamente outra, e assim sucessivamente, até retornar àquela primeira coisa, se retroalimentando. Você foi à academia hoje, por isso amanhã estará mais motivado a ir novamente, e se prepara para ter uma refeição melhor e uma noite de sono com mais qualidade. Identificando como esses ciclos se formam em nossas rotinas, podemos nos aproximar dos círculos virtuosos e nos afastar dos círculos viciosos.

Nas vendas, podemos criar um círculo virtuoso que chamo de *bola de neve*, pois é algo que ganha maior dimensão à medida que vai rolando. Quanto maior consciência temos dessa bola de neve positiva, maior ela pode se tornar.

A primeira coisa da qual precisamos para alimentar a nossa bola de neve é de **novos contatos**, gerados pelo marketing. Quanto mais frequentemente forem nossas ações e com uma abordagem que gere cada vez mais identificação com o nicho que escolhemos, maior a tendência de termos mais contatos. E precisamos ter claro o objetivo de cada peça de comunicação adequada à etapa do funil que cada pessoa está. Afinal, é diferente falar com um contato, com um cliente que acabou de fazer sua primeira compra e outro que já compra de maneira recorrente.

Quando estamos no início da jornada de compra dos potenciais clientes, a nossa comunicação tem um objetivo muito simples: transformar os contatos em prospectos.

Dando um passo atrás, gosto de dizer que o marketing é feito para suspeitos, ou seja, pessoas que se enquadrem no seu nicho de mercado, mas que você ainda não sabe o nome nem tem qualquer meio de contato.

Então, primeiro precisamos conseguir esse contato direto. Em seguida, queremos que esse contato goste tanto do que lhe entregamos que ele aceitará conversar conosco, tornando-se assim um prospecto, seja porque aceitou agendar uma reunião conosco, pediu para receber mais informações de nosso produto e está disposto a realizar a sua primeira compra — aquele produto ou serviço que temos a oferecer que, embora ainda não nos gere lucro, é o início da relação comercial; se tudo correr bem, trará muito retorno ao longo do tempo.

Para que esse fluxo nunca pare e nenhum prospecto fique sem retorno ou um cliente não seja contatado novamente para uma nova oferta, precisamos sistematizar essa jornada através de um sistema de relacionamento com os clientes, os CRMs. São plataformas que auxiliam os times de marketing e comercial, lembrando-os de quando cada pessoa que iniciou um relacionamento com nossa empresa precisa receber alguma ativação do nosso lado.

Quando temos esse sistema mapeado, acompanhado e constantemente atualizado, potencializamos a nossa bola de neve: depois que fechamos um cliente, queremos que ele compre novamente; ao se tornar um cliente recorrente, queremos torná-lo um fã do nosso trabalho, queremos que ele faça recomendações para nós, avalie nossas soluções, apresente novas necessidades e nos indique. E queremos que isso seja o mais automatizado possível, sem depender que o time de vendas, por exemplo, tenha que se lembrar de cada cliente, pois sabemos que isso trará falhas conforme a empresa cresça e a complexidade aumente.

Conseguir mapear esse fluxo é o caminho para ter o círculo virtuoso das vendas:

contato - prospecto - cliente - venda recorrente - fã - indicação - contato.

Mas esse segundo contato é mais quente do que aqueles gerados pelo marketing, então, à medida que temos mais contatos de indicação, a nossa bola de neve vai ganhando dimensão, velocidade e previsibilidade.

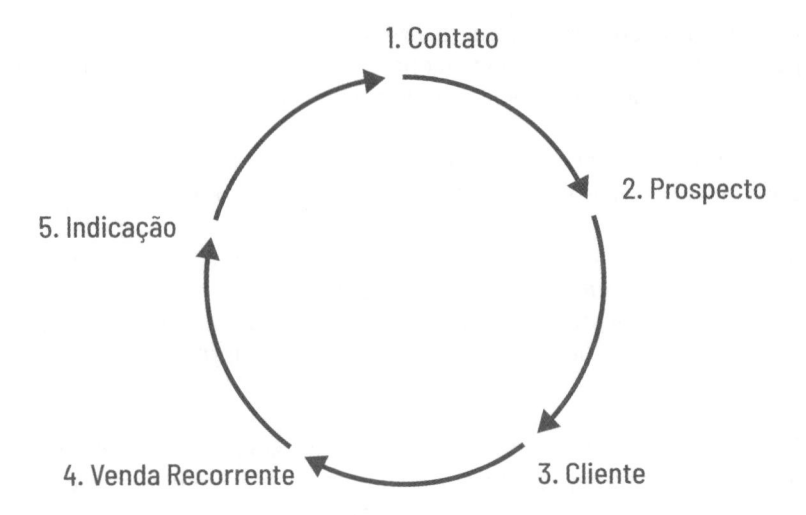

Diagrama do ciclo:
1. Contato → 2. Prospecto → 3. Cliente → 4. Venda Recorrente → 5. Indicação → (volta para 1. Contato)

Nesse processo, a ação do empresário começa pela liderança, assegurando que esses movimentos sejam realizados, definindo qual o padrão de execução em cada etapa e acompanhando as métricas, não só em termos dos percentuais de conversão em cada etapa do funil, mas também o tempo que os contatos passam em cada fase até que se tornem clientes. E isso vai depender de negócio para negócio.

Quanto mais prática, automatizada e constante for a gestão de todos esses indicadores, mais rápido a bola de neve irá crescer.

Essencialmente, esse círculo virtuoso é um processo de comunicação, e como ela ocorre está intimamente ligada ao modelo de negócio. Podemos atuar na mesma área de mercado, mas temos modelos de negócios diferentes. Há empresas que automatizam o processo inteiro ou parte dele, utilizando, de fato, máquinas, softwares e chatbots para realizar essa comunicação, pelo menos nas fases iniciais, e o potencial cliente raramente tem contato com um ser humano. Quando adquirimos algo da Amazon, por exemplo, raramente falamos com alguém de atendimento, mas recebemos e-mails sugerindo produtos baseados em nossas compras recentes, uma tática para gerar novas vendas, aumentando o valor que geramos para o negócio.

Hoje em dia, as empresas começam a ter uma capacidade impressionante de saber coisas sobre nós, e conseguem nos colocar nessa bola de neve sem percebermos que estamos nela. Trazendo para as pequenas e médias empresas, nós não precisamos atuar na mesma dimensão da Amazon ou de outra gigante, mas temos que perceber como adaptar uma bola de neve ao nosso negócio. Será tudo automático? Será tudo pessoal? Será uma mistura entre automático e pessoal? Depois de refletir sobre isso, é fundamental definir os processos e os indicadores que guiarão o acompanhamento dos resultados.

No final de tudo isso, precisamos de recompensas. Não só em termos de remuneração, mas em valorização e reconhecimento do trabalho que todos estão realizando. Esse é o círculo virtuoso que cria condições para que a bola de neve consiga atingir uma proporção muito maior do que têm conquistado hoje.

Essa abordagem comercial assegura que, primeiro, o que precisa ser feito será feito. Segundo, nos dá controle sobre os indicadores, permitindo que possamos agir sobre eles para melhorar nossos números. Terceiro, alinhando as pessoas com a execução consistente nas causas que produzem os efeitos, isso nos ajuda a cumprir a fórmula do sucesso.

Tenho um amigo australiano, Gavin Bassett, que usa uma expressão da qual gosto muito: se nós nos apaixonamos pelos números, os números se apaixonam por nós. **Quando começamos a gerar números sobre o negócio, a pensar nos números e a tentar melhorá-los, eles crescem. O funil de vendas é como um jardim, no qual temos que trabalhar todos os dias.**

Os números nos ajudam a entender a diferença entre a prática certa e a prática errada, entre o que estamos fazendo bem e o que não estamos fazendo bem, entre o que estamos fazendo o suficiente e o que não estamos fazendo o suficiente. E gostar de números é o segredo para os negócios crescerem.

Se eu fosse você, não ignoraria essas ideias. Quem sabe eu tenho razão?

PARTE 7
A NOVA HISTÓRIA DOS NEGÓCIOS

Uma história da qual gosto muito é a dos três porquinhos, que todos nós conhecemos muito bem. Os três porquinhos foram, cada um, construir suas casas. Avisaram-nos dos perigos da floresta, mas cada um construiu a sua à própria maneira, com o esforço que julgou necessário. E tudo correu bem, até que, um dia, chegou o Lobo Mau. Estava com fome e foi atrás dos porquinhos. Assustados, eles correram para as suas casas.

A casa do primeiro era de palha, e foi fácil para o Lobo Mau derrubá-la, bastou soprar. A casa do segundo também não foi difícil, pois era de madeira, e bastou soprar com mais força para ela ir ao chão. Mas quando chegou à terceira casa, o Lobo Mau encontrou um problema: a casa era de tijolos, e, por mais forte que ele soprasse, ela se mantinha em pé. Aquele porquinho continuou protegido não só desse ataque, como de todos os possíveis ataques futuros do Lobo Mau.

✳ ✳ ✳

Chegamos à última parte do livro, e quero provocar você: depois de tudo o que vimos nos capítulos anteriores, se a sua empresa fosse uma casa, como você gostaria de construí-la? De palha? De madeira? Ou de tijolos? Nenhuma parte da história dos três porquinhos diz que o porquinho que construiu a casa de palha é um mal porquinho, que é uma má pessoa, que é pouco profissional, nem sequer diz que ele é preguiçoso. Diz só que ele é pouco cuidadoso. E a vida não costuma perdoar a quem é pouco cuidadoso. Também não diz que o terceiro porquinho é melhor que os outros dois, apenas que ele entende que, um dia, o Lobo Mau vai chegar (e ele sempre vem) e vai soprar a sua casa. Porém, se ela tiver uma estrutura forte, resistente, conseguirá se manter de pé mesmo depois dos períodos de ataque.

As alavancas que você aprendeu servem para que a sua empresa seja construída ou reformada de modo a não apenas sobreviver em momentos de desafio, mas para que ela prospere, cresça e tenha uma vida longa. Afinal, os fundamentos que a alicerçam são pautados na certeza de que gerir um negócio é buscar constantemente por formas de alavancagem, caminhos para fazer melhor o que você faz hoje, de modo a gerar crescimento na inversa proporção do seu esforço.

Estamos chegando ao fim do livro, mas este é apenas o começo da sua nova história dos negócios. Está em suas mãos assumir uma nova postura como líder e empresário.

CAPÍTULO 34
DISCIPLINA NA EXECUÇÃO

Estou muito feliz por você ter chegado até a parte final deste livro, cujo único objetivo é fazer a sua empresa ter mais resultados, gerando crescimento consistente e assegurando o futuro do negócio que escolheu construir.

Nós já falamos sobre os pontos de alavancagem desde o seu papel como empresário e líder, a construção da estratégia e os seus desdobramentos entre as áreas da empresa. Mas tudo o que vimos só trará o maior retorno possível se houver disciplina e constância na execução. Algo que, para mim, é uma das maiores vantagens competitivas que as pequenas e médias empresas podem desenvolver. É essa consistência na execução que pode levar um pequeno negócio a se tornar um gigante.

Ao longo desses 20 anos, vejo que, quando existe alinhamento entre a equipe e a execução consistente dos planos que foram desenhados nos âmbitos estratégico e tático, pequenas e médias empresas logo fazem uma grande virada, justamente porque as outras empresas da mesma dimensão, ou seja, suas concorrentes diretas, tendem a falhar nesse fator.

Vimos, em capítulos anteriores, a importância de rotinas, processos e acompanhamento de indicadores, como a base para assegurar que tudo o que precisa ser feito está sendo feito e, estando feito, identificar os pontos possíveis de melhoria e alavancagem. Aqui, quero reforçar a importância de você e toda a equipe valorizarem o cumprimento dessas práticas.

Lembrando que tudo parte da definição dos objetivos. É o primeiro aspecto para ganharmos consciência do que precisamos fazer a partir de agora. Quanto mais claro o objetivo, maior a probabilidade de o atingir. Quanto mais o objetivo é compartilhado para todos, maior o envolvimento de toda a equipe para alcançá-lo.

A partir do momento em que nós temos um objetivo, conquistamos a capacidade de desenhar um plano. Esse plano precisa antecipar todas as atividades a serem desempenhadas, incluindo os prazos, a organização dos recursos e a priorização com métricas de performance e evolução. Sempre que realizamos um planejamento, buscamos que ele reflita a estratégia competitiva da empresa.

Com o plano desenhado, damos início à execução, que também precisa de métricas que nos ajudem a perceber que estamos seguindo aquilo que estava no planejamento — os indicadores de performance, as reuniões de acompanhamento e feedback; tudo para que tenhamos o máximo de controle sobre os resultados finais.

OBJETIVO

1. Concentração
   Plano
   Consistência
2. Catalização
   Execução
   KRI
   KPI
3. Envolvimento
   Medição
   Ritmo
4. Prestação de contas
   Afinação

O acompanhamento dos indicadores é que tornará a performance do seu time uma performance de elite, de nível classe A. Pois só quando realmente enxergamos todos os processos é que identificamos as alavancas que impulsionam a performance. Como costumo dizer, a execução é um processo circular em que o time executa, mede e ajusta, e segue esses três pilares rigorosamente.

Quando falamos de elevar os resultados de uma empresa, a essência dessa transformação está na mudança para uma gestão profissional, em que os números orientam as decisões e tudo o que pode ser otimizado, é otimizado. **Mais do que ter os dados, queremos que os líderes e as equipes saibam como podem trazer mais eficiência para as atividades que fazem parte do seu dia a dia, para que todos realizem mais e prosperem sem precisar chegar à exaustão.**

E, claro, esses números também são essenciais para mudarmos o plano quando necessário. Se os indicadores de execução nos mostram que, mesmo depois de inúmeras rodadas tentando ajustar os processos para alcançar os números que tínhamos como objetivo, o plano ainda não se mostra viável, temos que fazer alguma coisa, voltar ao início e reavaliar os objetivos esperados. E eu sempre digo que a mudança do plano é recurso de último caso, quando todas as táticas foram testadas e não funcionaram, porque um dos grandes erros dos empresários é mudar o plano de maneira excessiva, tornando a direção para a equipe confusa.

Estou cansado de ver empresas que iniciam o ano estabelecendo metas que, em menos de um trimestre, são esquecidas e deixadas de lado porque um novo objetivo surgiu e passou na frente de tudo o que a equipe já estava construindo. Decisões assim geram estresse e desperdício, pois cada vez que isso acontece, a velocidade e a eficiência da equipe caem.

Por essa razão, desenvolvi o que chamei de **as quatro disciplinas da execução**, que, quando implementadas, representaram um aumento significativo na consistência para que os empresários e as equipes conseguissem persistir em seus planejamentos, ao mesmo tempo em que fossem capazes de analisar criteriosamente os resultados que cada fase da execução lhes trazia.

AS QUATRO DISCIPLINAS DE EXECUÇÃO

Os negócios não são como um roupão de hotel, que o mesmo modelo serve a todos. Muito da gestão é a nossa sensibilidade de entender o que está acontecendo e tomar decisões a partir das alavancas que estão à nossa disposição para agir sobre a realidade que se apresenta.

No entanto, embora não haja uma fórmula ou solução pronta que sirva para a situação de todo negócio, estas quatro disciplinas servem como norteadoras para o trabalho do empresário.

CONCENTRAÇÃO

A primeira disciplina é a concentração. Aqui digo aos empresários que, além de ter uma clara definição de quais são os objetivos e as prioridades, em execução menos é mais. Precisamos nos comprometer com o mínimo de objetivos possível para assegurar que todo o esforço empreendido pelo time estará voltado para a coisa certa.

Eu me lembro das lições que o general norte-americano Norman Schwarzkopf dava quando era entrevistado a respeito da vitória dos Estados Unidos na Guerra do Golfo entre os anos 1990 e 1991. Para ele, tudo sempre devia começar por ter objetivos claros, simples e os quais todas as pessoas pudessem entender. Em sua missão no Kuwait, ele e os seus soldados tinham apenas uma tarefa a cumprir: tirar Saddam Hussein de lá. Então, meu conselho é: escreva, todos os dias pela manhã, as cinco coisas que precisam ser realizadas no dia. Não importa o que mais você tenha que fazer, essas cinco não podem ser deixadas de lado.[42]

Essa concentração absoluta no mínimo de coisas é muito importante. Em nossas consultorias, recomendamos aos líderes que, para cada trimestre, por exemplo, elejam um único tema, um objetivo que, relacionado à estratégia e aos objetivos maiores, trará o maior impacto no balanço final.

A partir desse tema principal, a equipe se organiza para realizar as prioridades estabelecidas. Estas são as demandas a serem resolvidas para assegurar que o resultado do tema será atingido.

---

42 GENDRON, G. Schwarzkopf on leadership. **INC**, 1992. Disponível em: *https://www.inc.com/magazine/19920101/3858.html* . Acesso em: Jan. 2023.

CATALIZAÇÃO

Nesta disciplina, o objetivo é analisar tudo o que pode aumentar a nossa velocidade para cumprir o plano, tudo o que poderá funcionar como catalisador das nossas ações, sejam softwares, ferramentas, checklists etc. que não nos deixe esquecer as prioridades ou para que todos os processos sejam realizados de início ao fim, evitando erros desnecessários.

Gosto inclusive da visão que o médico norte-americano Atul Gawande traz em seu livro *Checklist: como fazer as coisas bem-feitas*. Partindo de sua experiência, Gawande explica que o grande desafio na rotina médica nos hospitais não é apenas incerteza ou falta de recursos. O maior problema é que, com tanto conhecimento e tecnologia, os níveis de complexidade aumentam, e ter certeza de que estamos tomando a melhor decisão para cada situação torna-se algo cada vez mais difícil. Soma-se a isso o fato de que somos humanos, logo imperfeitos. E esquecemos coisas, deixamos detalhes importantes passar. Uma pergunta que um médico não faz ao paciente pode levar a uma tragédia. Contudo, numa emergência, com altos níveis de estresse e pressão, pode ser que aquela pergunta que faria toda a diferença fosse esquecida. É humano, natural. A estratégia para se prevenir disso é ter checklists para tudo. Checklists garantam que certas rotinas sejam seguidas.

Outro exemplo que gosto de dar é dos pilotos de avião. Já tive a oportunidade de, algumas vezes, voar ao lado dos pilotos no cockpit, e percebi que, durante o voo, a sua principal função é confirmar checklists — aliás, é uma dinâmica de dupla confirmação entre o piloto e o copiloto.

E cada vez que há um desastre aéreo, os investigadores abrem a caixa preta para tentar identificar o que pode ter dado errado para que o próximo checklist já possa, de alguma maneira, prever aquilo.

Atualmente, o transporte mais seguro que existe é um avião. Acredito que uma das razões é que a equipe está constantemente conferindo a segurança e o cumprimento de todos os processos que devem acontecer durante um voo.

Então tudo aquilo que nos ajuda a executar o que foi planejado, e a executar com consistência, está dentro do fenômeno da catalisação. Todas as regras, todos os processos e todos os sistemas que são implementados numa empresa são catalisadores da execução.

ENVOLVIMENTO

A terceira disciplina é o envolvimento das pessoas com o resultado, que no Brasil identificamos como engajamento.

Significa ter a equipe com consciência do que está executando e do propósito que se quer alcançar na execução das tarefas. O time não está alienado, apenas cumprindo o que lhe pedem, mas compreende a conexão entre a tarefa e o resultado.

Envolvimento ou engajamento é a disciplina para que nos preocupemos em gerar um sentimento de pertencimento e protagonismo de todos na busca pelos resultados, compreendendo que os resultados são a consequência do trabalho coletivo a fim de conquistar o objetivo comum da empresa.

Se as pessoas formam um time, precisam saber seu papel, como contribuem umas com as outras e o que devem entregar para que as conquistas aconteçam, trazendo suas competências, seu compromisso e empenho para o campo dos negócios.

Na minha visão, o melhor jeito de obter isso é tornando a execução o mais divertida possível, como um jogo, em que cada movimento pode ser acompanhado em tempo real, pois é justamente assim que funcionam as partidas que nos prendem e emocionam.

Se imaginarmos que os indicadores que a empresa adota serão acompanhados como num jogo, cada pessoa que chega ao trabalho, todos os dias, sabe quais são os indicadores que tem de cumprir. Depois de duas ou três horas de atividade, sabe se está adiantada ou atrasada. Quando chega a hora do almoço, sabe o que falta fazer e o que já está feito. E, se for preenchendo um marcador em tempo real, ao final do dia sabe se teve o desempenho que precisava entregar. Sabe que não apenas tem um papel importante como entende que suas jogadas estão conectadas aos lances dos outros colegas, e que o jogo só pode ser vencido se trabalharem em conjunto.

Tudo isso, é claro, conhecendo as relações de causa e efeito entre os objetivos diários, semanais, mensais, trimestrais etc. Cada dia de trabalho é como uma partida de um campeonato maior.

RITMO

Por fim, a quarta disciplina é o ritmo. Além de ter certeza de que estamos no caminho certo para nossos negócios, temos que ter certeza também de estarmos avançando com a maior velocidade possível. Por isso, a gestão do ritmo da execução é fundamental.

Neste ponto, entram os processos de acompanhamento por meio de reuniões que sirvam como marcadores para checar se tudo está acontecendo como deveria e quais os ajustes necessários.

Essas reuniões devem ser pautadas para gerar *accountability*, ou seja, são momentos de prestação de contas, nos quais avaliamos o que aconteceu, tomamos as medidas corretivas que forem necessárias e implementados os aprendizados possíveis, ajustando as prioridades do período seguinte.

O modelo de reuniões que adoto é organizado em:

- Reuniões diárias de 10-15 minutos para o briefing do dia — é uma conversa muito rápida para verificar o que foi feito e o que precisa ser feito.
- Reuniões semanais com duração de mais ou menos uma hora para avaliar a execução do que estava previsto naquela semana — verificamos se há atrasos, avanços, o que precisamos aprender, quais foram os entraves e programamos a semana seguinte.
- Depois, a reunião sobre o trimestre, que pode ser um pouco mais longa, justamente porque é o momento em que podemos fazer ajustes mais expressivos, além de determinar o grande objetivo do próximo trimestre.

Outro marcador de ritmo são as avaliações de desempenho individual dos membros da equipe, que devem ocorrer pelo menos uma vez por ano. É o espaço para darmos o feedback formal sobre a performance de cada colaborador. Embora muitas empresas ainda resistam a implementar esse sistema, sempre digo que é uma questão de transparência entre empresa e colaboradores, para que estes saibam como seu trabalho está sendo percebido e o que precisa alcançar para continuar a crescer na companhia.

✖ ✖ ✖

Essas quatro disciplinas não são ações complexas, mas são alavancas para garantir que a execução seja realizada da melhor forma possível. Disse e reforço: empresas que seguem essas quatro premissas desenvolvem uma grande vantagem competitiva, pois não é apenas que esses fatores assegurem o avanço do planejamento, mas fortalecem uma cultura orientada para os resultados e responsabilidade compartilhada.

Tudo o que apresentei a você é com o desejo de aumentar a probabilidade de chegar ao crescimento que quer para o seu negócio. Não tem fórmula mágica. Tem execução, análise e ajustes constantes.

Se eu fosse você, não ignoraria essas ideias. Quem sabe eu tenho razão?

CAPÍTULO 35

ENCONTRE UMA FORMA DE SERVIR

Queremos melhores resultados na nossa empresa, para termos uma vida melhor. E para termos melhores resultados nas nossas empresas, temos que ser pessoas melhores. Acredito totalmente nisso.

Jim Rohn, uma grande referência internacional e que influenciou nomes como Tony Robbins, Brian Tracy, T. Harv Eker, entre outros, dizia que alguns princípios mudaram a sua vida quando conheceu aquele a quem sempre se referiu com o seu mentor, o Sr. Earl Schoaf. Ele entendeu que melhor do que ter um salário era ter lucro. Mas o lucro não acontecia por acaso.

Rohn descobriu que havia um segredo por trás das maiores riquezas e fortunas. E este segredo estava na Bíblia, no emblemático discurso de posse do presidente Kennedy proclamado em 1961 e na mensagem do escritor Zig Ziglar: sirva às pessoas.[43]

Na Bíblia, Jesus, o maior profeta de todos os tempos, diz aos seus discípulos e à multidão que o maior dentre todos deveria ser servo. Veja, não sou religioso, mas esta é uma lei que se prova verdade na história dos maiores líderes e negócios do mundo: eles se colocaram como servos para tornar a vida dos outros melhor, para gerar valor aos outros.

Na medida em que formos capazes de servir mais e melhor às outras pessoas, assim será o nosso nível de sucesso.

---

43   ROHN, Jim. The Magic of Part Time. *YouTube*, 2018. Disponível em: *https://www.youtube.com/watch?v=IaT4XoHuIGA*. Acesso em: jan. 2023.

Jeff Bezos, o fundador da Amazon, encontrou uma forma para que todos nós comprássemos os produtos que gostaríamos de forma muito mais fácil e muito mais conveniente, entregando-os na nossa casa com melhores prazos e condições de pagamento. Começou com livros e hoje já vende praticamente tudo.

Bill Gates encontrou uma forma de facilitar a vida de todos, e hoje é quase impossível encontrar alguém que não seja impactada direta ou indiretamente por algum produto da Microsoft. Warren Buffett é proprietário (ou pelo menos tem participações muito grandes) de seguradoras, empresas de crédito, da Gillette, da Coca-Cola etc. Ou seja, encontrou uma série de negócios os quais servem às pessoas em níveis globais e, ao participar deles, obteve valor.

Todo o reconhecimento, toda a grandeza, todos os prêmios que existem e todo o sucesso vêm de encontrarmos uma forma de servir aos outros. Em linha, Jim Rohn disse que Kennedy trouxe esse princípio quando, em seu discurso, falou: "Não pergunte o que os Estados Unidos podem fazer por você, mas o que você pode fazer pelos Estados Unidos."[44]

Essa frase, para mim, é a chave de tudo. **Quando construimos um negócio, a maior motivação não é o que podemos receber, e sim o que podemos dar.** Não se trata de sermos servidos, e sim da forma de servir. Não pergunte o que o seu mercado pode fazer por você; pergunte o que você pode fazer pelo seu mercado. Não pergunte o que os seus colaboradores podem fazer por você; pergunte o que você pode fazer pelos seus colaboradores. Aos funcionários, não perguntem o que a empresa pode fazer por vocês, mas o que vocês podem fazer pela empresa.

Há um estudo incrível, feito por Adam Grant para o seu livro *Dar e receber*[45], no qual ele classificou as pessoas como doadoras (preferem dar mais do que recebem), tomadoras (priorizam o próprio bem-estar acima de tudo) e compensadoras (buscam uma espécie de equilíbrio, no qual doam ao mesmo tempo que esperam receber). Ele mostrou que, no longo prazo,

---

44 LEAL, Lucia. Discurso de posse de Kennedy na Casa Branca completa 50 anos. **G1**, 2011. Disponível em: https://g1.globo.com/pop-arte/noticia/2011/01/discurso-de-posse-de-kennedy-na-casa-branca-completa-50-anos.html. Acesso em: jan. 2023.

45 GRANT, Adam. **Dar e receber**. Rio de Janeiro: Sextante, 2014.

as pessoas com melhores níveis de sucesso e melhores resultados são as doadoras, que estão focadas em fazer pelos outros.

Quando ministrava cursos de finanças pessoais, dizia: "As pessoas não têm mais dinheiro porque estão preocupadas em fazer retiradas, enquanto deveriam se preocupar em fazer depósitos." Se a prioridade for depositar, você se torna um acumulador de capital. Com o montante acumulado, vem mais e mais oportunidades e, então, a possibilidade de retirar lucro que o seu próprio patrimônio gera. Esse é o caminho da riqueza.

E essa lição é totalmente compreendida quando incorporamos o lema da empresa de Zig Ziglar, que foi, talvez, o maior treinador em vendas da história. Seu lema era: "Se nós pudermos ajudar um número suficiente de pessoas a obterem aquilo que querem, nós podemos ter tudo que quisermos."[46]

O caminho para obter melhores resultados na sua vida parte de ajudar os outros a obter os melhores resultados para a vida deles — algo em que espero que este livro tenha contribuído. À medida que eu for capaz de levar valor à vida dos outros, deixo de me preocupar em trazer valor à minha vida.

Se você conseguir ajudar os outros a viver melhor, não precisará se preocupar com a sua qualidade de vida, porque os resultados, naturalmente, vão aparecer pela quantidade de pessoas que ajudar, criando uma verdadeira corrente de prosperidade.

UM ÚLTIMO CONSELHO

Por fim, gostaria de lhe dar um conselho: não se compare excessivamente aos outros.

Há momentos em que a comparação com os nossos competidores nos ajuda, nos motiva e nos inspira a fazermos melhor, mas há momentos em que a comparação nos prejudica, porque nem todas as empresas têm o mesmo ritmo, nem todas as pessoas têm o mesmo ritmo. Nem todas as empresas nem todas as pessoas fazem as coisas da mesma forma.

---

46   LEAL, op. cit.

Pouquíssimas pessoas conseguem lidar com a pressão de ser o número 1 absoluto, de ser o melhor de todos.

Nos últimos anos, a indústria do desenvolvimento pessoal vendeu a ideia de que somos todos o número 1 em potencial. Mas só um é que consegue ser número 1 em cada área. Essa competitividade muitas vezes nos atrasa. A pessoa que se comparar com Michael Jordan, com Cristiano Ronaldo ou com Messi (para dar alguns exemplos) viverá sempre angustiada. Se não conseguir chegar lá, a cobrança e a culpa excessiva poderão paralisá-la.

Então, é preciso olhar o mundo e os bons exemplos como referências, mas precisamos lembrar que estamos numa jornada para construir nossa própria história de sucesso. Quando a comparação nos faz sentir inadequados ou incapazes, ela não serve. Pois em vez de inspiração e motivação, traz angústia e desmotivação.

Então é importante percebermos que não temos, todos, o mesmo ritmo, e que, muitas vezes, o fator que definitivamente nos fará alcançar nosso objetivo é a persistência. É uma das orientações que dou aos meus consultores: "Habituem-se a ajustar o ritmo do programa ao ritmo da pessoa que será acompanhada, ao ritmo do empresário, porque nem todos andarão na mesma velocidade. O nosso papel é tentar que eles caminhem o mais depressa possível dentro da própria realidade."

Quero que, neste momento, um peso saia das suas costas. Pois o mundo não precisa de novos Steve Jobs, Elon Musks ou Warren Buffetts. O mundo precisa de novos negócios, novas soluções, para os problemas que seguem desassistidos. O mundo precisa que você e eu façamos um ótimo trabalho pelo qual nos sintamos gratos, valorizados e que nos faça enxergar que estamos realmente contribuindo para a sociedade. Esta é a nossa alavanca para a maior riqueza que existe: fazer a diferença para a vida dos outros.

Se eu fosse você, não ignoraria essas ideias. Quem sabe eu tenho razão?

MENSAGEM FINAL

Parabéns por ter chegado até aqui. Meu desejo é que este livro tenha lhe trazido ferramentas e orientações que lhe permitirão ir cada vez mais longe. Que você tenha recebido a clareza para traçar o seu novo plano de ação.

Assim como em minhas palestras, preciso lhe dizer que tenho uma notícia boa, outra muito boa e uma terceira ruim. E, como acontece na maioria das vezes, acredito que você preferirá saber a ruim primeiro.

A má notícia é que os resultados da sua empresa não vão melhorar simplesmente por você ter chegado à última página deste livro. Nenhum resultado vai aparecer simplesmente por ter lido estas mais de 200 páginas.

A razão disso é que não tenho a capacidade de produzir resultados na sua empresa apenas através das minhas palavras. Infelizmente, não tenho esse poder e reconheço minhas limitações com humildade.

A boa notícia, porém, é que eu posso prometer, sob minha responsabilidade profissional, que se você aplicar as ideias que vimos ao longo de todos os capítulos, os resultados vão aparecer nos seus números de vendas, lucro, fluxo de caixa, engajamento etc. Basta aplicá-las. Entenda que ler o livro é como ter aparecido no campo, mas o jogo começa quando chegar à empresa e implementar as mudanças.

A ação deve ser um compromisso seu com a disciplina e a consistência na execução, pois todas essas ideias que lhe apresentei têm o potencial de melhorar os seus resultados. Nós vimos inúmeros caminhos para corrigir a rota no que, hoje, for a sua maior dificuldade para estabelecer vantagem competitiva. Se aplicar uma coisa, já fará a diferença.

Por fim, tenho uma notícia muito boa: se você aplicar algumas dessas ideias, tenho certeza de que elas o levarão a outras ideias e outros conteúdos, testes, soluções e alavancas que vão criar uma bola de neve exponencial de resultados positivos. E esta é uma decisão consciente: você pode escolher fechar este livro e não fazer nada, pode escolher fazer um pouco do que aprendeu ou pode colocar sua energia para colocar o máximo do que vimos em prática.

Agora, você precisa traçar um plano imediato: quais serão suas prioridades a partir desta leitura? Você não precisa implementar tudo de uma vez, pode escolher uma área do seu negócio ou um desafio por mês e, conforme os resultados aparecerem, você e a equipe se sentirão mais confiantes para seguir rumo ao próximo objetivo.

Se a cada mês você acionar uma alavanca da sua empresa, tenho certeza de que vai se surpreender com o que é possível realizar em apenas um ano.

E quero me despedir de você com a minha definição preferida da alavancagem, que é quase um mantra para mim: "O Caminho é uma constante não-ação; que nada deixa por realizar", a maior lição que aprendi com Lao-Tsé no livro *Tao Te Ching*[47].

Lao-Tsé ensinou-nos que o Tao, o caminho, nada faz e nada deixa por fazer. E eu acredito que, de fato, esta é a utopia da liderança empresarial: conseguirmos buscar um ponto em que nada faríamos, operacionalmente, mas asseguraríamos que tudo seria feito na quase perfeição, que nada ficasse por fazer.

Talvez isso lhe pareça impossível agora, mas lembre-se: o primeiro passo é construir este mundo possível na sua imaginação e, a partir dessa visão, buscar os meios para torná-lo realidade. É preciso, então, entender que é um processo de construção constante.

Você adquiriu este livro porque sabe que é preciso assumir uma nova postura. O maior valor que você gera para a empresa está na sua capacidade de analisar e tomar decisões mais seguras, com visão estratégica e direcionamento claro.

Você está pronto para construir um negócio capaz de crescer com menos esforço e mais velocidade, lucratividade e impacto.

Um forte abraço,
Paulo de Vilhena

---

47   TSE, L. **Tao Te Ching: O Livro do Caminho e da Virtude**. Disponível em: *http://www.dominiopublico.gov.br/download/texto/le000004.pdf*. Acesso em: nov. 2022.

DVS EDITORA

www.dvseditora.com.br

Impressão e Acabamento | Gráfica Viena
Todo papel desta obra possui certificação FSC® do fabricante.
Produzido conforme melhores práticas de gestão ambiental (ISO 14001)
www.graficaviena.com.br